HEYNE
BÜCHER

CONSTANZE ELSNER

WIE MAN EINEN MANN AUFREISST

*Tricks, die Sie garantiert
noch nicht kennen*

Erweiterte Ausgabe

Originalausgabe

WILHELM HEYNE VERLAG

MÜNCHEN

HEYNE ALLGEMEINE REIHE
Nr. 01/6116

10. Auflage

Copyright © 1983 by Wilhelm Heyne Verlag GmbH & Co. KG, München
Printed in Germany 1989
Umschlagzeichnung: Wolfgang Heinrichs
Umschlaggestaltung: Atelier Ingrid Schütz, München
Gesamtherstellung: Presse-Druck Augsburg

ISBN 3-453-01734-X

Inhalt

wenn er ein lausiger Liebhaber ist? – Guten Morgen? Der
Morgen danach ...

>*Moralisch ist,
wonach man sich gut fühlt,
unmoralisch,
wonach man sich schlecht fühlt.*«

HEMINGWAY

1.
Aufreißen ja – fragt sich nur, wen

>'ne Menschin, die fast mit Gewalt
Auf einen Herrn der Schöpfung prallt,
Ist ganz verwirrt; sie stottert, stutzt
Und läßt den Glücksfall ungenutzt.
Was frommt der Geist, der aufgespart,
Löst ihn nicht Geistesgegenwart?
Die Menschin übt nachts noch im Bette,
Wie strahlend sie gelächelt hätte.«

(nicht mehr ganz) EUGEN ROTH

Damit wären wir schon mitten im Thema. Ab sofort müssen
Sie interessante Männer, die Ihnen begegnen, nicht mehr auf
Nimmerwiedersehen an sich vorbeigehen lassen! Wenn *er's*
nicht tut – sprechen *Sie* ihn an!

Wie Sie das am besten tun, finden Sie ausführlich in diesem
Buch beschrieben. Und wenn's schiefgeht? Wenn er Ihnen ei-
nen Korb gibt? Auch das Problem ist kein Problem mehr, wenn
Sie das Buch von A bis Z gelesen haben. Denn hier lernen Sie:

- sich keine Gedanken um ungelegte Eier zu machen,
- daß eine Abfuhr zu kriegen nicht das Ende der Welt bedeutet
- und schon gar nicht gegen Sie persönlich gerichtet ist,
- wie Sie es anfangen, die Männer kennenzulernen, die Ihnen
  auf die Dauer keinen Kummer, sondern Spaß bereiten.

Eins gleich vorweg: Je intelligenter und sensitiver der Mann
ist, den Sie ansprechen, desto eher wird er damit klarkommen,
einer ›emanzipierten‹ Frau gegenüberzustehen. Um ›emanzipiert‹ auch gleich zu definieren: es hat absolut nichts mit Ag-
gressivität oder gar Männerhaß zu tun. ›Emanzipiert‹, wann
immer Sie es auf den nachfolgenden Seiten gedruckt sehen,
steht vielmehr für selbstbewußte Frauen, die sich bei aller emo-
tionellen und finanziellen Unabhängigkeit die notwendige Portion Weiblichkeit bewahrt haben.

Und sollten Sie Zweifel daran hegen, daß eine ›echte Frau‹ einen Mann aufreißen darf, dann lesen Sie am besten ganz schnell weiter. Wie vielen anderen Ammenmärchen auch, wird diesem nämlich zuerst der Garaus gemacht ...

Warum, wieso, weshalb eine Frau einen Mann aufreißen darf

> »Gute Erziehung hat einen argen Nachteil: sie schließt einen von vielem aus!«
>
> OSCAR WILDE
>
> Aber:
>
> ›Takt besteht darin, daß man weiß, wie weit man zu weit gehen darf.«
>
> JEAN COCTEAU

Hat Ihre Mutter Ihnen auch erzählt, daß sich ein ›anständiges‹ Mädchen nicht von fremden Männern ansprechen läßt – und schon gar nicht auf die Idee kommt, fremde Männer etwa von selbst anzusprechen?

Wenn Sie sich bisher brav daran gehalten haben, ist Ihnen höchstwahrscheinlich eines klargeworden: ein ›anständiges‹ Mädchen lernt verflixt wenig Leute kennen! Und schon gar nicht den netten jungen Mann, dem Sie ein-, zweimal in der Woche im Supermarkt an der Ecke begegnen. Und der Sie immer so freundlich anlächelt ...

Vergessen Sie Ihre ›gute Erziehung‹! Lächeln Sie zurück und – sprechen Sie ihn an! Vielleicht wartet er nur drauf, daß Sie den ersten Schritt tun. Weshalb er den Ihnen überläßt? Nun, dafür gibt es gleich eine ganze Handvoll Gründe. Der maßgebendste ist:

– Er hat ›*Wie man eine Frau aufreißt*‹ nicht gelesen.

Sonst wüßte er nämlich, daß all die Gründe, die er findet, um Sie nicht anzusprechen, in Wirklichkeit gar keine Gründe sind. Weil er das aber nicht weiß, ist die Sache folgendermaßen:

12

- er ist zu schüchtern;
- er hat gelernt, ›anständige‹ Mädchen lassen sich nicht von fremden Männern ansprechen;
- er hat Komplexe; er glaubt, seine Ohren seien zu groß;
- er fürchtet, daß Sie verheiratet oder sonstwie fest vergeben sein könnten;
- er hat Angst vor einem Korb;
- er weiß nicht, wie er ein Gespräch mit Ihnen beginnen soll;
- er hat mal was von der ›Emanzipation der Frau‹ gehört und das nicht ganz verarbeitet. Darum nimmt er an, daß Sie ganz automatisch auf ihn zugehen würden, wenn Sie etwas von ihm wissen wollten.

Sie sehen also, daß seine ›Zurückhaltung‹ absolut gar nichts damit zu tun haben muß, daß er Sie etwa nicht attraktiv fände. Oder Sie nicht gerne kennenlernen würde. Allein das ist schon Grund genug, daß Sie sich an ihn heranwagen. Denn:

- wenn *Sie* ihn nicht ansprechen, werden Sie nie erfahren, ob Sie an ihm etwas verpaßt hätten – oder nicht!

Drehen wir das Ganze einmal um und prüfen wir, welche Gründe Sie noch haben könnten, den ersten direkten Kontakt zu ihm zu schaffen:

- Sie entdecken ihn, aber er hat Sie (aus verschiedenen Gründen) nicht gesehen;
- er sieht so sympathisch aus, daß Sie ihn kennenlernen wollen. Weil aber niemand da ist, der Sie einander vorstellen könnte, müssen Sie die Angelegenheit selbst in die Hand nehmen;
- Sie sehen nicht ein, daß Sie nur die Männer kennenlernen, die *Sie* ansprechen. Weshalb sollten Sie nicht diejenige sein, die die ›Vorauswahl‹ trifft?;
- er erweckt den Eindruck, als könne er ein amüsanter Gesellschafter sein. Und dieser Typ von Mann fehlt Ihnen noch in Ihrer Sammlung.

Und damit sind wir schon bei einem äußerst wichtigen Thema angelangt. Sie sprechen nicht wahllos irgendwelche Männer an, nur um Männer aufzureißen. Zu den überaggressiven Frauen, die meinen, in die ›Männerrolle‹ schlüpfen zu müssen, gehören Sie nämlich nicht!

Statt dessen sind Sie sich vielmehr bewußt, daß eine Frau zu verschiedenen Stunden nun einmal verschiedene Männer braucht. Den einen, der für alles taugt, den gibt's nicht. Folglich werden Sie sich die Männer, die Sie kennenlernen, auf ihre besonderen Qualitäten hin anschauen.

Dann überlegen Sie, welcher Typ von Mann Ihnen noch fehlt, und machen sich gezielt auf die Suche.

Männer, die jede Frau haben sollte

> »... für jede Situation 'n Mann –!
> Den einen für die Seele,
> den zweiten fürs Gemüt;
> den dritten wegen Hoppeldibopp –
> auf Nacht, wenn's keiner sieht!«
>
> (nicht mehr ganz) KURT TUCHOLSKY

Eine Frau, die bei dem Stichwort ›Männer aufreißen‹ nur an das berühmte ›eine‹ denkt, ist ebenso kurzsichtig wie der Mann, für den eine Frau in erster Linie nur aus dem Unterleib besteht. Und überhaupt: Wenn dieses Buch sich darauf beschränken würde, Männer einzig und allein als Sex-Objekte zu betrachten, würde es gewiß einen anderen Titel (z. B. ›Wie krieg' ich einen Mann ins Bett?‹) tragen.

Damit Sie von vornherein wissen, nach welchen Typen von Männern Sie sich zuerst umschauen sollten, folgt nun eine kurze Beschreibung der wichtigsten. Mehr noch: Mit diesen Informationen im Hinterkopf werden Sie nicht den gravierenden Fehler machen, einen Schmusemann sausenzulassen, weil Ihnen in diesem Moment danach ist, jemanden zum Reden zu finden.

Statt dessen werden Sie den Schmusemann (falls Sie noch keinen haben) in Ihre Sammlung aufnehmen und zu einem günstigeren Zeitpunkt auf seine Dienste zurückgreifen. Umgekehrt gilt das natürlich genauso: Sie werden um Himmels willen keinen vorzüglichen Gesprächspartner unbeachtet vorbeiziehen lassen, nur weil Ihnen momentan nach Kuscheln zumute ist!

Der Gesellschafter

> »Der Himmel ist blau, das Wetter ist schön,
> Monsieur, wir wollen spazieren gehen!«
>
> (fast) OTTO JULIUS BIERBAUM

Er bildet den ›Grundstock‹ Ihrer Sammlung. Warum, wieso, weshalb, wird Ihnen augenblicklich klar, wenn Sie diesen Herrn einmal näher betrachten. Idealerweise – und Sie sollten immer das Ideal anstreben – sieht er so aus:

Alter:
in etwa dem Ihren angepaßt. Sollten Sie zu den ›reiferen‹ Frauen gehören, ist er vorzugsweise bis zu einem Dutzend Jahre jünger.

Familienstand:
ledig, geschieden, verwitwet.

Sexuelle Beziehung zu Ihnen:
keine. Zumindest keine derzeitige oder zukünftige.

Fundort:
er hält sich oft im bereits vorhandenen Freundes- oder auch Familienkreis versteckt. Er kann ein Freund Ihres Bruders sein, oder (vorausgesetzt, Sie haben einen!) notfalls sogar wirklich Ihr Bruder. Am Arbeitsplatz tummelt er sich auch dann und wann herum. Manchmal ist es auch Ihr Nachbar.

Besondere Qualitäten:
– Er ist jederzeit verfügbar, wenn Sie die Begleitung eines männlichen Wesens brauchen oder wünschen:
  * er geht mit Ihnen ins Theater;

* er geht mit Ihnen spazieren;
* er geht mit Ihnen essen;
* er spielt mit Ihnen Schach;
* er geht mit Ihnen ein Glas Wein trinken.
- Seine Anwesenheit erleichtert es Ihnen, andere Männer aufzureißen:
  * er hilft Ihnen, mit dem Mann Ihrer Wahl ins Gespräch zu kommen;
  * er tröstet Sie, falls Sie bei dem schönen Unbekannten abblitzen.

Achtung
Der Gesellschafter sollte eine beständige Einrichtung in Ihrem Leben sein. Lassen Sie ihn nie zu sehr links liegen, wenn Sie zeitweise mehr mit Ihren anderen Männern beschäftigt sind. Geben Sie ihm also nie das Gefühl, ihn nur als ›Notlösung‹ zu betrachten. Bei guter Pflege (Laden Sie ihn mal zum Essen ein!) können Sie immer wieder auf seine Dienste zurückgreifen.

Der Sportler

> »Mens sana in corpore sano.«
> Ein gesunder Geist in einem gesunden Körper.
>
> JUVENAL

Falls Sie eine Sportfanatikerin sind, ist ein guter Sportsfreund unerläßlich: Was nützt Ihnen der netteste Mann, wenn er ein lausiger Tennispartner ist, auf dem Tennisplatz? Sie würden sich nur irgendwann so über ihn wurmen, daß Ihre gesamte Beziehung zu ihm in die Binsen geht. Trennen Sie also sorgsam Sport und andere Spiele, und suchen Sie sich einen echten Sportpartner.

Alter:
jung genug, um Ihnen Contra bieten zu können – wo es nötig ist.

Familienstand:
spielt keine Rolle.

Sexuelle Beziehung zu Ihnen:
keine.

Fundort:
Sportclubs aller Art – je nachdem, welchen Sport Sie treiben.

Besondere Qualitäten:
- Sie können Ihren Lieblingssport betreiben, ohne auf ›Anfänger‹, die nur Ihnen zuliebe Tennisspielen lernen, Rücksicht nehmen zu müssen;
- Sie haben einen Partner, der Sie fordert. Folglich wird Ihr eigenes Spiel qualitativ immer besser;
- als Sport-Partner ist er jederzeit verfügbar.

Achtung
Treffen Sie diesen Mann nach Möglichkeit nur auf dem Sportplatz. Wenn Sie unbedingt mit ihm etwas essen oder trinken wollen, gehen Sie in den Sportclub, der dem Gelände angegliedert ist. Beginnen Sie mit diesem Mann nie eine Affäre. Sonst sind Sie, wenn Sie Pech haben, gleich zwei Männer mit einem Schlag los: Ihren Tennispartner und Ihren Liebhaber. Und letzterer ist leichter zu ersetzen als der erste!

Der Schubladenmann

> »Über sein Können hinaus ist niemand verpflichtet.«
>
> Rechtssatz des jüngeren CELSUS

Auch er will mit Bedacht ausgewählt sein, um nicht zu sagen: mit extremer Sorgfalt. Denn er ist derjenige, der nicht nur Ihren Körper, sondern auch Ihre Seele mit Streicheleinheiten versorgen soll. Seine Qualitäten lassen sich weniger scharf eingrenzen als die der anderen Männer. Dennoch können ein paar grundsätzliche Dinge über ihn gesagt werden. Nämlich, welche Erwartungen der Schubladenmann in jedem Fall erfüllen sollte.

Alter:
im Prinzip unwesentlich. Er könnte Ihr Sohn, aber *nicht* Ihr Vater sein.

Familienstand:
spielt nicht unbedingt eine Rolle. (Siehe auch das Kapitel *Ehemänner, Liebhaber auf Pump*)

Sexuelle Beziehung zu Ihnen:
definitiv vorhanden.

Fundort:
grundsätzlich überall. Nicht zuletzt auch in einer anderen Stadt als der Ihren.

Besondere Qualitäten:
- er ist ein Schmusemann;
- Sie freuen sich, wenn er bei Ihnen ist. Aber er hinterläßt keine Lücke, wenn er wieder geht;
- er ist innerhalb und außerhalb des Schlafzimmers zu jedem Spaß aufgelegt;
- er zeigt sich schon in der ersten Nacht, die Sie mit ihm verbringen, als extrem sensitiver Liebhaber;
- er ist Ihnen vom ersten Augenblick an so vertraut, als ob Sie sich schon lange kennen;
- wenn er in derselben Stadt wohnt wie Sie, ist er (fast) immer verfügbar;
- wenn er in einer anderen Stadt wohnt als Sie, meldet er sich zuerst bei Ihnen, wenn er mal wieder ›im Lande‹ ist;
- wenn er unterwegs ist, schickt er Ihnen eine Postkarte. Oder ruft Sie schnell mal an. Nur so, um zu sehen, wie es Ihnen geht;
- er ist nicht nur scharf darauf, mit Ihnen zu schlafen. Er lädt Sie auch mal zum Essen ein, selbst wenn er nach Kaffee und Cognac wieder davonrasen muß;
- er ist sensitiv genug, Ihre Gefühle nie zu verletzen;

- er ist ein Mann, in den Sie sich verlieben können, ohne Ihr
  Herz zu verlieren.

Achtung
Es ist durchaus möglich, daß ein one-night-stand oder Fling (die
gesondert beschrieben sind) zu einem Schubladenmann avan-
ciert. Was ein Schubladenmann jedoch in jedem Fall tut, ist: er
übt eine enorm große sexuelle Anziehungskraft auf Sie aus.
Und Sie auf ihn.

Ihre Beziehung zu ihm ist allerdings von besonderer Be-
schaffenheit: sie ist mehr als rein sexuell und weniger als Liebe.
Die ›goldene Mitte‹ also.

Hegen und pflegen Sie ihn gut, wenn Sie einem solchen
Mann begegnen. Und seien Sie ehrlich zu ihm. Daß Sie ihn an-
lügen, hat er nicht verdient. Er versteht es durchaus, daß Sie
ihn mal nicht sehen können, weil Sie sich gerade unsterblich in
einen anderen Mann verliebt haben. So wie Sie Verständnis
dafür aufbringen, wenn der umgekehrte Fall eintritt.

Sie sind nämlich auch Freunde. Und als solche trösten Sie
sich dann gegenseitig, wenn sich die große Liebe als Fling entpuppt hat und wieder entschwunden ist.

Der Gesprächspartner

> »Jenseits von Gut und Böse.«
> NIETZSCHE

Dann und wann braucht man auch einen Menschen, mit dem
man reden kann. Einen männlichen Menschen, der manche
Dinge eben doch aus anderer Sicht betrachtet, als man selbst
oder die beste Freundin es tut. Der Mann, den Sie als Gesprächspartner wählen, sollte eine möglichst gute Menschen-
kenntnis besitzen und zugleich mit Thematiken, die Ihnen besonders am Herzen liegen, vertraut sein.

Alter:
jung genug, um flexibel zu denken. Alt genug, um wenigstens
ein bißchen weise zu sein.

Familienstand:
spielt keine Rolle.

Sexuelle Beziehung zu Ihnen:
keine.

Fundort:
im Freundes- oder Bekanntenkreis; in Diskussionsgruppen; in
›Denker-Kneipen‹.

Besondere Qualitäten:
- er kann Ihnen Probleme, die Sie eventuell mit Ihrem Liebhaber haben, aus männlicher Sicht analysieren;
- Sie können ihn zu (fast) jedem Thema, das Sie interessiert,
  alles fragen – und er wird sich freuen, Ihnen dieses und jenes
  erklären zu dürfen;
- Sie können mit ihm (vorausgesetzt er interessiert sich für
  Politik) über das Tun und Lassen der diversen deutschen
  Parteien diskutieren. Und so vielleicht dahinterkommen,
  welche zu wählen diesmal das kleinste Übel ist;
- Sie können von ihm erfahren, welche Bücher Sie unbedingt
  lesen sollten, und welche zu lesen Sie sich sparen können
  (und warum);
- Sie können sich – ganz schlicht und ergreifend – auch mal an
  seiner Schulter ausheulen, wenn Ihnen danach zumute ist.
  Er hat für alles Verständnis und zumeist noch einen guten
  Rat dazu.

Achtung
Ihr Gesprächspartner sollte im großen und ganzen auf Ihrer
Wellenlänge liegen, aber nicht zu allem ›Ja‹ und ›Amen‹ sagen.
Sonst stagnieren Sie früher oder später in Ihren Unterhaltun-
gen. Worauf Sie ebenfalls achten müssen, ist, daß er zwar eine
eigene Meinung hat, aber bereit ist, diese unter gegebenen Umständen zu revidieren.

Am günstigsten ist es, Sie legen sich nicht nur einen, sondern mehrere Gesprächspartner zu. Verschiedene Meinungen zu hören und sich eigene Gedanken darüber zu machen, hat noch keinem Menschen geschadet.

Der Verhätscheljunge

> »Es ist schwerer, Gefühle, die man hat, zu verbergen, als solche, die man nicht hat, zu heucheln.«
> LA ROCHEFOUCAULD

Es hilft alles nichts: Jede Frau hat dann und wann einmal Gefühle, die sie nicht ständig unterdrücken kann. Nur: Nicht jeder Mann eignet sich dazu, sie ungestraft an ihm auszutoben. Nicht vorzustellen, was geschehen würde, wenn Sie plötzlich damit anfingen, Ihren Liebhaber oder Ihren Gesellschafter zu bemuttern! Also muß ein Mann her, der Ihnen solche Gefühlsanwandlungen nicht nur nicht übelnimmt, sondern auch noch Spaß daran hat.

Alter:
in etwa so alt wie Sie und jünger.

Familienstand:
ledig, geschieden, verwitwet.

Sexuelle Beziehungen zu Ihnen:
keine.

Fundort:
je nachdem, wie alt Sie sind, finden Sie ihn unter den Geschwistern oder Kindern Ihrer Freunde und Bekannten. Ansonsten sitzt er in Studentenkneipen oder in der Werkskantine.

Besondere Qualitäten:
- er freut sich, daß sich ab und zu jemand erbarmt und seine Hemden bügelt. (Das sollten Sie allerdings nicht zu oft tun!);
- er ist überglücklich, wenn Sie die neuesten Kochrezepte an ihm vortesten, bevor Sie diese im Griff haben. (Immer noch

besser als der Kantinenfraß oder das, was er sich selbst zu-
sammenbrutzelt.);
- er ist dankbar, wenn Sie ihm, wenn er erkältet ist, ein Hüh-
nersüppchen kochen;
- er ist froh und glücklich, eine (mehr oder minder) ›reife‹ Frau
zu kennen, die er in allen Liebes- und Lebenslagen um Rat
fragen kann;
- er ist stolz darauf, wenn Sie ihm einen selbstgestrickten
Schal verehren.

Achtung
Als Verhätscheljunge ist er dazu da, daß Sie ihn bemuttern. Sie
müssen nur darauf achten, daß die ganze Angelegenheit nicht
plötzlich ausartet und Sie den Kleinen pausenlos mit seiner
schmutzigen Wäsche vor Ihrer Wohnungstür finden. Halten
Sie ihn warm, indem Sie ab und zu mit ihm telefonieren. Aber
treffen Sie ihn nicht zu oft.

Der Bastler

>»Der Worte sind genug gewechselt,
laßt mich nun endlich Taten sehen!«
GOETHE

Glühbirnen und ausgebrannte Sicherungen können Sie höchstwahrscheinlich selbst auswechseln. Aber wie steht's mit Ihrem
Talent, Bücherregale an die Wand zu schrauben, tropfende
Wasserhähne zu reparieren und abgebrochene Stuhlbeine wieder anzuleimen? Sehen Sie, man braucht schon einen Bastler.
Denn er hat nicht zwei linke Hände wie Ihr Gesprächspartner,
und Sie lenken ihn mit so praktischen Wünschen nicht unnötig
von wesentlicheren Dingen ab wie beispielsweise Ihren
Schmusemann.

Alter:
alt genug, um mit verschiedenem Handwerkszeug geschickt
umzugehen; jung genug, um keinen Tatterich zu haben.

Familienstand:
spielt keine Rolle.

Sexuelle Beziehung zu Ihnen:
keine.

Fundort:
im Freundes- und Bekanntenkreis und nicht selten in der angrenzenden Nachbarschaft.

Besondere Qualitäten:
er kann all den Kleinkram reparieren, mit dem Sie selbst nicht klarkommen, der aber zu lächerlich ist, um einen Profi-Handwerker zu bestellen.

Achtung
Weil Sie ihn weder in Naturalien noch mit klingender Münze entlohnen (da wär' er zu Recht beleidigt, es sei denn, Sie haben es vorher so abgemacht!), werden Sie ihm seine Gefälligkeit anders danken. Mit einer Flasche exquisiten Weins, einer Kiste Zigarren, einer Schallplatte – oder was Ihrer Ansicht nach sonst sein Herz erfreuen kann.

Hegen und pflegen Sie den Bastler gut: Rufen Sie ihn nicht wegen jedes einzelnen Nagels, der in die Wand muß – aber lassen Sie auch nicht zu viele Reparaturen auf einmal anfallen.

Achtung, Achtung
Wenn Ihr Wagen streikt (und er nicht zufällig Kfz-Mechaniker ist!), rufen Sie lieber den ADAC und nicht Ihren Bastler. Sonst ist hinterher mehr hin als vorher. Dasselbe gilt für alle anderen Arbeiten, die ein Laie nur selten bis zur Perfektion beherrscht.

Der Förderer

»Zuletzt, doch nicht der letzte meinem Herzen.«

SHAKESPEARE

Sie stehen mit beiden Beinen im Berufsleben, wollen Karriere machen – was brauchen Sie? Einen ›Freund und Förderer‹. Er ist derjenige, der an der Spitze eines Unternehmens sitzt und Sie zu gegebener Zeit protegieren kann.

Alter:
alt genug, um sich eine einflußreiche geschäftliche Position erarbeitet zu haben.

Familienstand:
spielt keine Rolle.

Sexuelle Beziehung zu Ihnen:
kann, aber muß nicht sein.

Fundort:
Ihr Arbeitsplatz oder in verwandten Firmen; auf Empfängen (Ihrer Branche).

Besondere Qualitäten:
- von ihm können Sie ›the tricks of the trade‹ lernen;
- er kann Ihnen, zu gegebener Zeit, zu Ihrem Traumjob verhelfen;
- dadurch, daß er seine schützende Hand über Sie hält, wird es kaum ein anderer wagen, Ihnen dumm zu kommen.

Achtung
Es versteht sich von selbst, daß Ihr Förderer Ihnen nicht wegen Ihrer schönen blauen Augen oder superlangen Wimpern weiterhilft. Sie müssen in Ihrem Beruf schon etwas leisten – weil *er*, der Top-Manager, der er ist, es sich nicht leisten kann, ein hübsches Dummchen zu fördern.

Sie werden sich auch beherrschen, nur allein deshalb mit ihm ins Bett zu krabbeln, weil er Ihnen beruflich auf die Sprünge helfen kann. Wenn Sie mit ihm schlafen, dann nur, weil Sie wirklich Spaß daran haben.

Achtung, Achtung
Wen Sie als Förderer sofort vergessen können, sind die Typen, die darauf bestehen, an Ihnen herumzufingern, bevor sie ihre Finger anderweitig für Sie rühren. Denn: Erstens haben Sie das nicht nötig. Zweitens können Sie in solchen Fällen am Ende der Affäre nicht nur Ihren Kosmetikkoffer, sondern auch Ihren Job einpacken.

2.
Fangen wir an – mit Ihnen!

»Der Anfang ist die Hälfte des Ganzen.«
ARISTOTELES

Womit Sie anfangen, wenn Sie Männer aufreißen wollen? Ist doch sonnenklar: mit sich selbst natürlich! Das A und O Ihres Erfolgs ist nämlich weniger der rechte Spruch, den Sie zur rechten Zeit an den rechten Mann bringen, sondern *wie* Sie besagten Spruch von sich geben. Denn:

Was nützen Ihnen die schönsten Worte, wenn Ihnen mitten im Satz die Stimme versagt? Was nützen Ihnen all die Tips, wie, wann und wo Sie ihn finden, wenn Sie im entscheidenden Moment auf dem Absatz kehrtmachen und davonlaufen? Und was nützt Ihnen schließlich dieses Buch, wenn Sie überzeugt davon sind, daß es für alle anderen Frauen – nur leider nicht für Sie – geschrieben ist? Weil Sie sich für ein häßliches Entlein halten und fürchten, Sie würden sich ja doch nur Körbe einheimsen.

Sehen Sie, darum ist es ganz wichtig, daß wir zunächst einmal bei Ihnen anfangen. Also: Weg mit den Komplexen, her mit dem Selbstvertrauen!

Schönheit liegt im Auge des Betrachters

»in manchen augen gibt es mich
in manchen nicht.«
NORA SEIBERT

Wie:

»Darling Ultra ist nicht schön, nicht reich
und nicht sexy ...
Sie läßt in deinem kopf keinen pornofilm
entstehen,
und niemand will ihr bild für seine
brieftasche.
Aber ich steh' auf sie, und betrüg sie nie ...«
RICHARD L. WAGNER

Ob Sie's glauben oder nicht: Makellos schöne Frauen haben es nicht leichter, einen Mann aufzureißen, als Frauen, die nicht bildhaft schön sind. Im Gegenteil: Perfekte Schönheit macht Männern angst!

Um das zu begreifen, muß man ein wenig in die Psyche der Männer eindringen. Ausnahmen bestätigen zwar auch hier – wie überall – die Regel, aber im großen und ganzen denken Männer nun einmal verquer. Und das sieht so aus: Sie fürchten insgeheim,

– daß sie die Superschönheit nie erobern können,
– daß besagte Schönheit ihnen, selbst wenn sie sie wider Erwarten für sich gewonnen haben, in Nullkommanix mit einem anderen davonrennt.

Und überhaupt: Was ist eigentlich ›schön‹? Oder besser: *Wer?* Twiggy, das Schönheitsideal der ersten 70er Jahre? Elizabeth Taylor, die immer mal wieder zu den schönsten Frauen der Welt gezählt wird – und dann wieder nicht?

Zugegeben: Wenn ich mir's aussuchen könnte, würde ich gern so aussehen wie Audrey Hepburn. Aber ich tu's nun mal nicht. Und selbst wenn ich so aussähe, würde ich sicherlich immer noch dann und wann vor dem Spiegel stehen und *erfolgreich* nach kleinen Schönheitsfehlern suchen.

Kurzum: Jeder Mensch, oder zumindest fast jeder, hat etwas an seinem Äußeren auszusetzen. Und bei denjenigen, die sich offensichtlich für perfekte Schönheiten halten, wundert man sich oft, woher sie den Nerv nehmen ...

Die Schönheit, auf die es im Endeffekt ankommt, liegt nicht in einer geraden Nase oder dem perfekt proportionierten Gesicht oder Körper begründet. Die Schönheit, die wesentlich ist, kommt von innen. Und die kann *jede* Frau erlangen.

Wenn Sie das für hochtrabendes Geschwätz halten, kann ich Ihnen nur eines sagen: schade, daß Sie nicht schon als Kind Roald Dahls Geschichte von Herrn und Frau Zwick lesen konnten. Da hätten Sie nämlich schon von klein auf gewußt, wo's langgeht. Aber da gab es das Buch noch nicht.

Um was es da geht? Um ein – wie könnte es bei Dahl anders sein – bösartiges Ehepaar, das eine Boshaftigkeit nach der anderen ausheckt. Und so sehen die beiden auch aus. Frau Zwick zum Beispiel ist die abgrundhäßlichste Frau, die man sich nur vorstellen kann. Dabei war sie, wie Dahl betont, als junges Mädchen sogar recht hübsch. Erst mit der Zeit ist sie Jahr um Jahr häßlicher geworden. Wie das geschehen konnte? So:

»Wenn ein Mensch häßliche Gedanken hat, dann zeigt sich das mit der Zeit in seinem Gesicht. Und wenn ein Mensch jeden Tag, jede Woche, jeden Monat und jahraus und jahrein häßliche Gedanken hat, wird sein Gesicht mit der Zeit immer häßlicher, bis es so furchtbar häßlich ist, daß du es kaum noch ansehen magst. Ein Mensch, der meistens schöne Gedanken hat, kann nie wirklich häßlich aussehen. Du kannst eine krumme Nase haben oder einen schiefen Mund, ein Doppelkinn oder hervorstehende Zähne, aber wenn du schöne Gedanken hast, leuchten sie hell wie Sonnenstrahlen in deinem Gesicht, und du wirst immer schön aussehen.«

Die Gedanken, die uns unattraktiv machen, sind negative Gedanken, die wir über uns selbst haben. Auch das geschickteste Make-up kann eines nicht verbergen: daß wir uns im Grunde selbst nicht mögen.

Was passiert, wenn Sie sich selbst nicht mögen?

>»Die Eltern hatten ihr's gesagt:
>›Du siehst nach gar nichts aus.‹
>Dann traf sie ihn, er sagte:
>›Wenn du lächelst, bist du schön.‹
>Sie sagte: ›Das ist leider ein Versehen,
>ich seh' nach gar nichts aus.‹
>Und weil sie's glaubte,
>glaubte auch er,
>er kam nie wieder
>und fehlte ihr sehr.«
>
>HILDEGARD KNEF

Haben Sie schon mal was von ›selffulfilling-prophecy‹ gehört? Wenn nicht, dann lesen Sie obigen Knef-Vers noch einmal genau durch. Darum geht es nämlich: eine Prophezeiung, die sich selbst erfüllt, weil wir sie verinnerlicht haben, und wir uns deshalb (zumeist unbewußt) so verhalten, daß sie einfach eintreten *muß*.

Je nachdem, ob es sich bei dieser ›selffulfilling-prophecy‹ um eine positive oder negative Grundeinstellung gewissen Dingen, Menschen oder Situationen gegenüber handelt, wird sie sich entsprechend positiv oder negativ erfüllen. Ersteres ist Ihnen wahrscheinlich auch unter dem Motto ›positives Denken‹ bekannt.

Daß ›positives‹ (und auch ›negatives‹) Denken ›funktioniert‹, haben Sie gewiß selbst schon mehr als einmal festgestellt:

- wenn Sie fröhlich und guter Laune sind, läuft absolut alles, was Sie anfassen, wie am Schnürchen;
- wenn Sie bestimmten Situationen ängstlich und unsicher gegenüberstehen, geht auch prompt alles schief.

Mehr noch: Nicht nur die Erwartungshaltung, die Sie sich selbst gegenüber haben, sondern auch die, die Sie von anderen Leuten Ihnen gegenüber vorausberechnen, erfüllt sich.

Langer Rede kurzer Sinn: Die Ablehnung oder die Körbe, die Sie sich einholen, wenn Sie einen Mann aufreißen wollen, haben Sie allein sich selbst zuzuschreiben:

- wenn Sie sich selbst nicht mögen, erwarten Sie – auch wenn Sie sich dessen nicht *bewußt* sind –, daß auch andere Sie nicht mögen können;
- wenn Sie von anderen – ebenfalls mehr oder weniger bewußt – Ablehnung oder einen Korb erwarten, dann bekommen Sie ihn. Warum auch nicht? Sie haben es schließlich mit Ihrer Erwartungshaltung darauf angelegt.
ABER:
- wenn Sie sich selbst liebenswert finden, werden andere es auch tun;
- wenn Sie – *weil* Sie sich selbst mögen – annehmen dürfen, daß auch andere Menschen Sie gern haben, wird genau das eintreten.

Selbstbewußtsein kann man lernen

>Früher, da ich unerfahren
und bescheidener als heute,
hatten meine höchste Achtung
andre Leute.
Später traf ich auf der Weide
außer mir noch mehrere Kälber,
und nun schätz' ich, sozusagen,
erst mich selber.«

WILHELM BUSCH

Am besten steigen wir gleich mitten ins Thema ein, denn den Platz, uns lang mit Vorreden aufzuhalten, haben wir in einem Buch wie diesem wirklich nicht. Also, Sie sind sich Ihrer selbst unsicher:

- weil Ihre Nase zu groß, zu klein, zu schief ist;
- weil Sie dicke Oberschenkel haben;
- weil Ihr Gesicht zu rund, zu schmal, zu eckig ist;
- weil Sie insgesamt zu groß, zu klein geraten sind;
- weil Sie sich nicht anmutig bewegen, tanzen können;
- weil Sie zu krumme, zu kurze, zu dünne Beine haben;
- weil Ihnen eigentlich so gar nichts richtig gut an Ihnen gefällt.

Betrachten wir die Angelegenheit doch einmal von einer anderen Seite: Ihre Freundinnen, Ihre Freunde, sind *die* unbedingt das, was Sie sich unter ›Ohne-jeden-Fehler-schön‹ vorstellen? Nein?

Na also. Und *trotzdem* schätzen Sie sie. Was soll's schließlich, daß Ihr Freund Michael für Ihren Geschmack eigentlich ein paar Zentimeter zu groß und ein paar Zentimeter zu dürr geraten ist. Er hat die strahlendsten Lachaugen, die Sie kennen. Was soll's, daß Florian schon mit 30 ›Geheimratsecken‹ hat. Wenn Sie mit ihm zusammen sind, amüsieren Sie sich jedesmal königlich. Und daß Wolf ein bißchen zu klein und ein wenig zu gedrungen ist, stört Sie auch nicht. Er ist Ihnen sogar der liebste. Weil er genau Ihr Typ ist, obwohl er eigentlich gar nicht Ihr Typ ist.

Um wieder auf Sie zurückzukommen: so schlimm kann's nun wirklich nicht sein, daß Sie überhaupt nichts an sich entdecken, was Sie schön finden. Mag sein, daß Ihr Mund ein wenig zu groß geraten ist. Aber was jedem, der Sie sieht, zuerst auffällt, sind Ihre Strahleaugen. Oder Ihre hübschen, gepflegten Hände. Oder Ihr herzliches Lachen. Oder Ihr schönes Haar. Oder Ihre ebenmäßigen Zähne – wenn wir schon ins Detail gehen wollen!

Davon ganz abgesehen, können Sie, wenngleich nicht alle, so doch zumindest einige der Dinge, die Ihnen an sich nicht gefallen, ändern. Wie, das finden Sie in vielen klugen Büchern und Zeitschriften.

Außerdem:

- Unterstreichen Sie Ihre Vorzüge:
  * wenn Sie hübsche Beine haben – verstecken Sie sie nicht;
  * wenn Sie schöne Augen haben, betonen Sie sie;
  * wenn Sie ein hübsches Lachen haben – zeigen Sie es!
- Stellen Sie sich nicht selbst unter Erfolgszwang!
  * Je verbissener Sie darauf aus sind, sich einen Mann zu angeln, desto geringer ist die Chance, daß Sie auch einen an Land ziehen:
    * die besten und interessantesten Bekanntschaften macht man nämlich immer dann, wenn man am wenigsten damit rechnet;
    * je leichter es Ihnen fällt, allein sein zu können, desto anziehender wirken Sie auf Ihre Umgebung!

Unabhängigkeit – Der beste Weg, geliebt zu werden

> »Vergiß das Märchen von dem
> starken Mann,
> der kommt
> und dich auf
> Händen trägt.« RENATE RASP

Wenn Sie nur deshalb einen Mann suchen, weil Sie nicht alleine mit sich klarkommen, können Sie das ganze Unternehmen schon vergessen. Und dann brauchen Sie auch gar nicht erst weiterzulesen, denn dann nützt Ihnen dieses gesamte Buch nichts.

Weshalb nicht? Ganz einfach: Die Männer, die Sie aufreißen, sollten nicht nur Ihnen vergnügliche Stunden, Tage, Wochen, Monate (und vielleicht auch Jahre) bescheren, sondern sie sollten auch Freude an und mit Ihnen haben. Das ist aber nur möglich:

- wenn Sie einen Mann nicht als Altersversorgung betrachten;
- wenn Sie einen Mann nicht zu Ihrer seelischen Krücke degradieren;
  sondern
- wenn Sie eine eigenständige Persönlichkeit sind, die auch ohne Mann leben kann.

Vergessen Sie ganz schnell den Unsinn, daß Sie
- ohne Mann nur ein halber Mensch sind;
- bestimmte Dinge – insbesondere Sonnenauf- und Sonnenuntergänge! – erst mit *ihm* an Ihrer Seite so ›richtig genießen‹ können;
- Ihre ›wahre‹ Erfüllung nur in tagtäglicher Fürsorge um einen Mann (und eventuell Kinder) finden;
- es (mindestens) einmal in Ihrem Leben zum Traualtar schaffen müssen. Oder zum Standesamt.

Merke: Männer sind auch (nur) Menschen – und als solche nicht vollkommen. Jeder von ihnen hat – ebenso wie Sie und ich

– genügend eigene Problemchen mit sich herumzuschleppen und daran zu knabbern. Hören Sie also auf, in einem Mann den Übermenschen zu sehen, der für Ihr Leben, Ihr Glück verantwortlich zeichnen soll. Schließlich muß auch er zuerst einmal mit sich selber klarkommen (bevor er sich überhaupt um andere Menschen kümmern kann) – und damit hat er wahrlich zu Genüge zu tun!

Kleider machen Leute

>Klappern gehört zum Handwerk.<

DEUTSCHES SPRICHWORT

Aber:

>Je billiger das Parfüm, desto aufdringlicher duftet es.<

GABRIEL LAUB

Wenn Sie an dieser Stelle eine Machen-Sie-das-Beste-aus-Ihrem-Typ-Lektion erwarten, muß ich Sie leider enttäuschen. Für spezielle Make-up- und Modefragen bin ich leider nicht die richtige Adresse.

Um was es an dieser Stelle jedoch geht, sind ganz grundsätzliche Dinge, die für jede Frau gleichermaßen gelten. Und zwar (nicht nur, aber auch) dann, wenn Sie sich zurechtmachen, um einen Mann aufzureißen.

Daß Ihr Körper sauber und gepflegt sein sollte, ist klar. Dasselbe trifft selbstverständlich auch auf Ihre Kleidung zu. Also: Ab in den Wäschekorb mit dem, was Sie einen Tag lang getragen haben. Oder bringen Sie es in die Reinigung.

Ansonsten: Natürlich sollen, wollen und dürfen Sie ihm durch Ihre Kleidung auffallen. Nur müssen Sie das so geschickt anstellen, daß er Sie als insgesamt >interessante Erscheinung< erkennt. Und Sie nicht gleich in irgendeine seiner fantasielosen Denkschubladen steckt. Das geht bei ihm nämlich automatisch und blitzschnell:

– Tragen Sie einen zeitlosen, eleganten Rock, eine adrette Bluse, einen gepflegten Haarschnitt und dezentes Make-up, schon sind Sie für ihn eine Dame.

- Tragen Sie ein modisches Kleid, eine schicke – aber nicht zu schicke – Frisur und schieben einen Kinderwagen vor sich her, registriert er Sie als Mutter.
- Tragen Sie einen kurzen, geschlitzten, engen Rock, ein tief ausgeschnittenes Dekolleté, hohe Schuhe (mit Pfennigabsätzen) und grelle Schminke, hält er Sie für ein Flittchen.
- Tragen Sie Lederhose, Lederweste, T-shirt und Lederjacke, färben sich Ihre Haare grün, ist er überzeugt: Sie sind eine Rockerbraut.
- Tragen Sie Jeans, T-shirt, Tennisschuhe, kaum Make-up und wuschelige Haare, glaubt er ein natürliches, nettes Mädchen vor sich zu haben.
- Tragen Sie ein züchtig hochgeschlossenes Kleid – Marke Blümchenmuster –, flache Schnürschuhe, kein Make-up, sind Sie für ihn die Unschuld vom Lande.
- Tragen Sie einen langen Rock, eine weite Bluse – beides vorzugsweise aus einem Indienladen –, langes, offenes Haar und Sandalen, meint er, einem übriggebliebenen Hippie-Mädchen aus den Sixties gegenüberzustehen.
- Tragen Sie einen Nadelstreifenanzug, eine strenge Frisur, kein Make-up, flache Schuhe und rauchen Zigarillos, wird er Sie gar unter dem Stichwort ›Lesbierin‹ einordnen.

Ergo: Er hat Sie registriert und katalogisiert, bevor Sie auch nur »Hallo« sagen können. Vorurteile, die er schon vom ersten Augenblick an hat, sind dann nur noch schwer wieder abzubauen. Wenn Sie es überhaupt noch schaffen, ihn in ein Gespräch zu verwickeln.

Was Ihr Make-up betrifft, so wirkt weniger oft mehr. Ich kenne kaum Männer, die es mögen, wenn das Make-up einer Frau ihr Gesicht verbirgt. Das wiederum bedeutet:

- Sie dürfen ruhig in die Farbtöpfe greifen;
  aber:
- Geben Sie acht, daß Sie nicht in die Schminktiegel hineinfallen!
  Grundsätzlich gilt:
- Lieber zuwenig als zuviel Make-up. (In solch düsteren Schuppen, wo die bunteste und dickste Make-up-Maske wie

›kaum geschminkt‹ aussieht, reißen Sie hoffentlich sowieso keine Kerle auf!)

Last not least ist es auch noch wichtig, daß er Sie ›riechen‹ kann. Allerdings nicht aus drei Meter Entfernung. Und hier ist auch nicht Ihr ureigener, frischer Körpergeruch gemeint – sondern das Parfüm, daß Sie ›anziehen‹:

- Finger weg von billigen, süßen Kaufhausparfüms (Marke ›No-Lady-No‹)!
- Lassen Sie sich in einer guten Parfümerie über die verschiedenen Duftrichtungen beraten – und probieren Sie sie aus. Wählen Sie das Parfüm, das Ihnen am besten ›steht‹, selbst wenn es sündhaft teuer ist. An Parfüm zu geizen, ist fehl am Platze.
- Benutzen Sie den Duft sparsam! Auch hier gilt: Weniger wirkt mehr! Wenn Sie eine teure Essenz literweise über sich kippen, hat *er* doch keinen Grund mehr, Ihnen näherkommen zu wollen, um Ihren Duft bzw. den Ihres Parfüms genießen zu können.
Aber gerade das hatten Sie doch beabsichtigt.

Ein Gläschen in Ehren ... nüchtern betrachtet

»Trinke, Liebchen, trinke schnell!
Trinken macht die Augen hell!«

JOHANN STRAUSS

Aber:

»Die Freundschaft, die der Wein gemacht,
wirkt wie der Wein, nur eine Nacht.«

LOGAU

Gleich vorab: Ihnen vorschreiben zu wollen, wieviel Sie trinken dürfen, liegt mir fern. Moralpredigten über die schlimmen Folgen des bösen, bösen Alkohols will ich Ihnen auch nicht halten. Ich möchte vielmehr nur diejenigen unter Ihnen, die noch keine allzugroße Erfahrung mit Alkohol gemacht haben, vor einem warnen: Ihre Alkoholverträglichkeit am falschen Ort mit den falschen Leuten zu testen.

Frauen vertragen grundsätzlich weniger Alkohol als Männer (Ausnahmen bestätigen die Regel):

- Ein bis zwei Tage vor und während der Periode wirkt Alkohol bei Frauen doppelt so stark wie sonst. (Der Stoffwechsel des Körpers wird durch das Sexualhormon Östrogen derart verändert, daß die Nerven empfindlicher auf Alkohol reagieren.)
- Im Flugzeug hat Alkohol die doppelte Wirkung. Der Grund (und das gilt für Männer ebenso): die Stoffwechselvorgänge im Nervengewebe werden durch die kombinierte Wirkung von Alkohol und Höhe verzögert.

Vorbeugungsmittel, die die Wirkung des Alkohols ein wenig dämpfen, gibt es natürlich auch. Den berühmten starken schwarzen Kaffee können Sie dabei allerdings vergessen (es sei denn, er ist das einzige, was Sie an diesem Abend trinken). Statt dessen können Sie folgendes tun:

- Bevor Sie zu trinken anfangen, eine Avocado essen. Ihr hoher Proteingehalt trägt dazu bei, die Wirkung des Alkohols ein wenig zu neutralisieren.
- Während Sie trinken – selbstverständlich *nicht* mit dem Glas in der Hand, sondern zwischen zwei Drinks! –, einen Spaziergang um den Block machen. Frische Luft schnappen, wie es so schön heißt.
- Ein (nicht zu) heißes Bad oder eine (nicht zu) heiße Dusche nehmen. Die Hitze regt den Körper an, Alkohol zu verbrennen – und ihn loszuwerden. (Sollten Sie diesen Trick auf einer Party anwenden, können Sie sich ja vorher umschauen, von wem Sie gern den Rücken getrocknet hätten!)

Sollte es Sie trotz aller guten Ratschläge doch erwischt haben, bleibt nur eins:

- Schnappen Sie sich ein Taxi und fahren Sie nach Hause. Da können Sie Ihren Rausch in Ruhe ausschlafen und sich beim Aufwachen ungestört mit Ihrem neuen Kater unterhalten.

Was Sie auf keinen Fall tun, ist:

- mit Ihrem eigenen Wagen zu fahren,
- sich von einem Fremden ins Bett bringen zu lassen,
- bei einem Fremden volltrunken umzukippen,
- zu Hause – in Gesellschaft eines Fremden – umzufallen.

Was die letzten beiden Punkte betrifft, so sind Sie hoffentlich Frau genug, von allein zu wissen, weshalb ich Ihnen davon abrate. Denn:

- entweder wollen Sie sich mit dem Herrn sexuell vergnügen – da wäre Trunkenheit nur hinderlich –
- oder Sie wollen ganz und gar alleine schlafen. Da sollten Sie nüchtern genug bleiben, um sich noch verabschieden zu können – oder ihn zu verabschieden.

Sollte *er* zuviel getrunken haben, versteht es sich wohl auch von selbst, daß Sie das Unternehmen Sex vertagen. Nichts ist unerotischer, als von einem betrunkenen Mann abgegrapscht zu werden. Davon abgesehen, daß es zu mehr in den meisten dieser Fälle sowieso nicht langt.

Aber: In kleinen Dosen genossen, kann Alkohol ein hervorragendes Aphrodisiakum sein. Er regt, so erklären Mediziner, »die Lust- und Sexualzentren im Zwischenhirn an«. Vorausgesetzt, daß Sie auch in nüchternem Zustand Lust auf den Mann, mit dem Sie das eine oder andere Gläschen trinken, haben; Prost!

Ebenfalls vorausgesetzt, daß Sie Alkohol nicht zu sich nehmen, um Ängste oder Hemmungen zu *betäuben*, sondern sie ein wenig *abzuschwächen*, kann ein kleiner Drink Ihnen auch nicht schaden.

Wann und wo Sie ihn garantiert nicht finden

»Hier ist nicht gut sein.«

SCHILLER

Die ungünstigste Zeit, einen Mann aufzureißen, ist der späte Abend. Nicht daß wir uns mißverstehen: Männer ohne Damenbegleitung sind auch nach Mitternacht noch reihenweise zu haben – fragt sich nur, was für welche!

Gründe, aus denen er zu vorgerückter Stunde noch allein auf einem Barhocker sitzt und in seinen Drink starrt, gibt es mehrere. Und keiner davon sollte Beweggrund für Sie sein, ihn nun aufzureißen. Er sitzt mutterseelenallein herum:

- weil es keiner anderen Frau vor Ihnen erstrebenswert erschien, ihn anzusprechen (Was finden Sie an ihm dann so umwerfend?);
- weil ihm keine der Frauen, die ihn an diesem Abend angesprochen haben, gefallen hat (Vielleicht sind *Sie* ja die Prinzessin, auf die er wartet. Aber die Chance, daß das so ist, erscheint äußerst gering.);
- weil er Frauen, die ihn ansprechen, grundsätzlich abblitzen läßt (Weshalb also sollten Sie sich von ihm auch noch einen Korb holen!);
- weil die Dame, mit der er den ersten Teil des Abends verbracht hat, wutschnaubend davongerauscht ist (Damit muß er sich erst einmal allein abfinden!);
- weil er gerade erst in die Bar gekommen ist (um sich aufreißen zu lassen, natürlich. Und prompt tun *Sie* ihm den Gefallen nicht!);
- weil er – allein sein will.

Falls Sie diesem alleinigen Herrn vor Mitternacht begegnen, kommt es darauf an, *wo* er sich befindet, bevor Sie sich dazu entschließen, ihn aus seiner Einsamkeit zu erlösen. Es gibt nämlich bestimmte Orte, an die er einzig und allein deshalb geht, um aufzureißen oder sich aufreißen zu lassen. Um ganz direkt zu sein: wo er darauf hofft, eine Frau für eine Nacht zu treffen. Finger weg:

- wenn er in einer einschlägigen Aufreißerkneipe sitzt oder steht (so ein Lokal betreten Sie hoffentlich erst gar nicht! Wenn Ihre Verzweiflung wirklich so groß ist, tut's auch der Mann, den Sie an der nächsten Straßenecke finden!);
- wenn er in einer Disko steht (wenn er Sie da findet und mitnimmt, können Sie Gift darauf nehmen, daß er Ihren Namen [vorausgesetzt, er hat ihn je erfahren] am nächsten Morgen nicht mehr weiß. Weil er Sie – so alle großen männlichen

Aufreißer, mit denen ich gesprochen habe – eh' in seine ›Ferner liefen‹- oder ›Schrott‹-Schublade steckt. Und mit was? Mit Recht!);

– wenn er in einer Hotelbar sitzt und sich Ihnen allzu offensichtlich präsentiert (von ihm werden Sie zwar nie einen Korb kriegen – aber Spaß werden Sie mit ihm auch kaum haben. Er nimmt nämlich alles mit, was er kriegen kann. Und ist nur zu geizig, sich eine der käuflichen Damen, die in den meisten Hotelhallen auf Geschäft[-smänner] warten, zu mieten. Es sei denn, er tut wirklich nichts anderes auf. Also: seien Sie so lieb, und nehmen Sie den Mädels nicht den Job weg!);

– wenn er nachts im Bahnhofsrestaurant sitzt. Dann hat er entweder kein Zuhause, zu dem er sich begeben könnte – oder er wartet auf den Nachtzug. Damit erübrigt sich Ihre Mühe also auch;

– wenn er in einem Lokal, das unmittelbar an die Reeperbahn (oder ihrem Äquivalent) sitzt. Da wartet er entweder auf Hausfrauen, die ihr Taschengeld aufbessern wollen (dazu gehören Sie selbstverständlich *nicht*!) oder wartet auf die Lieferung für den Fisch- oder Gemüsemarkt. (Damit ist er beschäftigt und somit disqualifiziert.) Und überhaupt: in solchen Kneipen haben Sie sowieso nichts, und schon gar nicht einen Mann!, zu suchen;

– wenn er sich im ›Ball der einsamen Herzen‹ oder ähnlichen Etablissements, die ein Tischtelefon und Kellner mit weißen Tüchern überm Arm aufweisen, aufhält.
Nur: Da werden *Sie* ihn wahrscheinlich sowieso gar nicht erst zu Gesicht bekommen, weil Sie sich schwer bremsen können, derartige Lokale zu betreten;

– wenn er in einem Transvestiten-Kabarett sitzt. Hier einen Mann, der ohne Begleitung ist, aufzureißen, können Sie sich gleich abschminken. Es sei denn, Sie gehören zum Ensemble und der hübsche Junge ist ein Groupie.

Nicht nur nachts, sondern auch tagsüber gibt es bestimmte Plätze, die Sie als ›Jagdgebiet‹ gleich ausklammern können. Dazu gehören:

- die Entbindungsstation diverser Kliniken (hier finden Sie nur stolze junge Väter vor, die nur Augen für ihr wunderschönes Neugeborenes – nicht für Sie – haben);
- die dermatologische Abteilung diverser Krankenhäuser (es sei denn, Sie sind scharf auf den Arzt!);
- Sekten aller (Un-)Art:
  * entweder dürfen Sie dort keinen engeren Hautkontakt zu den diversen Mitgliedern aufnehmen
  * oder Sie müssen es. Das macht dann auch bald keinen Spaß mehr.
- Kirchenvereine (Die Männer, die Sie da finden, sind sowieso entweder zickig oder kinky. Also langweilig oder gefährlich und damit disqualifiziert.);
- Fußballvereine (Erstens ist er zu sehr mit dem Ball beschäftigt, zweitens verstaucht er sich pausenlos die Füße oder sonstwas. Das hemmt dann seine und auch Ihre Bewegungsfreiheit: Sie dürfen ihn nämlich pflegen!);
- jede Art von Schnellimbiß (Selbst wenn Sie nicht unbedingt Wert darauf legen, daß er ein Gourmet ist – was zuviel ist, ist zuviel!);
- Blumenläden (Die Rosen, die er kauft, sind höchstwahrscheinlich für seine Angebetete. Daß die Liebe relativ frisch sein muß – er sich also nicht abwerben läßt –, erkennen Sie daran, daß er überhaupt Blumen kauft!).

Kurzum: Überall da, wo Sie mit Scharen von frisch Verliebten, Hobby- und anderen Fanatikern, (mehr oder minder anstekkend) kränkelnden Männern rechnen müssen, ist und bleibt nicht gut sein ...

3.
Auf los geht's los!

>Wer wagt, gewinnt.«
Aber:
>Erst wägen, dann wagen.«

Internationale Lebensweisheiten

Es ist soweit! Sie sind innerlich und äußerlich bestens gerüstet, um mit einem Mann, der Ihnen sympathisch erscheint, anzubandeln.

Bleibt vorerst nur noch zu klären, wo Sie ihn finden und wie Sie ihm zu verstehen geben, daß Sie – bis auf weiteres zumindest – Interesse an ihm hegen. Letzteres erfahren Sie auf den nächsten Seiten zuerst. Aber ich habe meine Gründe, das Pferd von hinten aufzuzäumen: denn bevor Sie die Sprüche dort loslassen können, wo Sie ihn finden, sollten Sie erst mal eins herausfinden, ob er auf den Augenkontakt, den Sie mit ihm aufnehmen, positiv reagiert.

Da ist er ... inmitten seiner Freunde

>Blick ich umher in diesem edlen Kreise.«

RICHARD WAGNER

Merke:

>Ein alter, bewährter Freundeskreis ist unbezahlbar, aber er reicht nicht aus, wenn nicht frische Elemente gelegentlich hinzukommen.«

FONTANE

Wenn Sie den Mann, an den Sie sich heranmachen wollen, nicht gerade auf einer Party oder einem ähnlichen gesellschaftlichen Ereignis treffen, gelten im großen und ganzen folgende Grundsätze:

- je alleiner er ist, desto besser sind Ihre Chancen:
- wenn Sie alleine sind und *er* von mehr als zwei (Ihnen ebenfalls fremden) Männern umgeben ist, sehen Sie sich lieber um, ob nicht noch ein anderer – einzelner! – Mann in der Nähe ist, dem Sie Ihre Aufmerksamkeit schenken wollen;
- wenn *er* in Begleitung einer einzigen Frau ist, sollten Sie sich besonders behutsam an ihn herantasten;
- wenn *er* von mehreren weiblichen Wesen – oder einem ›gemischten‹ Freundeskreis – umringt ist, lassen Sie ebenfalls eine Extra-Portion Feingefühl beim Sondieren der Lage walten.

Warum, wieso, weshalb Sie diese Spielregeln beachten sollten, ist schnell erklärt:

- je alleiner er ist, desto leichter wird es ihm fallen, auf Ihre – vorerst wortlose – (Augen-)Kontaktaufnahme zu reagieren:
  * weil kein (Gesprächs-)Partner in seiner Nähe ist, der seine Aufmerksamkeit von Ihnen – bewußt oder unbewußt – ablenken kann;
  * weil er den Flirt mit Ihnen aufnehmen kann, ohne sich einem Gegenüber ›schuldig‹ zu fühlen, weil er Ihnen zu tief in die Augen geblickt und den Gesprächsfaden verloren hat;
  * weil niemand da ist, vor dem er sich genieren könnte, wenn Sie gleich zu ihm gehen und ihn ansprechen (Noch kommt es schließlich nicht jeden Tag vor, daß eine Frau die Initiative ergreift. Ihm jedenfalls ist das vielleicht noch nie passiert, und er denkt fieberhaft darüber nach, wie er Ihnen möglichst locker antworten könnte ...);
  * weil er sich sofort mit Ihnen unterhalten kann, ohne auf restliche Gesellschaft Rücksicht nehmen zu müssen;
  * weil es sich bei der Gesellschaft, in der er sich befindet, um Geschäftspartner handeln könnte. Und zwar dummerweise um solche, bei denen er auf Teufel komm raus einen distinguierten Eindruck wahren muß. Ergo: Er kann sich nicht in einen Flirt mit Ihnen vertiefen;
- je mehr Männer um ihn herum sind, desto größer ist die Gefahr von Eifersüchteleien. Die anderen sind neidisch, weil Sie

ihn und nicht sie selbst auserkoren haben, und unternehmen nun alles,

* um ihn lächerlich zu machen – bis ihm die Situation, ›aufgerissen‹ zu werden, peinlich ist;
* Sie mit dummen Sprüchen in die Flucht zu schlagen;
* Sie von dem Mann Ihrer Wahl weg – und zu sich zu ziehen.

Achtung

Der ›Ruhige‹, fast ›Schüchterne‹ in einer Männerrunde ist gewöhnlicherweise derjenige, der es faustdick hinter den Ohren hat. Sein Trick: Er wartet ab, bis die anderen Sie völlig entnervt haben. Dann schlägt er zu. Und spielt den ›Beschützer‹, in dessen Arme Sie flüchten sollen. Und während Sie glauben, daß er sich Ihrer ›erbarmt‹, hat er es schon den ganzen Abend über geplant, Sie als Siegestrophäe zu gewinnen;

– Männer in Begleitung nur einer Frau sind durchaus nicht immer fest vergeben:

* sie könnte seine Schwester sein;
* sie könnte das Pendant zu Ihrem ›Gesellschafter‹ sein;
* sie könnte eine Kollegin sein.

Achtung

Nehmen Sie sich die Zeit, den Draht, den die beiden zueinander haben, zu erspüren. Sie kriegen schließlich mit, ob er *ihr* verliebte Blicke schenkt oder nicht. Ob die beiden Händchen halten und turteln – oder ob sie sich wortlos anstarren bzw. gar nicht angucken. (Wenn eine der letzteren beiden Möglichkeiten gegeben ist: Finger weg. Die Chancen stehen 99 : 1, daß er mit ihr verheiratet ist!) Wenn Sie ganz viel Glück oder sehr viel Pech haben, lächelt seine Begleitung zu Ihnen hinüber. Denn das kann bedeuten, daß sie

* mit ihm unter einer – allerdings nur sprichwörtlichen! – Decke steckt und Ihnen Mut macht, ihn aufzureißen;
* daß die beiden so glücklich miteinander sind, daß *sie* die ganze Welt umarmen könnte – und den Anfang damit macht, Sie anzulachen;

– wenn er von mehreren weiblichen Wesen umzingelt ist, beobachten Sie die Verhaltensweise des (Freundes-)Kreises

untereinander. Eine der Damen könnte – muß aber nicht –
seine Ehefrau oder feste Freundin sein. Hier kommen Sie –
wenn überhaupt – am besten mit einem Trick weiter:

* Nehmen Sie nicht zuerst und vorrangig mit ihm, sondern
  mit den Mädchen (Augen-)Kontakt auf:

  * wenn Sie freundliche Blicke ernten, spielen Sie das
    Spielchen so lange weiter, bis Sie sich mit der gesamten
    Runde ›wortlos‹ und auf die Entfernung ›angefreundet‹
    haben. Wenn *er* Ihnen zu guter Letzt noch ein einladen-
    des Lächeln schenkt, nix wie ran. Ohne, versteht sich,
    mit der Tür ins Haus zu fallen und sich nur noch *ihm* zu
    widmen;

  * wenn Sie abweisende Blicke empfangen – vergessen Sie
    ihn. Sie wollen schließlich nicht in den nächsten paar
    Tagen mit zerkratztem Gesicht durch die Lande ziehen
    – oder?

Achtung

Es ist natürlich immer drin – vor allem dann, wenn *er* sich in
einer reinen Herrenrunde befindet –, daß er überhaupt kein Interesse daran hat, aufgerissen zu werden – geschweige denn
selbst aufzureißen:

– kann sein, daß er langweilig-stinknormal-glücklich verheiratet ist und jeden Mittwoch seinem Herrenabend frönt;
– kann sein, daß er lieber mit seinen Skat- oder Kegelfreun-
  den zusammen ist als mit einer Frau. (*Ihn* kriegen Sie unter
  Umständen vielleicht sogar herum – wenn das Spiel zu Ende
  ist. – Nur: Er würde Sie wahrscheinlich hauptsächlich deshalb mitnehmen, weil er Sie mühelos kriegen kann. Doch die
  Chancen, daß er sich ›hinterher‹ ein wenig mehr anstrengt
  als ›vorher‹, sind äußerst gering. Mit anderen Worten: Er ist
  der Hallo-Auf-Wiedersehen-Typ, den Sie sich in Ihrer
  Sammlung sparen können.)

Ansonsten sind Männer im Freundeskreis so zu behandeln wie
einzelne: schließlich müssen Sie mit einem einzelnen in einer
Gruppe – wenngleich unter teilweise erschwerten Umständen
– auch erst einmal per Augenkontakt eine Basis schaffen.

Ran an den Mann. Der erste Kontakt

>»Man muß das Eisen schmieden, solange
es heiß ist.«

TERENZ

Aber:

>»Kann der Blick nicht überzeugen,
überredt die Lippe nicht.«

GRILLPARZER

Wenn Sie einen Mann erst mal gesichtet haben und er Sie, geht alles weitere blitzschnell. Mehr noch: Es geht sozusagen ›automatisch‹ – denn unsere allerersten Reaktionen auf einen bislang fremden Menschen lassen sich nicht bewußt steuern. Sie spielen sich vielmehr nach einem festen Schema ab:

In dem Bruchteil einer Sekunde beginnt das ›sexuelle Intimverhalten‹, wie der englische Verhaltensforscher Desmond Morris es nennt, mit der *Kontaktebene Auge – Körper*. Hierbei erfassen wir blitzschnell direkte Informationen über unser Gegenüber: Größe, Figur, Alter, Haarfarbe, (durch Kleidung bedingtes) Image und derzeitige Stimmung. Umgekehrt verhält es sich genauso: *Er* ordnet uns durch den ersten, spontanen Eindruck, den wir auf ihn machen, in Nullkommanichts in eine bestimmte Denkschublade ein.

Daß wir uns für oder gegen weitere Kontaktaufnahme entscheiden, liegt in der Summe unserer bisherigen Erfahrungen verborgen: die Gesamterscheinung, die Haltung, die Gestik, das Image des Fremden erinnert uns (unbewußt öfter als bewußt) an Menschen, die unsere Freunde oder Feinde sind. Wenn *er* aussieht wie Dagobert Geizkragen, sind seine Chancen, von uns aufgerissen zu werden, automatisch gleich Null. Berührt *er* hingegen – vielleicht durch die Stimmung, die er verbreitet – wie Christoph Schmusemann eine fröhliche Saite in uns, sind wir sofort bereit, auf ihn zuzugehen.

Weshalb ich Ihnen das lang und breit erzähle? Damit Sie nicht gleich Komplexe kriegen, falls Sie den Kontakt mit dem Mann, den Sie gesichtet haben, fortsetzen wollen – und er ihn schon innerhalb der ersten Sekunde abwürgt. Denn:

- wenn *er* sich, nachdem er Ihnen nur einen Mini-Blick ge-
schenkt hat, augenblicklich wieder in sein Glas Bier vertieft
und keinerlei Interesse zeigt, die Kontaktaufnahme fortzu-
setzen, hat das absolut nichts mit Ihrer Person zu tun. Statt
dessen kann er folgende (mehr oder minder bewußte) Gründe dafür haben:
  * Sie erinnern ihn an eine Frau, die ihm übel mitgespielt hat;
  * Sie erinnern ihn an die Frau seines besten Freundes, die
    den armen Mann tagtäglich zur Weißglut treibt;
  * Sie erinnern ihn an seine Lateinlehrerin, die ihm nicht ein-
    mal eine Gnadenfünf gegeben hat, damit er die Verset-
    zung schafft;
  * Sie erinnern ihn an irgend jemanden, mit dem er schlechte
    Erfahrungen gemacht hat.

Aber:
- Wenn er ein weiteres Kontaktspiel mit Ihnen anstrebt, hat
das – im allerersten Moment – auch nicht allzu viel mit Ihnen
allein zu tun. So wie er freundliche oder angenehme (unbe-
wußte) Erinnerungen in Ihnen wachruft, erweckt Ihre Erscheinung nette Assoziationen in ihm:
  * die obigen Beispiele erfahren eine positive Umkehrung.

Das bedeutet aber noch lange nicht, daß der erste Kontakt bereits felsenfest etabliert ist. Was nun folgt, ist das, was Morris die
Kontaktebene Auge – Auge nennt. Auch hier entscheidet weniger
als eine halbe Minute darüber, ob er Ihnen – und Sie ihm – weiterhin sympathisch sind. Nudeln einzukaufen (welche Sorte
nehme ich nur?) dauert oft länger, als sich für oder gegen die
Fortsetzung der Kontaktaufnahme zu entscheiden – wenn
man den Knaben von der Münchner ›Gesellschaft für rationale
Psychologie‹ Glauben schenken darf. Die haben nämlich, was
Kontaktstadium zwei betrifft, folgendes ausgetestet:
  Ein Mann schaut bei der ersten Begegnung *zuerst in die Augen*, dann auf den Busen, *dann wieder in die Augen*, auf die Hüften, *noch einmal in die Augen*. Und das alles in einer Zeit von 16,9
Sekunden.
  Eine Frau blickt bei der ersten Begegnung *zuerst in die Augen*,
dann auf die Schultern und auf die Hüfte, *wieder in die Augen*,

auf den Mund, *in die Augen* und dann ins Gesicht. Alles im Eiltempo von mit der Stoppuhr festgehaltenen 9,8 Sekunden!

Allein die unterschiedliche Zeitspanne, die Männlein und Weiblein brauchen, um sich ›näher‹ zu betrachten, ergibt: ihre Blicke kreuzen sich zwar flüchtig, aber dann schauen sie rasch wieder woanders hin. Der Grund dafür ist schnell erklärt: Die Augen *sind* der ›Spiegel der Seele‹. Sie geben unsere intimsten Gefühle preis:

- sobald eine Frau sich für einen Mann ›ernsthaft‹ interessiert, erweitern sich ihre Pupillen:
  * *er* nimmt diese Veränderung zwar nicht bewußt, aber doch instinktiv wahr. Und reagiert mit Entgegenkommen oder Ablehnung.
- sobald ein Mann sich für eine Frau ›ernsthaft‹ interessiert, verengen sich seine Augen leicht (die Pupillen verändern ihre Größe nicht):
  * *sie* nimmt diese Veränderung – ebenfalls zumeist unbewußt, aber in jedem Fall instinktiv, wahr. Und reagiert, ebenso wie er, mit Entgegenkommen oder Ablehnung.

Allein Ihre Augen verraten *ihm* also, welcher Art die Gefühle, die Sie ihm entgegenbringen, sind. Ergo: Wenn Sie kein wirkliches Interesse an einem Mann haben – sondern ihn nur ansprechen, um wenigstens irgendeinen auf Ihrem Aufreißkonto verbuchen zu können, brauchen Sie sich nicht zu wundern, wenn er sich nicht unbedingt einfangen läßt. (Auch wenn von vornherein alles, was Sie mit ihm vorhaben, ein Glas Wein zu trinken ist.)

Unsensitive Männer gibt's natürlich auch. Aber weil Sie so einen sowieso nicht aufreißen wollen, brauchen wir davon (vorerst jedenfalls) gar nicht weiter zu reden. Daß Männer – und zwar hauptsächlich *junge* Männer! – sich automatisch zu Frauen mit erweiterten Pupillen hingezogen fühlen, wurde mittlerweile in unzähligen Versuchen (anhand von vorgelegtem Fotomaterial) bewiesen.

Nun wissen Sie also, wieso und weshalb der Augenkontakt zu einem potentiellen Partner einer der Schlüssel (und zwar der erste) zu seinem Herzen ist. Was Sie selbstverständlich *nicht* tun ist:

– Ihm unverwandt in die Augen zu starren.

Warum nicht? Aus demselben Grund, aus dem *Sie* es auch nicht mögen, wenn ein Mann Sie dreist fixiert. Hier sind sich (oh Wunder!) beide Geschlechter einig. Sie werten ein unablässiges In-die-Augen-Starren als

– aggressives Verhalten;
– Eingriff in die Intimsphäre.

Letzteres ist erst erlaubt – und da sogar erwünscht –, wenn Sie ineinander verliebt und sich vertraut sind. Wenn Sie ihm zu früh zu tief in die Augen blicken, verunsichern Sie ihn nur. Dazu haben Sie, wenn Sie sich näher kennen, noch Gelegenheit genug.

Der Flirt – wenn es dazu kommt – ist das netteste Stadium der Kontaktaufnahme. Wenn Sie ein wenig Geschick fürs Flirten zeigen – und er sich nicht als fantasieloser Anstarrer erweist –, haben Sie beide Spaß daran.

Mehr noch: In diesem Stadium laufen Sie kaum Gefahr, ›enttäuscht‹ zu werden. (Es sei denn, mitten beim Flirten taucht seine Freundin auf – und Sie brechen das Wellenspiel ab!) Kritisch wird's erst wieder im dritten Stadium. Dem, das Morris die *Kontaktebene Stimme – Stimme* nennt. Hier stellt sich nämlich – häufig relativ schnell – heraus, ob *er* hält, was der optische Eindruck, den Sie von ihm haben, versprochen hat. Und natürlich auch, ob Sie halten, was er sich – bewußt oder unbewußt – von Ihnen verspricht.

Er lächelt zurück? Sprechen Sie ihn an!

> »Fragen sind niemals indiskret; nur Antworten sind es zuweilen.«
> OSCAR WILDE

Da ist sie wieder: die dumme Angst, sich vielleicht doch einen Korb zu holen. Bevor Sie also nun auf *ihn* losgehen, atmen Sie am besten noch einmal tief durch und rufen sich folgende Dinge ins Gedächtnis:

- ›gute‹ Männer haben absolut nichts dagegen, von einer Frau angesprochen zu werden. Im Gegenteil. Sie freuen sich sogar, daß nicht von ihnen immer – allein aufgrund ihres Geschlechts – erwartet wird, den ersten, entscheidenden Schritt zu tun;
- Sie haben bereits ausgiebig mit ihm geflirtet. Die Chancen, sich einen direkten Korb einzuhandeln, sind also minimal. Das ›Schlimmste‹, was passieren kann, sind zwei Dinge:
  * Sie finden *ihn* aus nächster Nähe nicht mehr so attraktiv (was seine Anziehungskraft betrifft), wie Sie das aus der Entfernung taten;
  * er stellt fest, daß sein erster Eindruck von Ihnen vielversprechender war, als es der zweite ist;
- schließlich und endlich sprechen Sie ihn erst einmal an, um ihn ein wenig kennenzulernen. Sie wollen ihm ja nicht sofort einen Heiratsantrag machen. Und was, um Himmels willen, soll Sie davon abhalten, mit einem ›neuen‹ Menschen zu reden?

Ihnen fehlt immer noch der rechte Mut? Nun gut, dann müssen wir eben ein paar ›Ich-schaff-das-schon-Tricks‹ aus der Trickkiste hervorgraben. Und wenn ich Tricks sage, dann meine ich auch Tricks. Die folgenden Tips sind nämlich weniger dazu angetan, Ihnen – im ersten Moment jedenfalls – im Handumdrehen ein unerschütterliches Selbstvertrauen einzuimpfen. Was sie aber sehr wohl bewirken, ist, Sie zuversichtlich und selbstbewußt *erscheinen* zu lassen. Und das ist es schließlich, worauf es in diesem Moment ankommt:

- konzentrieren Sie sich *nicht* auf sich selbst (»Ob er mich wohl mag?«, »Ob meine Frisur wohl noch sitzt?«, »Was wird er von mir denken?«), sondern konzentrieren Sie Ihre Aufmerksamkeit auf *seine* Person (»Er hat ein wirklich herzerfrischendes Lachen«, »Er sieht wirklich interessant aus«.). Sobald Sie sich selbst – und Ihre Hemmungen oder Ängste – vergessen haben, hören Sie auf, nachzudenken, was *Ihnen* ›Schreckliches‹ passieren könnte. Damit sind Sie Ihre Scheu los – und können auf ihn zugehen;
- machen Sie sich klar, daß es schließlich keine öffentliche Rede ist, die Sie vor einem Millionenpublikum von Fernsehzuschauern halten wollen. Der Zauberspruch heißt: »Es ist nur ...« Und genau das ist es. Nur *eine* Möglichkeit von vielen, mit einem bislang fremden Menschen Kontakt aufzunehmen. Daraus folgt ganz automatisch die Frage: »Was habe ich schon zu verlieren?« Die Antwort: *Nichts.* Denn – selbst wenn die Sache schiefgeht, ist damit weder Ihre Existenz, geschweige denn Ihr Leben oder gar das eines anderen bedroht. Und in ein paar Tagen spätestens ist die ganze Angelegenheit vergessen. Und in zehn Jahren können Sie sich überhaupt nicht mehr an den Vorfall erinnern. Und er schon gar nicht;
- seien Sie sich darüber bewußt, daß Sie sich allein dadurch, daß Sie *ihn* ansprechen, zu absolut gar nichts verpflichten. Wenn er Ihnen doch nicht so gut gefällt, wie Sie zuerst gedacht haben, wechseln Sie ein paar belanglose Worte mit ihm – und gehen wieder Ihres Weges. Wenn Sie merken, daß er sich kühler zeigt, als Sie es erwartet hätten, halten Sie es ebenso: Reden Sie ein paar Takte mit ihm, dann gehen Sie wieder. So haben Sie zwar nichts gewonnen, aber vergeben haben Sie sich auch nichts. Die magischen Worte, die Ihnen hier aus der Patsche, die noch nicht mal eine ist, helfen, sind: »Was soll's?« Eben;
- vorhin, als Sie aus dem Haus gingen, waren Sie noch so richtig guter Gewinner-Laune. Nun sind Ihnen doch wieder Zweifel gekommen. Obwohl Sie dieses Buch in- und auswendig kennen: plötzlich verunsichert es Sie eben *doch*, daß Ihre Nase zu groß, Ihre Beine zu kurz sind. Und Sie sind sich überhaupt nicht mehr sicher, ob Sie es wirklich wagen soll-

ten, einen Mann anzusprechen. Wenn *ihm* so viel an Ihnen gelegen wäre, überlegen Sie sich dann, könnte er ja *Sie* ansprechen. Und überhaupt. Vielleicht tut er es genau deshalb nicht, weil er Sie zu mollig – zu dünn – findet ... Halt! Hören Sie auf, sich mit Ihren Gedanken im Kreis zu drehen! Rufen Sie sich lieber folgende Zauberformel ins Gedächtnis: nobody's perfect. *Niemand* ist perfekt. Absolut niemand. *Er* auch nicht. Was soll's also?

Merke: Auch wenn Sie – bei *ihm* zumindest – nicht zum Ziel kommen, so haben Sie wenigstens eins getan: Sie haben es versucht. Und probieren geht nun mal immer noch über studieren.

Merke: Es läßt sich im Leben nun mal nicht vermeiden, daß wir hier und da einen Kratzer oder auch ein paar mehr Schrammen abbekommen. Aber das ist immer noch besser, als in Watte gewickelt dahinzuvegetieren! Und überhaupt: Es wird nichts so heiß gegessen, wie es gekocht wird!

Die andere Kleinigkeit, die es nun noch zu klären gilt, ist die: Wenn *Sie* es sind, die *ihn* zum Drink bittet, wer zahlt die Zeche?

Sie bitten zum Drink ... wer zahlt die Zeche?

»Wir sind gewohnt, mit Taten zu bezahlen.«
SCHILLER
Aber:
»Man kann eine Sache auch zwanzig Jahre lang falsch machen.«
KURT TUCHOLSKY

Es gibt einige Kapitel in diesem Buch, um die ich mich am liebsten herumdrücken würde. Dies ist eines davon. Und ich hör einige von Ihnen schon jetzt, bevor die folgenden Absätze auch nur geschrieben sind, voller Empörung laut aufschreien. Und mir vorwerfen, so ›emanzipiert‹ wie ich mich gäbe, sei ich nun doch wieder nicht.

Es ist wirklich eine vertrackte Sache, wenn's ans Zahlen

geht. Schaffen wir also erst einmal die Situationen aus dem Weg, wo's keine Frage sein dürfte, wer was bezahlt:

– *alles*, was Sie, *bevor* Sie ihn aufgetan haben, verkonsumiert haben, *zahlen Sie selbstverständlich selbst.* Gleichgültig, ob es sich dabei um einen einzigen Drink oder ein Festmahl mit diversen Weinen handelt.
Aber:
– wenn *er* Sie, nachdem Sie ihn angesprochen haben (vorher ist es auch kaum möglich!), zum Essen oder einem Drink *einlädt*, lassen Sie *ihn* zahlen.

Alle anderen Situationen sind leider mehr oder weniger kompliziert. Spielen wir mal ein paar Möglichkeiten durch:

– Sie haben *ihn* in der Tat zu einem Drink eingeladen. Dann, würde ich sagen, zahlen *Sie* den Drink auch. (Es sei denn, er wehrt sich mit allen verfügbaren Händen und Füßen dagegen. Dann soll er den Drink eben mit auf seine Rechnung setzen lassen.)
Aber:
– Wenn aus besagtem einen Drink, zu dem Sie ihn eingeladen haben, eine ganze Batterie von Drinks wird, sind Sie nicht mehr zuständig. Oder besser: Nur für den einen, zu dem Sie gebeten haben (Auch wenn Ihnen die Situation unwahrscheinlich erscheint: Es gibt gräßliche Schmarotzer! Die erwarten dann nicht nur von Ihnen, daß Sie einen Drink nach dem anderen ausgeben, sondern bestellen sich gleich ein Essen dazu. Auch das in der Hoffnung, daß *Sie* dafür aufkommen. Aber das tun Sie selbstverständlich nicht!);
– sollte es sich, ohne daß Sie ihn oder er Sie dazu einlädt, ergeben, daß Sie gemeinsam einen Happen essen, sollten Sie zumindest das Angebot der ›getrennten Kasse‹ machen;
– jetzt wird's kritisch. Angenommen, Sie haben ihn flüchtig kennengelernt und verabreden sich (das erste Mal) in einem Restaurant oder einer Kneipe, wie verhalten Sie sich dann, wenn's ans Zahlen geht:
  * wenn er so aussieht, als könne er es sich leisten, Sie zu Käfer in München oder Michelsen in Hamburg zu führen

(ohne sich für den Rest des Monats von Brot und Wasser ernähren zu müssen), würde ich sagen: Er zahlt. Hier sind meine Gründe:

* wenn mir etwas widerstrebt, ist es Pfennigfuchserei. Dieses Auseinanderklamüsern von elf Schluck Wein der eine, acht Schluck Wein der andere, hier dies, da jenes, verdirbt mir noch im nachhinein jedes noch so delikate Essen. Wenn ich merke, daß es soweit kommt, zahl' ich lieber die gesamte Rechnung selber;

* wenn Sie sich beim Essen näher kennenlernen und miteinander anfreunden, können Sie seine Großzügigkeit wieder wettmachen. *Nicht* in Naturalien, versteht sich. Die werden nicht unter Essensrechnungen verbont. Aber Sie können ihm mal eine Dose Zigarillos oder eine schöne LP (die Sie dann gemeinsam hören können!) mitbringen. Oder ihn zu sich zum Essen einladen.

Aber:

Wenn dieses erste gemeinsame Mahl auch gleichzeitig Ihr letztes war, brauchen Sie sich trotzdem keine Vorwürfe zu machen, *ihn* die Rechnung begleichen zu lassen. Mit 99prozentiger Sicherheit geht die Geschichte eh' auf sein Spesenkonto, und mit 1000prozentiger Sicherheit setzt er Sie von der Steuer ab;

* wenn *er*, alldieweil er noch studiert oder aus -zig anderen Gründen nicht gerade besonders finanzstark ist,

* sollten Sie – wenn Sie eine ›reife‹ Frau sind und es sich leisten können, ruhig seine Rechnung mit übernehmen. Das hat gar nix damit zu tun, daß Sie ihn als ›Gigolo‹ betrachten könnten. Vielleicht ist er ja der Bastler, den Sie gesucht haben. Und selbst wenn Sie sexuelle Beziehungen zu dem Knaben unterhalten, besitzen Sie – und er – hoffentlich genug Persönlichkeit, um ein paar Drinks oder ein Essen nicht als ›Kaufpreis‹ zu betrachten;

* sollte bei Ihnen aus ähnlichen Gründen eine vergleichbare finanzielle ›chronische‹ Ebbe herrschen wie bei ihm, machen Sie sich wahrscheinlich sowieso keine großen Gedanken darüber, wer was zahlt. Denn dann sind Sie –

im Umgang mit Kommilitonen oder ähnlichem – getrennte Kassen gewöhnt;

* wenn es sich bei dem Herrn, mit dem Sie ausgehen, um Ihren Gesellschafter – aus dem ersten Kapitel – handelt, können Sie selbstverständlich auch getrennte Kasse machen. Was mir (und das ist, wie gesagt, eine Frage meines ganz persönlichen Geschmacks) allerdings mehr liegt, ist: Zahlen Sie die Rechnungen abwechselnd. Mal zahlen Sie, mal er für den Abend. Oder Sie übernehmen die Theaterkarten, er das Essen nach der Vorstellung.

Sie brauchen auch keine Angst zu haben, daß die Rechnung nicht aufgeht: meine Freundinnen und ich halten es im Prinzip auch mit dem ›Reihumzahlen‹ (Es sei denn, eine von uns ist pleite. Da springt dann eine andere ein.). Und es geht prächtig. Ohne langes Hin- und Hergefummel und Kellner-nervös-Machen.

Achtung

Was jetzt folgt, sollte ich eigentlich nicht erwähnen müssen. Aber der Sicherheit halber sag ich's lieber doch:

– nur weil *er* einen Abend lang (oder auch mehrere hintereinander) sämtliche Drinks und Speisen bezahlt hat, sind Sie keinesfalls dazu verpflichtet, ihm Ihren schönen Körper als Nachspeise anzubieten.

Es gibt leider immer noch Männer, die so denken. Falls Ihnen so einer in die Quere kommt und Sie nicht selbst das ausgesprochene Verlangen danach verspüren, ihn in Ihrem Bett wiederzufinden: Knallen Sie ihm einen 20- oder 50-Mark-Schein (je nachdem, was er für Sie ›geopfert‹ hat) auf den Tisch – und machen Sie auf dem Absatz kehrt;

– nur weil er sich von *Ihnen* zu einem Drink oder einem Essen einladen – und Sie auch zahlen – ließ, bedeutet das ebensowenig, daß er Ihnen einen Nach-dem-Essen-Kaffee bei sich daheim anbieten muß. Und Sie ihn dazu vernaschen dürfen. Oder daß Sie sich – nach dem Motto Von-dem-was-ich-gezahlt-hab'-laß-ich-nix-umkommen – gar einreden, ihn nun, da er schon einmal bei Ihnen in der Wohnung gelandet ist, weiterhin verwöhnen zu müssen.

Aber letzteres ist ein Kapitel für sich. Eins, für das es an dieser Stelle noch ein wenig zu früh ist. Denn zunächst einmal müssen Sie ja wissen, wann, wie und wo Sie *ihn* finden ...

Wann, wie und wo Sie ihn finden

> »Man sollte die Dinge so nehmen, wie sie kommen. Aber man sollte dafür sorgen, daß die Dinge so kommen, wie man sie nehmen möchte.«
>
> CURT GOETZ

Einige von Ihnen werden ›Männer aufreißen‹ wahrscheinlich nur mit einer Tageszeit assoziieren: nachts.

Aber weit gefehlt: Wenn es sich nicht gerade um eine Party handelt, auf der Sie ihm begegnen, eignet sich der hellichte Tag viel besser zur Jagd! Denn: Tagsüber laufen Sie weniger Gefahr, in Männer hineinzulaufen, die nur auf eins aus sind: aufgerissen zu werden – oder aufzureißen!

Bevor ich Sie in die diversen Jagdgründe und entsprechenden Sprüche, die Sie bringen können, einführe, eins vorweg:

Es ist schon seit Urzeiten so, daß es im Grunde die Frauen sind, die die Männer aufreißen. Nicht umgekehrt. Denn: Die Frauen, die früher mehr als heute die Kunst des Flirtens verstanden, ermunterten den Mann immer erst dazu, sie anzusprechen. Mit anderen Worten:

– Sie können Männer allein durch Flirten aufreißen. Wenn Sie ihn entsprechend anlächeln, wird er fast immer von allein auf Sie zukommen. Schließlich ist er es von Kindesbeinen auf gewöhnt, daß er derjenige ist, der den ersten – nicht nur sprichwörtlichen! – Schritt auf Sie zu macht!

Ergo: Einen Mann aufreißen bedeutet also nicht immer, direkt auf ihn zuzugehen und ihn ansprechen zu müssen! Obwohl Ihnen das in unserer heutigen Zeit, wie Sie bereits wissen, durchaus möglich ist.

Trotzdem gibt es einen Unterschied darin, ob Sie einen Mann ansprechen – oder ob er Sie anspricht. Während er –

wenn er nicht *Wie man eine Frau aufreißt* gelesen hat – verzweifelt nach neuen und originellen Sprüchen sucht, um Ihr Herz zu gewinnen, sind Sie als Frau weniger auf eine Vielzahl von Sprüchen angewiesen. Er wird in vielen Fällen sowieso so verblüfft sein, daß er das, was Sie sagen, nicht – oder kaum – als ›abgedroschene Anmache‹ bezeichnen kann. Ergo:

– Alles, was Sie brauchen, sind ein paar gute Sprüche, die Sie bei vielen verschiedenen Gelegenheiten an den Mann bringen können.

Und überhaupt werden Sie denselben Satz bei ein- und demselben Mann nicht zweimal sagen! Also noch einmal: Mit geschicktem Flirten haben Sie Ihr Ziel schon zu drei Viertel – wenn nicht gar ganz! – erreicht! Jetzt müssen Sie nur noch wissen, wo Sie die Männer, die Sie mit Weiblichkeit umgarnen wollen, finden können.

... morgens

> »Wer den Fuchs fangen will, muß mit den Hühnern aufstehen.«
>
> Deutsches Sprichwort

Mag sein, daß Sie nicht unbedingt ein Morgenmensch sind, aber *er* ist mit großer Wahrscheinlichkeit einer. Der Grund: Während weibliche Sexualhormone rund um die Uhr ›funktionieren‹, ist sein Sexualhormonspiegel morgens am höchsten.

Was folgern wir daraus? Daß er frühmorgens für weibliche Reize besonders empfänglich ist! Wenn Sie Ihr hübsches Auge also bereits auf einen bestimmten Mann geworfen haben, überlegen Sie sich einmal, ob Sie es nicht irgendwie arrangieren können, ihm so früh wie möglich in die Arme zu laufen.

Was Sie natürlich *nicht* tun, ist: Ihn gerade dann, wenn er in Eile ist – zur Arbeit rennen muß –, ansprechen. Ansonsten aber ist so ziemlich alles erlaubt. Wie wär's damit:

– stolpern Sie ihm über den Weg, wenn er frühmorgens seinen Hund Gassi führt:

* flirten Sie mit dem Tierchen – und schon wird Herrchen Sie auch in sein Herz schließen;
* fragen Sie ihn lächelnd, wo er das wunderschöne Tier – oder auch das kläffende Monstrum – her hat;
  * ob Sie besagten Vierbeiner mal für ihn spazierenführen dürfen;
  * ob er Ihnen hilft, auch so einen schönen Hund zu finden;
  * ob er sich mit dem bellenden Untier vor Frauen wie Ihnen schützen will;

– richten Sie es so ein, daß Sie zur gleichen Zeit wie er in seiner Bank sind:
  * ist er Bankangestellter und Sie Kundin, können Sie ihm einen Zettel hinschieben: ›Dies ist ein Überfall. Aber ein netter. Ich würde Sie gern zu einem Glas Wein einladen‹;
  * ist er ebenfalls Kunde, können Sie ihm sagen, daß er nun, da er Geld abgehoben hat, sicherlich in der Lage sein wird, Sie zu einem Kaffee einzuladen. Oder, daß Sie gerade genügend Geld abgehoben haben, um ihm einen Drink zu spendieren;

– sitzt er in einem Frühstücksrestaurant, ist das Anbandeln auch kein Problem:
  * fragen Sie ihn, ob Sie sich zu ihm setzen dürfen. Sie sind es leid, andauernd allein zu frühstücken;
  * hält er sich öfter – (fast) jeden Morgen – in demselben Lokal auf, können Sie ihm auch vorschlagen, nächstens mal zur Abwechslung bei Ihnen zum Frühstück zu erscheinen. Da gäbe es dann mal was anderes als immer dieselben Wurst-, Käse- und Marmeladensorten;
  * lächeln Sie ihn frech an. Wenn er verwundert darauf reagiert, können Sie ihn gleich beruhigen. Sie wollten nur dafür sorgen, daß sein Tag fröhlich beginnt;

– wenn Sie sportlich veranlagt sind, können Sie ihn auch beim Jogging treffen:
  * joggen Sie einfach neben ihm her;
  * fragen Sie ihn, ob er Lust hat, mit Ihnen zu frühstücken – wenn er seinen Frühsport beendet hat;
  * fragen Sie ihn, vor wem er davonrennt;

- auch öffentliche Verkehrsmittel sind ›Orte‹, an denen so
  manche Liebe ihren Anfang genommen hat:
  * sollte er im Bus (oder der Bahn) die Zeitung lesen, fragen
    Sie ihn einfach, was es Neues gibt;
  * treten Sie ihm auf den Fuß. Wenn er Sie daraufhin an-
    schaut, erklären Sie ihm, daß es auch höchste Zeit wurde,
    daß er Sie endlich bemerkt hat;
  * sollten Sie Zeitung lesen und er Sie anschauen – aber zu
    schüchtern sein, Sie anzusprechen –, können Sie ihm ja er-
    zählen, was sich alles in der Welt ereignet hat;
  * Sie können ihn auch fragen, ob Sie ihm sein Horoskop für
    den heutigen Tag vorlesen können,
  * oder ob er Ihnen das Ihrige verraten kann;
- Sie können ihm auch einfach mitten auf der Straße
  * eine Blume in die Hand drücken. Und ihm erzählen, es sei
    der Tag der männlich-weiblichen Freundschaft, und das
    sei Ihr aktiver Beitrag dazu;
  * helfen, sein Auto anzuschieben, wenn es im Schnee stek-
    kengeblieben ist;
- Parkplätze sind auch kein schlechter Fundort:
  * Sie können ihn in die Parklücke einweisen. Nur so. Damit
    sein Tag fröhlich beginnt – oder damit Sie die gute Tat
    Ihres Tages so schnell wie möglich von Ihrer Liste ›heute
    zu erledigen‹ abhaken können;
  * bitten Sie ihn, Ihr Auto für Sie zu parken. Zum ›Dank‹ da-
    für laden Sie ihn zum Kaffee ein;
  * veranstalten Sie ein Hupkonzert. Drücken Sie so lange auf
    die Hupe, bis er kommt und Sie fragt, was das soll. Dann
    erklären Sie ihm mit Ihrem strahlendsten Lächeln, daß Sie
    ihn nur auf sich aufmerksam machen wollten.

Sie sehen, die Möglichkeiten, einen Mann anzusprechen, sind
schon frühmorgens schier unendlich. Tagsüber wissen Sie
schon gar nicht mehr, wo Sie mit Ihrer Suche nach ihm zuerst
beginnen sollen.

... tagsüber

»Carpe diem!« – Nütze den Tag!
HORAZ

Schauen Sie sich nur um: Wohin Sie auch blicken, Sie entdekken Männer, Männer, Männer!

In Supermärkten, Kaufhäusern, Restaurants, Bibliotheken, Museen, im Park, auf der Straße, in Ihrer Bank, im Wartezimmer beim Zahnarzt, in der U-Bahn, auf der Post, an der Tankstelle, im Tabakladen – wo Sie gehen und stehen: Männer, Männer, Männer! Worauf warten Sie also noch? Nichts wie drauflos:

- sitzt er allein in einem Restaurant:
  * sagen Sie ihm, er sähe ganz so aus, als habe er nur auf Sie gewartet. Nun seien Sie ja endlich da;
  * laden Sie ihn zu einem Dessert ein; wenn er schon allein den Hauptgang vertilgt hat;
  * fragen Sie ihn, ob er sich nicht zu Ihnen setzen möchte. Alleine zu essen, sei so langweilig. Für ihn doch gewiß ebenso wie für Sie;
  * bieten Sie ihm an, sich die Spezialität des Hauses, die es erst ›ab zwei Personen‹ gibt, mit Ihnen zu teilen. Sie hätten solchen Appetit darauf – aber allein sei es Ihnen zu viel. Und die zweite Hälfte zurückgehen zu lassen, sei nun wirklich zu schade.

- in Kaufhäusern und Supermärkten ist es das leichteste von der Welt, einen Mann anzusprechen:
  * greifen Sie ihn sich einfach und bitten Sie ihn – in einem Kaufhaus – um seine Hilfe:
    * welches Paar Ohrringe Sie kaufen sollen;
    * welches Parfüm Ihnen besser steht;
    * ob der rote oder der blaue Pulli hübscher ist;
    * welche Krawatte einem Mann besser gefällt;
    * welche Pfeife Sie Ihrem Bruder/Vater aussuchen sollen (welchen Tabak);
  * im Supermarkt:

* bieten Sie ihm einfach an, Körbe zu tauschen. Wenn er dumm schaut und fragt, wie Sie auf die Idee kommen, sagen Sie, Sie wollten nur mal seine Stimme hören. Die sei genauso betörend wie der Rest von ihm – und Sie möchten ihn einfach kennenlernen;

* legen Sie ihm einfach eine Tafel Schokolade, ein Paket Nüsse oder sonst eine Kleinigkeit in den Einkaufskorb. Wenn er daraufhin verdutzt ist, geben Sie offen zu, es war nur ein Trick, um mit ihm ein paar Takte zu reden. Wenn er Humor hat, können Sie die Schokolade oder die Nüsse später mit ihm gemeinsam knabbern;

* fragen Sie ihn einfach, ob er ein bißchen was von Wein versteht. Und bitten Sie ihn, Ihnen dabei behilflich zu sein, eine Flasche Wein auszusuchen. Wenn er das getan hat, sagen Sie ihm, wie sehr Sie sich freuen würden, besagte Flasche mit ihm zu trinken.

  Versteht er nix von Wein oder ist er ein Biertrinker, bitten Sie ihn eben, ein Bier auszusuchen. Eins, das er mag. Damit Sie es ihm offerieren können;

– auf der Post, auf der Bank, wo immer Formulare ausgefüllt werden können:

  * bitten Sie ihn einfach um seinen Kugelschreiber. Natürlich wissen Sie, daß da Hunderte zum ›öffentlichen Gebrauch‹ herumliegen. Aber Sie wollen nun mal seinen. Um mit ihm ins Gespräch zu kommen;

  * fragen Sie ihn, ob er weiß, wie man so ein verflixtes XY-Formular ausfüllt. Wenn er Ihnen helfen will, können Sie ihn anlachen und sagen: »Schon gut. Ich pack das schon. Mir ging's vielmehr darum zu sehen, ob Sie auf mich ansprechen. Und ob ich es wagen kann, Sie zu einem Tee/Kaffee einzuladen, oder nicht«;

– im Park haben Sie am besten einen Hund bei sich. Kann auch ein ›geborgter‹ sein:

  * den hetzen Sie dann auf ihn:

    * entweder freundet er sich mit dem Vierbeiner an – und Sie sich mit ihm –

    * oder Sie erlösen ihn – nur unter Zusage zu einem gemeinsamen Kaffee – von dem kläffenden Etwas;

* diesen kriegen Sie dann dazu, sich mit *seinem* Hund zu be-
  schnuppern:
  * weil Sie Ihrem Hund das bißchen Spaß gern gönnen, bit-
    ten Sie den Knaben, den Tierchen ein paar Minuten Zeit
    zu geben, in denen Sie alles über Herrchen erfahren;
- im Park ohne Hund:
  * schlendern Sie einfach neben dem Mann Ihrer Wahl her.
    Wenn er Sie dann fragt, was das soll, sagen Sie, daß Sie sich
    gerade überlegen würden, ob Sie ihn ansprechen sollten –
    und wie. Aber nun hätte sich das ja erübrigt. Und über-
    haupt: Hätte er nicht Lust, mit Ihnen ein Eis zu essen;
  * laufen Sie – vorausgesetzt es regnet – einfach unter seinen
    Regenschirm (ebenso vorausgesetzt er hat einen!). Erklä-
    ren Sie ihm, daß Sie so ungern naß werden – und ob er Sie
    bis zum nächsten trockenen Ort ›mitnehmen‹ kann. Auf
    dem Weg dorthin unterhalten Sie sich mit ihm – und wenn
    Sie ihm gefallen, suchen Sie wahrscheinlich beide dieselbe
    Zuflucht – dasselbe Café – auf;
- im Museum:
  * tun Sie gar nichts. Weil so gut wie jeder Mann, der sich
    allein dort aufhält, weniger an den Kunstwerken als an
    den Frauen, die er dort trifft, interessiert ist.
    Sollte er Sie dort nicht von alleine ansprechen, können Sie
    ihn ganz und gar vergessen. Weil er dann zu den wenigen
    Ausnahmen gehört, die wahrlich und wahrhaftig um der
    Kunst willen im Museum sind. Und es gewiß als eine Be-
    leidigung empfände, wenn Sie die heiligen Hallen enteh-
    ren würden, indem Sie dort einen Aufreißversuch starten;
- beim Sport:
  * ergibt sich der Kontakt zum anderen Geschlecht von
    selbst. Sollten Sie allerdings einen Mann zum Spiel auf-
    fordern wollen, sollten Sie darauf achten, daß Sie ihm –
    was den jeweiligen Sport betrifft! – gewachsen sind.
    Damit, daß Sie beim Tennis nicht einen Ball treffen, kön-
    nen Sie ihn gewiß nicht faszinieren.
Ansonsten: Wo immer sich die Gelegenheit ergibt, zuerst ausgiebig mit ihm zu flirten, sollten Sie die Möglichkeit nutzen.
Und ihn dann erst ansprechen:

- »Sie haben so nett zurückgelacht, da hab' ich mir gedacht, ich kann Sie ruhig ansprechen«;
- »Lachen Sie immer so fröhlich – oder tun Sie das nur, weil ich damit angefangen habe?«;
- »Sie sehen so aus, als würden Sie mich nicht beißen, wenn ich Sie zum Kaffee/Drink einlade«;
- »Überlegen Sie noch, ob Sie mich ansprechen sollen – oder haben Sie damit gerechnet, daß ich Sie ansprече?«;
- »Sie sind der erste Mensch, den ich heute lächeln sehe. Alle anderen hatten so miese Laune. Wie kommt's, daß Sie so gute haben?«

Wenn es gar nicht anders geht, können Sie ihn natürlich auch zwischen Tür und Angel ansprechen. Das erfordert allerdings einigen Nerv. Und besonders gute ›Männerkenntnis‹. Näheres zu diesem Thema finden Sie unter ›Keine Zeit für große Reden‹ – also in einem späteren Kapitel.

Vorerst schauen wir erst einmal, wie Sie ihn gegen und am Abend aufreißen können. Und wo es am günstigsten ist.

... abends

> »Da geh' ich ins Maxim.« LEHÁR
>
> Doch bedenke:
>
> »Je schlimmer das Weib, desto schöner die Kneip'; und je schöner die Kneip', desto schlimmer fürs Weib.«
>
> Alte Binsenweisheit

In Kneipen, Bars und Restaurants müssen Sie, wenn Sie sich des Abends dorthin begeben, auf folgende Dinge achten:

- takeln Sie sich um Himmels willen nicht auf:
  * keine grelle Schminke;
  * keine Kleidungsstücke, die mehr von Ihrem Körper freigeben als verhüllen;
  * keine Parfümwolke!

Sonst laufen Sie nämlich allzu schnell Gefahr, von dem Mann, den Sie da aufgerissen haben, am nächsten Morgen ein paar blaue Scheinchen auf Ihrem Nachttisch zu finden. (Ob es sich dabei um Zehner oder Hunderter handelt, ist – wenn Sie Sex als Hobby betrachten – gleichermaßen verletzend!)

Ansonsten haben Sie an diesen Orten besonders leichtes Spiel. Denn alles, was Sie tun müssen, um den Mann Ihrer Wahl aufzureißen, ist: ausgiebig mit ihm zu flirten. Und wie das geht, wissen Sie ja bereits. Sollte er dann immer noch zu schüchtern sein, bringen Sie noch einen der Sprüche, die Sie auch schon kennen.

Noch besser als ›öffentliche Gesellschaftsräume‹ eignen sich Parties. Je größer die Fete, desto mehr Gäste – und um so größer natürlich die Auswahl an Männern, an die Sie sich heranmachen können.

Auch hier: Ausgiebiges Flirten und ein unverfänglicher Spruch (»Versuchen Sie mal diesen Salat!«, »Gehören Sie zu den geladenen Gästen oder sind Sie ein Gate-Crasher?«, »Ich muß erst mal frische Luft schnappen, bevor ich noch ein Glas Wein trinke. Haben Sie Lust, einmal mit mir um den Block zu laufen? Soll die Wirkung des Alkohols dämpfen, hab' ich mal wo gelesen ...«) bringen Sie flugs zum Ziel.

Sie kennen niemanden, der Sie zu einer Party, auf der Sie neue Männer und Menschen kennenlernen können, einlädt? Auch das ist kein Problem:

– geben Sie selbst eine Party:
  * verteilen Sie Einladungen an Nachbarn, Kollegen, Freunde und Bekannte – und drücken Sie auch dem netten jungen Mann, der Sie im Delikatessengeschäft an Ihrer Ecke immer so freundlich anstrahlt, eine in die Hand;
  * bitten Sie all diese Leute, weitere ihrer Freunde mitzubringen. Brüder, Cousins, Kollegen – wen immer Sie als lustige Gesellschafter kennen.

Und dann?

Dann suchen Sie sich aus dem Kreis neuer Leute die interessantesten aus. Selbst wenn kein Mann dabei ist, den Sie umwerfend finden, haben Sie wenigstens Grundarbeit geleistet:

am nächsten Wochenende können Sie die neuen Bekannten bitten, zu einer weiteren Party wiederum andere ihrer Freunde mitzubringen. Und wenn Sie jetzt befürchten, daß ein solches Unternehmen Sie – finanziell – zu teuer zu stehen kommen könnte: Das muß nicht der Fall sein. Bottle-Parties, zu denen jeder Gast etwas zu trinken – und vielleicht auch etwas zu essen – mitbringt, sind gewiß auch für Sie erschwinglich!

4.
Das war nicht eingeplant

»Aber hier, wie überhaupt,
kommt es anders, als man glaubt.«

WILHELM BUSCH

So weit, so gut. Sie wissen nun, wo Sie *ihn* finden, was Sie ihm sagen, wie Sie mit ihm flirten – und haben eines nicht bedacht:

Was, wenn er Ihnen zuvorkommt und Sie anmacht? Oder aber dumm darauf reagiert, daß *Sie* die Initiative ergriffen haben? Indem er Sie zwar nicht abweist, aber Ihnen gleich unter den Rock oder in die Bluse greift?

Was, wenn Sie ihn gar nicht bemerkt haben – und er Sie plötzlich und unerwartet anmacht?

Und was, wenn er, den *Sie* ansprechen, überhaupt nicht will?

Wenn er Ihnen zuvorkommt ...
und Sie anmacht

»Weil, so schließt er messerscharf,
nicht sein kann, was nicht sein darf.«

CHRISTIAN MORGENSTERN

Männer sind, wie Tucholsky schon vor fünfzig Jahren sagte, wahrlich ›eine komische Erfindung‹! Es kann Ihnen nämlich durchaus passieren, daß *Sie* einen Flirt angefangen – und *er* sich einbildet, Sie erobert zu haben. Weil er Ihnen, gerade noch bevor Sie dazu kommen konnten, den ersten Satz zu sagen, diesen ›weggenommen‹ hat.

Und was tun Sie?

Sie sind klug genug, ihn in seinem Irrglauben zu lassen. Wenn Ihr Blicke-Wechselspiel so raffiniert war, daß er gar nicht mehr anders konnte, als direkt auf Sie zuzugehen – um so besser. So können Sie nämlich, noch bevor Sie das erste Wort mit ihm ›gewechselt‹ haben, erkennen, wes Geistes Kind er ist. Fest steht jedenfalls schon einmal:

– daß er Ihren Flirt als ›Aufforderung‹ und damit im Prinzip richtig verstanden hat (was für seine Sensitivität spricht);
– daß er in dem alten Glauben erzogen wurde, der Mann habe den ersten – und damit den gewagtesten – Schritt zu tun. Das spricht auch nicht gegen ihn, weil er sich aufrafft, einen (wenngleich mittlerweile höchst unwahrscheinlichen) Korb zu riskieren. (*Sie* wird er nicht so einschätzen. Aber es gibt leider eine ganze Menge Frauen, die auf Teufel komm raus flirten – nur um den Mann, der dann Mut gefaßt hat und auf sie zugeht, abblitzen zu lassen!)

Jetzt kommt's nur noch darauf an, was er sagt. Und wie er es sagt. Manche Menschen zum Beispiel sprechen einen Dialekt, daß es, wie die Bayern sagen, »einer Sau graust«. Sollte das der Fall sein, behalten Sie die Nerven! Bleiben Sie Dame! Reden Sie ein paar Sätze mit ihm – und setzen Sie sich dann elegant ab. Denn:

Es wäre wirklich gemein von Ihnen, den Knaben nun eiskalt abfahren zu lassen. Sie erinnern sich: erstens haben Sie sein Verhalten herausgefordert, zweitens waren Sie drauf und dran, sich zu ihm zu begeben. Und da hätten Sie auch fünf Anstandsminuten durchstehen müssen, bevor Sie sich wieder aus seiner Reichweite entfernt hätten!

Wenn er aus nächster Nähe allerdings hält, was er aus ein paar Metern Entfernung versprochen hat, ist ja alles in Ordnung. Hauen Sie ihm also nicht gleich einen Satz wie »Ich war gerade drauf und dran, Sie anzusprechen« um die Ohren. Er könnte sich sonst in die Defensive gedrängt fühlen und mit Worten wie »Warum haben Sie's dann nicht getan?« zu seiner ›Verteidigung‹ übergehen.

Merke: Wer wen aufreißt, ist keine Kraftprobe. Wenn Sie schon in den ersten Minuten verbal miteinander ringen, werden Sie sich wahrscheinlich auch später pausenlos gegenseitig beweisen müssen, wer der Stärkere von Ihnen ist. Und allzu vergnüglich stell' ich mir das auf die Dauer wirklich nicht vor.

Langer Rede kurzer Sinn: Tragen Sie's mit Humor, wenn er

Ihnen noch schnell zuvorkommt und Sie anspricht. Hauptsache, Sie haben Ihr Ziel erreicht. Und das haben Sie ja – denn Sie haben den Mann, auf den Sie es abgesehen hatten, kennengelernt.

Mit IHM hatten Sie nicht gerechnet

»Erwarte das Unerwartete.«
Englisches Sprichwort

Alles, was dieses kurze Kapitel Ihnen eigentlich sagen soll, ist: Bleiben Sie flexibel!

Es gibt nämlich Frauen, die, sobald sie sich im Aufreißen profiliert haben, vergessen, daß es auch noch Männer gibt, die den ersten Schritt wagen. Einen ganz mutigen – ohne vorhergegangenen Flirt, weil dazu keine Gelegenheit war. Und wenn diese Frauen dann – durch das Verhalten eines Mannes – daran erinnert werden, lassen sie besagten Mann gar nicht erst zu Wort kommen: weil sie glauben, daß es immer und überall besser sei, selbst zu wählen, als sich auswählen zu lassen. Nur so. Aus Prinzip. Oder auch ein bißchen vielleicht deshalb, weil ihnen die aktive Rolle besser gefällt als die passive.

Vergessen Sie diese alberne Denkweise! ›Aktiv‹ sind beim Aufreißen *immer* zwei beteiligt. Einer, der anfängt. Und einer, der mitmacht. Lehnen Sie also einen Mann, der Sie unvermutet anspricht, nicht gleich samt und sonders ab. Und überhaupt:

Ihre effektive Auswahl an Männern ist ungleich größer, wenn Sie nicht nur selbst auf die Suche gehen, sondern auch von anderen gefunden werden.

Und wenn Sie einem Mann, der Sie anspricht, aus ›gutem Grund‹ – weil Ihnen irgend etwas an ihm nicht gefällt – einen Korb geben, dann gestalten Sie ihn bitte möglichst menschlich. Auch wenn Sie ihn abweisen: Ein Minimum von Freundlich- und Höflichkeit hat er schon verdient. Kastrieren Sie ihn also nicht gleich dermaßen, daß er am nächsten Tag in ein Kloster eintritt.

Mit anderen Worten: Nehmen Sie ihm nicht den Mut, je wieder eine Frau anzusprechen – nur weil Sie rote Haare nicht mögen und ihm das auch gesagt haben. Sie mögen es schließlich auch nicht, wenn ein Mann – oder auch eine Frau – Sie unnötig verletzt.

Was tun Sie also, wenn Sie nichts von ihm wissen wollen? Sie lächeln ihn an und erzählen ihm irgendeine Notlüge. Sie seien schon verabredet. Sie hätten einen eifersüchtigen Ehemann. Sie fliegen noch heute abend sonstwohin. Und überhaupt wohnen Sie gar nicht in München (Hamburg, Baden-Baden – wo immer er Sie angesprochen hat).

Was Sie ihm nicht sagen, ist, daß Sie ihn abscheulich fett finden, seine Pickel nicht ansehen können, daß Sie ihn nicht durch einen Flirt aufgefordert haben, Sie anzusprechen, und daß er sich ganz generell schleichen soll.

Letzteres ist nur in ganz bestimmten Ausnahmefällen erlaubt. Nämlich dann, wenn Ihnen ein Typ über den Weg läuft, der ganz offensichtlich *Wie man eine Frau aufreißt* nicht gelesen hat und Sie auf eine ganz miese, dumme Tour anmacht.

Auf diese Touren fallen Sie hoffentlich nicht herein

> »Guten Abend, schöne Unbekannte! Es ist nachts halb zehn. Würden Sie liebenswürdigerweise mit mir schlafen gehn? Wer ich bin? – Sie meinen, wie ich heiße?«
>
> RINGELNATZ

Oder:

> »Ich hätte mich vielleicht einfangen lassen, aber das Lockmittel widerte mich an.«
>
> WIESLAW BRUDZIŃSKI

Über eines sind wir uns wohl mittlerweile einig: daß allein die Tatsache, daß Sie einen Mann aufreißen (oder sich von ihm aufreißen lassen), noch lange nicht bedeutet, daß Sie unbedingt mit ihm ins Bett hüpfen wollen. Dummerweise gibt es aber noch reihenweise Männer – oder sollten wir sie besser menschliche Wesen mit männlichen Geschlechtsorganen nennen –, die anders denken.

Zugegeben, die meisten von ihnen können nichts dafür, daß sie nur ›eines‹ im Kopf haben. Einmal wird ihre Erziehung entsprechend kaputt gewesen sein. Und oft haben sie sich durch die ›sexuelle Revolution‹ noch mehr verunsichern lassen, als sie es sowieso schon waren. Trotzdem: Die Couch, auf die solche Typen gehören, ist die eines Psychiaters – nicht Ihre!

Normalerweise reiten diese Männer auf folgende zwei Touren, von denen die eine sofort, die andere weniger schnell durchschaubar ist. Erstere ist vulgär-direkt, letztere sanft bis schmierig-seicht. Widmen wir uns erst einmal letzterer: hier kommt *er* Ihnen – je nachdem, wie alt Sie beide sind – entweder auf die brüderliche oder väterliche Anmache. Je ungeschickter er ist, desto plump-vertraulicher – und durchsichtiger – verhält er sich. Das sieht in etwa so aus:

- wenn Sie *ihn* angemacht haben, wird er durchblicken lassen, wie gefährlich Ihr Unterfangen war:
  * Sie hätten schließlich an den ›Falschen‹ geraten können, der ›nur das eine‹ gewollt hätte. Oder gar an Jack the Ripper;
- dann wird er Ihnen klarmachen, welches Glück Sie hatten (›Kindchen‹), daß Sie ausgerechnet an *ihn* geraten sind:
  * nun wird er Sie vor allen bösen Männern beschützen;
  * das tut er, indem er Sie nicht mehr aus den Augen läßt und Ihnen langsam, aber sicher auf die Pelle rückt;
- schließlich und endlich erwartet er von Ihnen dann, daß Sie sich ganz und gar in seine Obhut begeben:
  * er besteht plötzlich darauf, sich in allen Lebensbereichen um Ihr Wohl zu kümmern. Sex – Ihr Hormonhaushalt – gehört selbstverständlich dazu. »Ist doch nur *natürlich*«, daß Sie in dieser Hinsicht auch versorgt werden müssen. Und wer eignet sich besser dazu als er?

Wenn Sie sein Spiel bis hierher nicht durchschaut haben, aber nun einen Rückzieher wagen, wird folgendes geschehen:

- er wird Sie undankbar schimpfen. Und Ihnen einreden wollen,

* daß Sie *froh* sein sollten, daß er sich Ihrer erbarmt (Wenn er nicht väterliche oder brüderliche Gefühle für Sie hegen würde, hätte er ein Würmchen wie Sie nicht einmal angeguckt!);
* daß Sie kein Vertrauen zu ihm haben – und er wird den Enttäuschten spielen. Damit er Sie aus Schuldgefühl doch noch herumkriegt;
* daß Sie sich nur nicht trauen, Ihren ›inzestiösen Wünschen‹ freien Lauf zu lassen. Hat er doch bei Nancy Friday, *Die sexuellen Fantasien der Frauen*, nachgelesen, daß sich (fast) jede Frau heimlich danach sehnt, sich mit einem ›Familien(-mit)-Glied‹ auszutoben ...

Achtung

Lassen Sie sich unter keinen Umständen von einem solchen Mann einschüchtern. Er scheut nicht davor zurück, Ihnen Komplexe einjagen zu wollen – nur um Sie weichzukochen. Er bemerkt – übrigens ebenso wie der Mann, der auf die verbalbrutale Tour reitet – plötzlich tausend Sachen an Ihnen, die ihn vorher offensichtlich nicht gestört haben. Er wird Sachen sagen wie:

– Ihre Brüste sind eh' zu klein – zu groß;
– Sie sind sowieso zu rund für seinen Geschmack;
– hat er doch immer schon geahnt, daß Sie frigide sind;
– er wollte Ihnen doch sowieso nur einen Gefallen tun.

Und was sagen Sie darauf?

Gar nichts. Sie lachen. Wenn Sie sich eine Bemerkung absolut nicht verkneifen können, dürfen Sie ihm gerade noch antworten, daß er ja von Glück sagen kann, daß er noch mal darum herumgekommen ist, sich ›opfern‹ zu müssen. Lassen Sie sich um Himmels willen nicht dazu hinreißen, sich auf ein niedriges Niveau herabzulassen. Verboten sind Antworten wie

– »Lieber zu große Brüste haben, als ein Schlappschwanz zu sein«;
– »Regen Sie sich nicht auf, Sie würden's ja eh' nicht bringen.«

Und das alles nicht nur, weil Sie Dame bleiben sollten. Sondern auch weil er durchdrehen und darauf bestehen könnte, ›es‹ Ihnen zu zeigen. Falls Sie es bisher noch nicht aus der Tages- und Wochenpresse mitgekriegt haben: bei sieben von zehn Notzuchtverbrechen besteht vor der Tat eine mehr oder minder flüchtige Opfer-Täter-Beziehung:

- begeben Sie sich also nicht unnötig in Situationen, die Sie plötzlich nicht mehr kontrollieren können;
- fordern Sie keinen Mann direkt oder indirekt dazu auf, Ihnen seine ›Männlichkeit‹ beweisen zu müssen;
- Hunde, die bellen, beißen manchmal doch.

Und damit wären wir beim verbalen Sexprotz angelangt. Er ist der Typ,

- der Ihnen schon innerhalb der ersten Sekunden/Minuten in die Bluse langt;
- der Ihnen, bevor er sich vorgestellt hat, unter den Rock greift;
- der zur Begrüßung Ihre Hand packt und sie an seine Hose führt.

Es stimmt zwar, daß das Gros dieser Männertypen dann, wenn's wirklich ›darauf ankommt‹ den ›Schwanz einzieht‹ – aber es gibt auch Ausnahmen. Das sind die, die bei Nancy Friday nachgelesen haben, daß eine Frau insgeheim davon träumt, mit Gewalt genommen zu werden. Und wenn er das bei Ihnen praktiziert, bildet er sich auch noch ein, er habe Ihnen einen Gefallen getan.

Das Vertrackte an der Sache ist, daß Männer, die die dreiste Tour benutzen, oft zu den äußerlich ›schönen‹ Männern zählen. Und so wiegen Sie sich in Sicherheit. Weil Sie glauben, daß ein so gutaussehender Mann es letztlich nicht ›nötig‹ habe, Frauen zu ›vergewaltigen‹. Hat er auch nicht – was seine Anziehungskraft auf das weibliche Geschlecht betrifft. Aber daß die Frauen ihm scharenweise nachlaufen, ist nicht der springende Punkt. Sein Problem liegt nicht darin, nicht an jedem Finger zehn haben zu können – sondern darin, daß seine Einstellung zur Sexualität (aus welchen Gründen auch immer) durch und durch verkorkst ist.

Merke: Auch wenn ein Mann es fertigbringt, Sie durch eine superfreche Anmache zu faszinieren: lassen Sie Ihre Finger von ihm. Zumal er, kaputt wie er ist, zwar ein mehr oder weniger potentes Karnickel, aber einen lausigen Liebhaber abgibt.

Abgesehen von Männern, aus deren Nähe Sie sich möglichst schnell entfernen sollten, gibt's natürlich noch die Kehrseite der Medaille: Was tun, wenn *er* nicht will?

Er will nicht ... na und?

> »Kein Mensch muß müssen.«
> LESSING
>
> Aber:
> »Wer sich mit Humor wappnet, ist praktisch unverwundbar.«
> ERNST PETZOLD

Die wohl schwierigste Hürde, die es zu nehmen gilt, wenn man neue Beziehungen schaffen will, ist folgende:

- die Furcht, zurückgewiesen zu werden, zu überwinden;
- das Risiko, auf Ablehnung zu stoßen, einzugehen;
- ein Patentrezept zu finden, das im Ernstfall hilft, seelisch mit einer Abfuhr fertigzuwerden.

Machen wir uns nichts vor: Jeder von uns ist verletzt, wenn er bei anderen – die ihm nicht nur im Privatleben wichtig sind oder sein könnten – auf Abweisung stößt. Die Angst, nicht geliebt, nicht akzeptiert, nicht toleriert, nicht respektiert zu werden, schleppen wir schon seit Kindheitstagen mit uns herum. Und es gibt wohl niemanden, der seit dieser Zeit nicht schon auf irgendeiner Ebene ›zwischenmenschlicher Beziehungen‹ ein paarmal mehr oder weniger auf die Nase gefallen wäre.

Es ist ebenso sonnenklar, daß sich das Risiko, auf Ablehnung zu stoßen, proportional zu der Anzahl von Menschen, die man kennenlernt, verhält: ein Eremit, der sich in die Einsamkeit zurückzieht, wird damit wohl kaum konfrontiert werden. Weil er weit und breit niemanden um sich hat, der ihn ablehnen (oder lieben) könnte.

Mit anderen Worten: Wenn Sie nun ausziehen, einen Mann aufzureißen, gehen Sie automatisch das Risiko, auch hier und da mal eine Abfuhr zu erlangen, ein. Mehr noch:

Selbst wenn sich eine neue Bekanntschaft im allerersten Stadium des Sich-Kennenlernens ganz gut anläßt, stehen Sie über kurz oder lang vor demselben Problem, das die meisten Männer der Kolle-Kinsey-Generation bis heute nicht bewältigt haben. Nachdem sie nämlich den ersten Schritt glücklich geschafft haben, wußten sie plötzlich nicht mehr weiter:

– wenn sie die Entscheidung trafen, relativ schnell ›aufs Ganze‹ zu gehen – zack, bekamen sie (weil sie zu draufgängerisch waren) eins auf die Finger. Sooo schnell ging's nun wieder – trotz Pille – auch nicht;
– entschlossen sie sich dazu, der Frau ihrer Wahl ›Zeit zu lassen‹, liefen sie Gefahr, als Langweiler zu gelten. Sooo lange brauchte er – im Zeitalter der ›sexuellen Revolution‹ – nun auch wieder nicht zu warten.

Und prompt passierte, was passieren mußte:

– der Mann begriff, daß er im ›Zeitalter der sexuellen Befreiung der Frau‹ mehr als je zuvor in *jedem* Stadium einer Beziehung Gefahr lief, auf Abweisung zu stoßen. Und – alldieweil er auch ein Mensch und daher zu Gefühlsregungen fähig ist – verletzt zu werden: das Risiko, abgelehnt zu werden, lauerte für ihn mittlerweile überall:
  * beim allerersten Anlauf – eine Frau aufzureißen;
  * bei seiner folgenden Verhaltensweise zu viel, zu schnell oder zu lange, zu wenig zu verlangen;
  * letztlich nicht in der Lage zu sein, *ihr* die unzähligen Super-Orgasmen, auf die sie laut Shere Hite ein Anrecht hat, zu verschaffen;
– total verunsichert, suchte der arme Mann nach einem Verteidigungsmechanismus (Mann genug, sich nicht verunsichern zu lassen, war er leider nicht.);
– er fand ihn. Indem er die Frau kurzerhand in ein Sex-*Objekt* verwandelte:
  * von einem *Objekt* kann man(n) nicht abgewiesen, ge-

schweige denn verletzt werden. Und schon war alles wieder in Butter.

Sie fragen sich, weshalb ich Ihnen hier lang und breit von *seinen* Problemen erzähle, wo *Sie* doch drauf und dran sind, loszuziehen und sich unter Umständen von ihm eine Abfuhr einzuhandeln? Ganz einfach:

Einmal, damit *Sie* nicht dieselben, dummen Fehler machen wie *er*. Sollten Sie sich nämlich – um im ›Ernstfall‹ möglichst glimpflich davonzukommen – desselben infantilen Verteidigungsmechanismus' bedienen, können wir bald alle ›zwischenmenschlichen Beziehungen‹ samt und sonders vergessen.

Zweitens, um (zur Abwechslung mal ernsthaft) klarzustellen, wie wichtig es ist, daß Frauen das Risiko auf Ablehnung mit den Männern teilen. Denn: Wenn wir dazu bereit sind, uns auch mal eine Abfuhr zu holen *und damit fertigwerden*, kapieren die Männer hoffentlich endlich, daß weder wir – noch sie selbst – Sex-Objekte, sondern ganz einfach Menschen sind. Und alle mehr oder minder das gleiche Ziel anstreben: mit- und aneinander Spaß zu haben.

Nachdem wir jetzt den ach so lehrreichen Teil der Angelegenheit hinter uns gebracht haben, kann's ja munter weitergehen im Text.

Wo, um alles in der Welt, nimmt *er* also den Nerv her, *Sie* abblitzen zu lassen? Ganz einleuchtend: Er hat seine Gründe. Und wenn Sie sich die Mühe machen, jeden einzelnen von ihnen etwas genauer zu betrachten, werden Sie schnell eines feststellen: daß *Sie* – vorausgesetzt, Sie mögen sich selber! – absolut gar nichts mit dem Korb zu tun haben. Dahinter stecken tausend andere Möglichkeiten – nur nicht die, daß Sie nicht liebenswert sein könnten: er lehnt schließlich jemanden ab, den er überhaupt nicht kennt! Und wenn er das tut, kann er unter anderem folgende Gründe dafür haben:

- er ist verheiratet – *sein* Problem;
- er geht in seinem Beruf auf und hat generell keine Zeit für Beziehungen – *sein* Problem;
- er ist gerade frisch verliebt – *sein* Problem;

- er ist verunsichert – *sein* Problem;
- er mag nur Blondinen – *sein* Problem;
- er ist frisch beziehungsgeschädigt. Die Wunden, die er sich geholt hat, sind noch nicht vernarbt – *sein* Problem;
- er hat überhaupt Angst vor Frauen – *sein* Problem;
- er rächt sich mit dem Korb, den er Ihnen gibt, an all den Frauen, die ihn abgelehnt haben. Er ist also dumm. Und das ist: *sein* Problem;
- er fürchtet, Sie könnten ihn als Sex-Objekt betrachten – *sein* Problem;
- er ist Macho-Mann und reißt grundsätzlich nur selber auf – *sein* Problem;
- er steht nur auf Knaben. Und: such is life!

Sie sehen also, daß kein Korb direkt gegen Sie persönlich gerichtet ist. Was soll's also, wenn Sie sich einen einheimsen? Und überhaupt: Was heißt hier Korb? Letztlich haben Sie mit besagtem Herrn nur Small-talk betrieben. Übers Wetter oder sonstwas geredet. Sie haben ihm ja keinen Heiratsantrag gemacht, den er abgelehnt hat.

Und selbst wenn Sie ihn direkt angesprochen und sich ein ›Nein danke‹ eingehandelt haben – man wird doch wohl noch fragen dürfen!

Tragen Sie ein ›Nein‹ also mit Humor, und denken Sie an all die Männer, denen Sie mehr oder minder sanft beigebracht haben, daß Sie nicht näher an ihnen interessiert waren. Und das nicht, weil sie Ihnen grundsätzlich unsympathisch waren, sondern weil es bei Ihnen einfach nicht gefunkt hatte. Na bitte!

Bleibt nur die Frage, ob Sie, wenn Sie einmal abgeblitzt sind, bei demselben Herrn einen zweiten Anlauf wagen sollten. Grundsätzlich gilt:

- wenn Sie ihn – mehr oder minder – im Vorübergehen angemacht haben und er desinteressiert war: Vergessen Sie ihn. Denn das bedeutet:
  * er ist wirklich nicht interessiert;
  * er spielt das Spielchen, daß er nur mühsam zu erobern sei. Beides lohnt sich also nicht;
- wenn Sie ihm öfter begegnen – im Freundeskreis, am Ar-

beitsplatz –, könnte sich ein zweiter Anlauf eventuell lohnen: Denn es kann sein:

* daß er die Freundin, die er hatte, als Sie Ihren ersten Versuch gestartet haben, mittlerweile abgelegt hat – oder sie ihn;
* daß er Sie zwischenzeitlich ein wenig näher kennengelernt und festgestellt hat, daß er Sie doch gern mag. Oder mögen könnte.
  * Weshalb er in diesem Fall nicht von alleine auf Sie zukommt? Ganz einfach: Er fürchtet, daß Sie ihm den Korb wiedergeben. Oder auch, daß sich Ihre private Situation mittlerweile geändert hat – und er zu spät kommen könnte.

Achtung
Wenn Sie sich entschließen, einen zweiten Anlauf zu wagen, wägen Sie besonders gut ab, ob *er* reif dafür ist. Der beste Test:

– ein vorsichtiger Flirt:
  * reagiert er nicht darauf, brechen Sie das Augenkontaktspiel ab,
  * reagiert er darauf, flirten Sie ausgiebig mit ihm;
  * dann erst können Sie mit einem Spruch wie »Lassen Sie mich heute wieder abblitzen, wenn ich Sie zu einem Drink einlade«, »Na, sind Sie mir jetzt freundlicher gesonnen?« oder ähnlichem zu erkennen geben, daß Sie noch nicht aufgegeben haben.

Was passiert – und wie Sie sich verhalten sollten –, wenn er sich nach einer Nacht oder drei Tagen wieder absetzt, sind Kapitel für sich. Dazu kommen wir später. Jetzt schauen wir erst einmal, wie's weitergeht, wenn er Ihnen *keinen* Korb gegeben hat.

5.
Und wie geht's weiter?

>»Große Dinge ereignen sich nicht mittags
um zwölf Uhr zehn. Sie wachsen langsam.«
>KURT TUCHOLSKY

Das wichtigste im Umgang mit einer neuen Männerbekannt-
schaft ist: Nehmen Sie sich Zeit. Geben Sie sich – und ihm – erst
einmal Gelegenheit, sich ein wenig näher kennenzulernen.

Mit anderen Worten: Fallen Sie nicht gleich mit der Tür ins
Haus. Treffen Sie ihn – wenn Sie beim Kennenlernen in Eile
waren und es gerade geschafft haben, Telefonnummern auszutauschen – nach Möglichkeit erst einmal an einem halbwegs
neutralen Ort wieder. Und erzählen Sie ihm nicht schon in der
ersten halben Stunde Ihren gesamten Lebenslauf.

Weshalb Sie kleine Schritte machen sollten – und welche –,
wird Ihnen auf den nächsten Seiten klar.

Wann und wo treffen Sie ihn wieder?

>»Ich habe einen ganz einfachen Geschmack:
ich bin immer mit dem Besten zufrieden.«
>OSCAR WILDE

Vorausgesetzt, Sie hatten schon an dem Tag, an dem Sie sich
kennengelernt haben, ausgiebig Gelegenheit dazu, sich näher-
zukommen, ist es natürlich keine Frage, wann und wo Sie *ihn*
wiedertreffen. Nämlich wann und wo immer es Ihnen beiden
beliebt.

Sind Sie ihm bisher allerdings nur flüchtig begegnet, sollten
Sie sich schon überlegen, wann und wo Sie Ihr erstes ›richtiges‹
Treffen mit ihm arrangieren. Falls Ihnen, nachdem er Sie angerufen hat, überhaupt noch daran liegt: es ist nämlich durchaus
drin, daß Sie bei dem Telefonat, bei dem Sie zum ersten Mal

richtig mit ihm reden, feststellen, daß er ja vielleicht ganz gut aussah. Aber daß das, was er zu sagen hat – und wie er es sagt –, nun doch nicht ganz auf Ihrer Wellenlänge liegt. Was Sie in einem solchen Fall tun? Nur eins:

Ihm höflich, aber bestimmt zu verstehen geben, daß Sie ihn nicht wiedersehen wollen. Weshalb sollten Sie sich durch ein Mittagessen oder einen Nachmittagsdrink quälen, wenn Sie von vornherein kein Interesse mehr daran haben, mit besagtem Herrn in engeren Kontakt zu treten. Welche freundlichen Notlügen Sie ihm am Telefon servieren können, finden Sie in dem Kapitel *Blind Dates*.

Da finden Sie sogar noch mehr: nämlich den Tip, daß Sie einen – Ihnen relativ unbekannten – Mann vorzugsweise nicht abends und nicht bei sich oder bei ihm zu Hause treffen sollten. Zu den Gründen, die dort genannt sind, kommt hier noch ein anderer:

– Bevor Sie einen Mann in Ihre Wohnung lassen – oder sich in seine begeben –, sollten Sie ihn zumindest soweit kennen, daß Sie wenigstens halbwegs wissen, mit wem Sie es zu tun haben:
  * Sie wollen sich schließlich nicht plötzlich mit Händen und Füßen gegen einen Mann verteidigen müssen, der nicht mit allen noch so guten Worten davon zu überzeugen ist, daß Sie, wenn Sie »nein« sagen, auch »nein« meinen.

Was die Wahl des Treffpunkts angeht, lassen Sie ihn ruhig erst einmal einen Vorschlag machen. (Es sei denn, Sie haben ein Lieblingslokal, das Sie ihm unbedingt zeigen wollen!) Denn auch daran, wo er Sie hinführen möchte, können Sie schon in etwa erkennen, ob er und welchen ›Hintergrund‹ er hat:

– lädt er Sie in irgendeine miese Kneipe ein, können Sie ihn im Grunde schon vergessen. Und die Einladung gar nicht erst annehmen;
– will er Sie im Park zum Spazierengehen treffen, fürchtet er wahrscheinlich, Sie könnten ihn fünf Mark achtzig kosten. Wenn er jetzt schon zu geizig ist, Ihnen einen Kaffee zu spendieren, haben Sie an ihm auch nix verloren (nichts gegen

Spaziergänge – aber dazu haben Sie ja noch *nach* dem Kaffee
reichlich Gelegenheit);
- fragt er Sie, ob Sie mit ihm ins Kino gehen möchten, erkun-
digen Sie sich vorher nach dem Film, den er sehen will! Und
weshalb und wie er Ihnen besagtes Kunstwerk anpreist:
  * wenn er Sie zu LOVE-STORY einlädt, möchte er wahrscheinlich im Dunkeln Händchen halten;
  * schlägt er FRITZ THE CAT vor, möchte er Sie zu 99 Prozent darauf vorbereiten, daß er hinterher all die Dinge mit
Ihnen vorhat, die Fritz der Kater bringt (Falls Sie Fritz
nicht kennen: Er ist ein ausgesprochen geiler Kater!);
  * will er Sie in ZORRO, DER WILDE RÄCHER mitnehmen, hat er einen lausigen Geschmack. Vergessen Sie ihn;
  * schlägt er REIFEPRÜFUNG AUF DER SCHULBANK als
sehenswerten Film vor, sollten Sie ebenfalls hellhörig werden;
  * lädt er Sie in die ROCKY HORROR PICTURE SHOW
ein, vergessen Sie Ihre Wasserpistole und den Reis nicht.
- Theater- und Konzerteinladungen sortieren Sie nach ähnlichen Kriterien aus:
  * wenn er Ihnen schon am ersten Abend allzu schwere Gei-
steskost vorsetzen will, mimt er wahrscheinlich den ›Intellektuellen‹. Ebenso schlimm: Er ist einer. Wenn Ihnen
also nicht gerade ein hochgeistiger Gesprächspartner in
Ihrer Sammlung fehlt, vergessen Sie ihn;
  * will er ein Volksstück sehen, ist er wahrscheinlich der Typ
von Mann, der Ihnen auf die Schulter – oder auch die
Schenkel oder den Hintern – klopft. Wenn Sie das ertragen
können, nehmen Sie die Einladung an. Sonst lassen Sie es
lieber bleiben;
  * bittet er Sie in ein Kabarett – greifen Sie zu! Ein Mann, der
über ernste Dinge lachen kann, hat auf jeden Fall eines:
einen guten Sinn für Humor;
  * bietet er Ihnen an, einen Abend bei den ›Lustigen Musi-
kanten‹ zu verbringen, findet er solche Musik gewiß besonders schön. Sollte es Ihnen nicht so ergehen, bleiben
Sie ihm fern. Er wird die Hum-Ta-Ta-Musik nämlich auch
daheim auflegen.

Langer Rede kurzer Sinn: Wenn er mit der Auswahl des Treff-punkts Stil beweist – oder Sie auswählen läßt –, haben Sie auf den ersten, flüchtigen Blick hin zumindest keinen eklatanten Fehlgriff getätigt. In angenehmer Atmosphäre wird er schon dafür sorgen, daß Sie ein paar nette Stunden mit ihm verbringen.

Wenn keiner von Ihnen allzu schüchtern ist – und Sie sind es gewiß nicht! –, ergibt sich normalerweise auch das erste Gespräch von selbst. Um Pannen allerdings weitgehend auszuschließen, bekommen Sie anschließend ›für alle Fälle‹ noch ein paar Tips mit auf den Weg.

Sie brauchen ein Gesprächsthema?
Kein Problem!

> »Um die Aufmerksamkeit eines Mannes auf sich zu ziehen und ihn zu fesseln, muß man zunächst über ihn selbst sprechen, dann die Unterhaltung langsam auf sich lenken – und bei diesem Thema bleiben.«
>
> MARGRET MITCHELL

Aber:

> »Sie sprach so viel, daß ihre Zuhörer davon heiser wurden.«
>
> KURT TUCHOLSKY

Grau ist alle Theorie. Vor allem dann, wenn es darum geht, ›ganz allgemein‹ über Gesprächsthemen zu plaudern, die Sie mit einem Unbekannten anschneiden könnten. Die Problematik liegt hauptsächlich darin, daß ich weder Sie noch den Mann, den Sie aufreißen wollen (oder bereits aufgerissen haben), kenne. Wozu es also, ganz allgemein betrachtet, ausreicht, sind ein paar grundsätzliche Regeln. Beginnen wir am besten mit den Themen, die Sie nie und nimmer anschneiden dürfen:

– Krankheiten. Weder Ihre eigenen, noch die anderer Leute;
– das Hickhack um Haus und Hof bei Ihrer Ehescheidung;
– Ihre zu große Nase, Ihre krummen Beine oder was immer

Sie sonst an sich häßlich finden (Damit machen Sie ihn nämlich erst darauf aufmerksam, daß Ihre Nase wirklich zu groß
ist. Und ganz gerade ist sie auch nicht. Sieh mal an, das hätte
er doch glatt übersehen!);
- seine krumme Nase oder Segelohren;
- Erziehungsprobleme, die Sie als Alleinstehende mit Ihrem
  Kind (Ihren Kindern) haben;
- Politik. Ausnahme: Sie spielen mit dem Gedanken, auszu-
  wandern, und wollen austesten, ob's ihm ähnlich geht;
- Ihre (weniger guten) Erfahrungen mit anderen Männern;
- daß der Hite-Report Ihre Bibel ist (Es sei denn, Sie wollen ihn
  vorübergehend impotent machen.);
- Ihre Finanzlage: es geht ihn gar nichts an, was Sie verdienen
  – oder nicht;
- den letzten Sommer (Daß der, wie fast alle andern, mal wieder keiner war, darüber redet nun wirklich *jeder*!);
- seine Finanzlage. Ob er in Geld schwimmt – oder nicht –, hat
  Sie nicht zu interessieren;
- Ihre Kochkünste (Selbst wenn Sie die des Fünf-Sterne-Re-
  staurants, in dem Sie mit ihm gerade sitzen, noch bei weitem
  übertreffen!);
- den Ärger, den Sie am Arbeitsplatz haben;
- die neue Garderobe, die Sie brauchen;
- das Alkoholproblem Ihrer Nachbarin;
- Ihre Schlafstörungen;
- die Ehe Ihrer Eltern (Unabhängig davon, ob sie gut oder
  schlecht oder nur stinklangweilig ist.);
- Robert Redford, Arnold Schwarzenegger oder sonstige
  Männer, die Sie gut finden;
- Alice Schwarzer, Mary Whitehouse oder sonstige Frauen,
  die Sie für sexuell verklemmt halten.

Sie meinen, da bleibt nicht viel, worüber Sie mit ihm reden
könnten? O doch! (Davon abgesehen, daß einige der oben ge-
nannten Themen nur bei den ersten paar Treffen tabu sind.
Wenn Sie ihn besser kennen, können Sie ruhig durchblicken
lassen, daß Sie Kopfweh haben. Wenn er clever ist, weiß er, wie
er Sie davon befreit!)

Beim allerersten Gespräch mit ihm bleibt Ihnen in der allergrößten Gesprächsnot immer noch, eine Bemerkung über die Umgebung, in der Sie sich gerade mit ihm befinden, zu machen. Die sollte dann allerdings so formuliert sein, daß er nicht nur mit »ja« oder »nein« oder einem Grunzen antworten kann. Denn sonst wären Sie ja nicht weiter als vorher. Also sagen Sie in etwa Dinge wie diese:

- »Die Musik hier ist wirklich ganz gut. Welche gefällt Ihnen denn am besten?« (08/15, aber besser als nix);
- »Ich hab' zwar keine Ahnung, wie die Bäume alle heißen – aber der Ausblick auf den Park ist selten schön. Haben Sie in Botanik besser aufgepaßt als ich?« (Nachhaken, warum es ihn nicht interessiert hat oder was ihn interessiert hat, und ob er in seine Lehrerin verschossen war oder nicht.);
- »Oje! Sehen Sie den Pudel (den Dackel, den Spitz) da vorne? Dem fehlt nur noch ein Schleifchen im Haar . . .« (Und dann legen Sie los, was es alles Verrücktes für die Viecher gibt – und er wird schon einstimmen. So können Sie auch gleich sehen, ob er ein Hunde- oder Katzen- oder Pferdefanatiker ist. Dementsprechend können Sie dann wiederum Ihre Chancen ausrechnen, was die Verteilung seiner Streicheleinheiten angeht.)

Themen, die an diesem Tag Schlagzeilen machen, sind auch nicht zu verachten. BILD eignet sich immer besonders gut dafür. Denn da gab's zum Beispiel Schlagzeilen wie diese:

- »Eule rammte Mülltonne – in Klinik operiert!« (9. 1. 78);
- »*München.* Känguruh hüpfte zum Wirtshaus.« (12. 10. 79);
- »*Schulstreß!* Münchner Hypnotiseur heilt Kinder.« (5. 9. 78);
- »Strauß zieht ins Armee-Museum.« (27. 2. 81).

Ansonsten: Lassen Sie *ihn* reden. Er soll erst einmal von sich erzählen, bevor Sie ihm was über sich selbst verraten. Fragen Sie ihn ruhig, welche Bücher, Filme, Musik er mag. Ob er Hobbies hat – und welche.

Stimmt sein Geschmack so gar nicht mit dem Ihren überein, dann hat es wohl nicht allzuviel Sinn, die Bekanntschaft mit ihm großartig festigen zu wollen. (Außer er ist handwerklich außerordentlich talentiert, und Sie suchen noch einen Bastler. Oder er ist ein Tennis-As, und Sie suchen noch einen Sportsfreund!) Denn:

Wenn er Simmel liest und Sie Frisch, wenn er Nicole liebt und Sie Dr. Hook, wenn er für Millowitsch schwärmt und Sie für Pinter, haben Sie so gut wie keine Berührungspunkte.

Sollten Sie sich aber auf der mehr oder minder gleichen Wellenlänge befinden, dann kultivieren Sie Ihre Beziehung zu ihm. Nur: Überhasten Sie nichts. Lassen Sie sich Zeit!

Immer schön langsam mit der jungen Liebe!

>Gut Ding will Weile haben.<

Deutsches Sprichwort

Und:

>Ich denke niemals an die Zukunft. Sie kommt früh genug.<

ALBERT EINSTEIN

Es gibt Frauen, die sind, sobald sie einen Mann kennenlernen, nicht mehr zu bändigen:

- sie putzen seine Junggesellenwohnung;
- sie backen ihm Kuchen;
- sie nähen ihm abgerissene Hemdknöpfe wieder an;
- sie stricken ihm Pullover;
- sie lassen ihm keine freie Minute mehr.

Sie machen solche Dummheiten natürlich nicht. Weil Sie weder Zeit noch Lust für solche Fisimatenten haben. Und weil Sie wissen, daß Sie einen Mann mit solch eifriger Über-Fürsorge schneller in die Flucht schlagen, als ihn für sich zu gewinnen. Hier mach' ich mir um Ihr Verhalten also keine Sorgen. Es gibt aber noch eine andere Gefahr, der Sie – wenn es darum geht, neue Beziehungen zu festigen – erliegen können. Und die ist:

- zu viel, zu früh, zu schnell von sich selbst preiszugeben;
- zu lange, zu wenig von sich selbst zu erzählen.

Zu welchem Zeitpunkt Sie wie viel über sich selbst enthüllen, so haben Verhaltensforscher letzthin festgestellt, ist das entscheidende Moment, das über Wohl oder Wehe einer neuen Beziehung entscheidet:

- geben wir zu schnell zu viel über uns preis, fühlt der Partner sich nicht nur überrumpelt – sondern wir machen uns auch extrem verletzbar;
- erzählen wir so gut wie gar nichts über uns, kann überhaupt keine Beziehung entstehen. Denn wie soll der andere uns kennenlernen?

Der heiße Tip, den Psychologen geben, heißt:

- Wählen Sie den ›Goldenen Mittelweg‹!

Aber das ist natürlich leichter empfohlen als getan. Denn man muß erst einmal wissen, was der berühmte ›Goldene Mittelweg‹ ist. Detailliert eingrenzen kann ihn nämlich niemand. Aber Sie können aufatmen, ein paar Faustregeln, ihn zu finden, gibt es schon. Und die sind:

- passen Sie sich, was Enthüllungen über Sie selbst betrifft, dem Tempo, mit dem Ihr Partner Ihnen gegenüber seine Seele entblößt, an;
  * werfen Sie ihm dann und wann mal ein Häppchen – keinen Brocken! –, das er aufschnappen kann, hin.
  * fängt er besagtes Häppchen auf – und wirft Ihnen eines zurück, ist alles in Ordnung;
  * reagiert er darauf nicht – müssen Sie langsamertreten.

Wie langsam, ist dann nicht nur eine Frage Ihres Durchhaltevermögens, sondern auch eine Frage dessen, ob Ihr Partner zu irgendeinem Zeitpunkt dazu bereit ist, Ihnen gegenüber aufzutauen:

- beginnt er langsam, aber sicher, Ihnen auch von sich selbst zu erzählen – Ihnen also zu vertrauen –, ist alles in Butter;
- bleibt er hingegen reserviert, sollten Sie es auch bleiben. Und die Beziehung vergessen. Nicht gleich samt und sonders – vielleicht gibt er ja einen guten ›Sportler‹ oder ›Bastler‹ ab.

Aber als ›Schubladenmann‹ oder gar den, der Ihre große Liebe werden könnte, müssen Sie ihn streichen. Weil die Beziehung – das Vertrauen – sonst einseitig ist. Klar?

Nehmen wir nun einmal an, der Mann, den Sie aufgerissen haben, ist zu einer Beziehung fähig. Weil er Ihnen – so wie Sie ihm – nach und nach erlaubt, ihn auch inwendig kennenzulernen. Da gibt es dann, so die Experten, einen weiteren Punkt, den Sie beachten müssen:

– sollten Sie sich irgendwann mal einen dicken Hund geleistet haben, den Sie – sollte Ihre Beziehung permanente Formen annehmen – irgendwann mal ›beichten‹ müssen, tun Sie das lieber früher als später:
  * einmal wird Ihr Auserwählter Ihnen, was immer Sie getan oder gelassen haben mögen, in seiner ersten Verliebtheit am schnellsten ›verzeihen‹. Oder besser: Sie verstehen. Ihnen keine Vorwürfe machen;
  * zweitens kommt man meistens dann, wenn man den ›günstigen Zeitpunkt‹ verpaßt hat, nicht mehr dazu, mit der ›Beichte‹ (»Liebling, ich bin verheiratet!«, »Schatz, du mußt mich mit sieben Katzen und fünf Hunden teilen«) nicht mehr so leicht über. Und gefährdet dann damit – auf lange Sicht betrachtet – die Beziehung.

Es ist schon wirklich erstaunlich, auf was man alles achten muß. Finden Sie nicht auch?

Nur manchmal, da braucht man sich über rein gar nichts Gedanken zu machen. Da läuft alles wie von selbst. Denn der Mann, den man gefunden hat, war die Liebe auf den ersten Blick. Nicht nur für Sie – sondern auch für ihn.

Wie sie aussieht – und ob sie gutgehen kann –, betrachten wir im nächsten Kapitel.

6.
Wenn es nicht Liebe ist,
was ist es dann?

>»Liebe vertreibt die Zeit, und Zeit vertreibt
>die Liebe.«
>
>   Internationale Lebensweisheit
>
>Oder:
>
>»Die Liebe läßt uns an Dinge glauben,
>denen wir sonst mit höchstem Mißtrauen
>begegnen würden.«
>
>   MARIVAUX

Kaum haben Sie ihn entdeckt und kaum hat er Sie gesehen, schwuppdiwupp hat's auch schon gefunkt. Von diesem Moment an ist es sonnenklar, daß Sie beide zusammenbleiben.

Fragt sich nur, für wie lange: ein paar Monate, ein paar Wochen, ein paar Tage, eine Nacht?

Irgendeine dieser Zeitspannen wird's schon sein. Nur diese aller Voraussicht nach nicht: ein ganzes Leben!

Liebe auf den ersten Blick

>»Love is a matter of chemistry;
>Sex is a matter of physics.«
>
>   MARK'S MARK
>
>Oder:
>
>»Ich bin von Kopf bis Fuß auf Liebe einge-
>stellt.«
>
>   HEINRICH MANN

Es gibt sie tatsächlich, die Liebe auf den ersten Blick. Aber wenn sie Sie erwischt, brauchen Sie sich gar nichts darauf einzubilden: sie ist nämlich eine ›rein chemische Angelegenheit‹.

Mit anderen Worten: Erst spielen Ihre Hormone verrückt – dann Sie. Und der Liebeskummer, den Sie haben, wenn die ganze Geschichte wieder vorbei ist, hat auch mit Liebe nix zu tun. Er ist vielmehr ein simpler – wenn auch äußerst unangenehmer – Phenylethylamin-Kater.

Und der? Der ist vergleichbar mit dem harten Knall, mit dem Sie, wenn die Wirkung eines Aufputschmittels, das Sie geschluckt haben, nachläßt, wieder auf den Boden der Tatsachen zurückplumpsen: Phenylethylamin – ein körpereigenes Hormon, das im Zustand der Verliebtheit von unserem Gehirn produziert wird, gleicht nämlich in seiner chemischen Zusammensetzung den aufputschenden Amphetaminen fast aufs Haar. Pardon. Aufs Molekül. Und macht ›high‹.

Wie's dazu kommt, daß Sie besagtes Phenylethylamin produzieren, ist auch schnell erklärt: Vorausgesetzt, man darf der großen Anzahl von US-Wissenschaftlern, die sich mit diesem Thema befaßt haben, glauben, ist unser Gehirn sozusagen auf Liebe auf den ersten Blick vorprogrammiert.

Fehlt nur der richtige Stimulus – und schon geht's rund: Ihr Herz schlägt schneller, das Adrenalin fließt. Ihre Knie werden weich, Ihre Hände feucht. Ihr Intellekt schaltet ab. Der richtige Stimulus wiederum wird vorrangig über zwei unserer Sinne erkannt: die Augen und die Nase.

Wie *er* aussieht? *Er*, bei dem unser Erscheinen ebenfalls wie der Blitz eingeschlagen hat? Nun, was die ›Schönheitsskala‹ betrifft, ist er in etwa gleichermaßen attraktiv, wie wir es sind. Und: Er ist uns ganz automatisch vertraut. So wie wir ihm. Durch Gesten etwa, die ihm und uns gleichermaßen zu eigen sind. Das wird uns allerdings nicht *bewußt*. Wir erfühlen es vielmehr, so wie wir erahnen, daß er in etwa aus der gleichen Gesellschaftsschicht stammt wie wir.

Gut riechen können wir ihn natürlich auch. Sein Körper strahlt nämlich ein Pheromon, einen Duftstoff aus, den Mutter Natur ihm allein dafür verpaßt hat, daß er ein Weibchen findet, das sich sexuell zu ihm hingezogen fühlt. Besagtes männliches Pheromon heißt im Labor Androstenon, und in Sexshops ist es als Parfüm der Marke ›Gail‹ zu kaufen. Beate Uhse hat die Tatsache, daß Androstenon sich mittlerweile künstlich herstellen läßt, sofort verkommerzialisiert.

Wie dem auch sei: Jeder Mensch hat einen eigenen, ganz spezifischen Körpergeruch. Wenn Ihnen der Ihrer neuen Eroberung sympathisch ist, sorgt besagtes Androstenon dafür, daß Sie auch scharf auf ihn werden: das, was Sie an ihm erschnuppern, gerät durch Ihre Nase teilweise direkt in Ihr limbisches System. Dieses wiederum liegt in dem Teil des Gehirns, der unter anderem für die Steuerung unserer Gefühle und Sexualität zuständig ist. Ihr Intellekt, der von der Großhirnrinde, einem anderen Teil Ihres Gehirns, gesteuert wird, hat zu der ganzen Sache nix zu sagen.

Mit anderen Worten: Selbst *wenn* Ihre Vernunft Ihnen zu verstehen gibt, daß die Geschichte unweigerlich den Bach runtergehen muß, siegt Ihr ›Gefühl‹. Und das ist, wie ich Ihnen gerade klitzeklein erklärt habe, nichts anderes als ein mehr oder weniger gelungener Streich, den Ihnen Ihre Hormone spielen!

Summa summarum: Den Gedanken, daß die Liebe auf den ersten Blick ewig hält, können Sie sich gleich abschminken. Sie geht nämlich unweigerlich – so wie die Wirkung von Aufputschmitteln – irgendwann vorüber.

Und dann? Dann können Sie sich einstweilig damit trösten, Schokolade zu essen. Sie ist nämlich in diesem Fall der ideale orale Liebesersatz – weil sie einen hohen Anteil Phenylethylamin enthält. Somit bremst Schokolade die Entzugsqualen der ›Droge‹ Liebe. Das Phenylethylamin, das Ihr Körper nun nicht mehr selber (in dem Maße) produziert, wird (teilweise wenigstens) ersetzt.

Nur: Passen Sie auf, daß Sie nicht zu fett werden. Gehen Sie lieber wieder unter Leute und suchen Sie sich einen Fling.

Der Fling: kurz, aber heftig

> »Laß die Liebe aus dem Spiel, wenn du liebst.«
> KURT TUCHOLSKY
> Aber:
> »Wenn Sie schon mit einer Titanic verreisen wollen, warum dann nicht gleich erster Klasse?«
> MADSON'S QUESTION

Er ist die Liebe auf den ersten Blick. Und er ist es nicht: man fällt sich nicht gleich kopflos in die Arme. Aber man weiß in dem

Moment, in dem man sich zum ersten Mal sieht, daß man früher oder später – und meistens früher – miteinander im Bett landen wird.

Er ist ein one-night-stand. Und er ist es nicht: Sex ist zwar das Ausschlaggebende – aber es ist doch eine ganze Ecke mehr da. Er entwickelt sich zu einer Romanze, von der man erst im nachhinein weiß, daß sie doch ›nur‹ ein Fling war.

Er ist die große Liebe. Und er ist es nicht. So himmelhochjauchzend die Stimmung, so romantisch der Fling – sobald ihm der Alltag in die Quere kommt, ist's mit ihm vorbei. Knall auf Fall sogar. Und gerade das ist es, was den Fling so angenehm macht: während Liebe auf den ersten Blick oft langsam und darum qualvoll endet (US-Wissenschaftler erklären, sie reduziere sich alle drei Monate um jeweils ›die Hälfte‹ – so lange, bis nichts mehr von ihr übrigbleibt!), ist der Fling von einer Sekunde zur anderen vorüber: man entdeckt plötzlich, daß der Mann, mit dem man die schönsten, zärtlichsten, geilsten Tage, Wochen und vielleicht gar Monate verbracht hat, viel zu kurze Socken trägt. Oder Schuppen hat. Oder schlürft, wenn er seinen Tee trinkt.

Und in genau dem Moment, in dem es einem wie Schuppen von den Augen fällt, daß einem irgendeine alberne Kleinigkeit an dem anderen nicht paßt, kühlt man augenblicklich ab. Leidenschaft macht der Gleichgültigkeit Platz.

Natürlich trug er immer schon zu kurze Socken. Und hatte Schuppen. Und schlürfte seinen Tee. Aber daß man diese Dinge hingenommen hat, war nicht *Tole*ranz, sondern *Igno*ranz: man hatte sie bisher nicht bemerkt. Jetzt aber, da die rosarote Brille weg ist, ist man nicht dazu bereit, irgendwelche Macken oder Marotten des anderen zu ignorieren. Geschweige denn, sie in Kauf zu nehmen oder gar zu lieben.

Fundament des Flings ist nämlich Einbildung. Oder besser: Der Mann, für den wir plötzlich unsere glühende Liebe entdeckt haben, existiert nur in unserer *Fantasie*. Wir lieben ihn nicht so, wie er *ist*, sondern so, wie wir ihn uns *vorstellen*. Sobald wir also an unserem Traummann irgendwas entdecken, was nicht in unsere Vorstellung von ihm paßt – aus der Traum.

Flings sind aufregend und zu jeder nur erdenklichen Jahreszeit die beste Frühjahrskur, die es gibt. Zumal sie nicht in Tränen, sondern in Gleichgültigkeit enden. Der Magnetismus, der uns unwiderstehlich zu unserem Partner getrieben hat, ist weg. Wir sind nicht einmal mehr scharf auf ihn. Und sonst war da eben im Grunde nie was da.

Dennoch: Ab und zu gelingt es uns, einen Fling zu einem guten Freund umzufunktionieren. Oder auch zu einem Schubladenmann, mit dem man ab und zu doch mal wieder ins Bett steigt. Nur: So wild, so heiß, so verrückt wie es war, ist es nie mehr.

Zeitweilig machen Flings irrsinnig viel Spaß. Nur: Manchmal hat man die Nase voll davon, immer nur an Flings zu geraten. Weil man sich doch jedesmal die große Liebe erhofft – die es dann nicht ist. Wenn es Ihnen so geht, müssen Sie lernen, Flings auf den ersten Blick als solche zu erkennen. Wie Sie das tun, steht in einem anderen Kapitel beschrieben.

Vorerst aber sollten wir uns noch eine andere Form der Liebe, die keine ist, näher ansehen. Nämlich den ›one-night-stand‹.

Der ›one-night-stand‹: der Mann für nur eine Nacht

> »Man soll nicht mit fremden Männern schlafen. Richtig. Aber Männer, mit denen man schläft, sind doch nicht ganz fremd.«
>
> (fast) GABRIEL LAUB

Und:

> »Wird man wo gut aufgenommen, muß man nicht gleich wiederkommen.«
>
> PIUS ALEXANDER WOLFF

Bevor wir den ›one-night-stand‹ aus nächster Nähe betrachten, sollten wir erst einmal Grundsätzliches klären. Es gibt auch für die ›anständige‹ Frau eine ganze Handvoll Gründe, die einen ›one-night-stand‹ durchaus rechtfertigen. Aber: Es gibt auch solche, die es *nicht* tun. Holen wir die mal als erstes hervor. Ein ›one-night-stand‹ bringt gar nichts:

- wenn Sie mit einem Knaben ins Bett huschen, nur um einem anderen Mann eins auszuwischen.

Der Mann, den Sie damit ›treffen‹ wollen, weiß sowieso nichts von Ihrer Eskapade – weshalb sollte er sich darüber ärgern. Erzählen Sie es ihm allerdings brühwarm, ist das letztlich für Sie auch keine Befriedigung. Denn wenn Sie's bislang noch nicht selber mitbekommen haben, wird er Ihnen sagen, daß Sie nicht *ihn*, sondern nur sich selbst getroffen haben;

- wenn Sie mit einem Mann schlafen, nur um einen anderen zu vergessen.

Es funktioniert nicht. Selbst wenn Sie die Nacht noch einigermaßen fröhlich über die Runden bringen, der nächste Morgen – und der entsprechende Seelenkater – kommt bestimmt;

- wenn Sie alkoholisiert sind und nicht mehr wissen, was Sie tun.

Hier haben Sie beim Aufwachen gleich mit zwei Katern zu kämpfen. Und der alkoholisierte ist auch nicht zu unterschätzen;

- wenn Sie eigentlich keine ›Lust‹ dazu haben, und nur zu faul oder zu müde sind, »nein« zu sagen.

In solchen Fällen macht die Sache selbst schon keinen Spaß. Und das war's doch eigentlich, worauf Sie aus waren, oder?

Motive, die ›one-night-stands‹ ›gesellschaftsfähig‹ machen, sind diese:

- Sie wollen Ihr lieb- und sexloses Eheleben mit einer amüsanten Abwechslung anreichern (*Nicht*, wie bereits gesagt, ›Rache‹ nehmen, nur weil er fremdgeht!);
- Sie sind noch relativ unerfahren und suchen jemanden, wo Sie das Angenehme mit dem Nützlichen verbinden – nämlich ›üben‹ können;
- Sie wollen ganz bewußt keine emotionelle Bindung eingehen, sondern suchen einen Mann für eine Nacht. Einen netten natürlich, aber doch einen, bei dem keiner sich dem anderen auf psychischer Ebene verpflichtet fühlt;
- Sie sind ganz einfach scharf auf ihn. Und Sie pfeifen darauf,

daß Sie ihn nie wiedersehen. Oder vielleicht mehr: Es ist besser so.

Was ist er nun, der ›klassische‹ ›one-night-stand‹? Ganz einfach: Er ist, wie der Name schon sagt, eine (sexuelle) Beziehung, die nur eine Nacht lang besteht.

Womit der ›one-night-stand‹ absolut nichts zu tun hat, ist Liebe. Er ist vielmehr eine rein physische Angelegenheit. Sie fühlen sich zu ihm – und er sich zu Ihnen – körperlich hingezogen. Und haben nichts anderes im Sinn, als sich gegenseitig so schnell wie möglich auszuziehen.

Bleibt nur noch zu klären, wo Sie das tun. In Ihrer oder in seiner Wohnung?

7.
Wenn zwei dasselbe wollen

>»Abends
>der Große Himmel
>von Curaçao bis Persiko.
>Aber besoffen
>bin ich von Dir.«
>
>ROBERT WOHLLEBEN

Manchmal glaubt man, es gibt kaum etwas Schöneres als das: Mit einem Mann, den man eben erst kennt, die Nacht zu verbringen. Die Beziehung ist noch so frisch, so unberührt von Problemen.

Und es gilt noch so vieles zu entdecken: alles an ihm ist uns neu. Die Atmosphäre knistert, man beginnt langsam, sich gegenseitig zu entdecken. Ein herrlicher Spaß!

Damit Ihre Entdeckungsreise allerdings nicht jäh und alles andere als fröhlich endet, müssen Sie sich, schon bevor Sie sie antreten, ein paar Gedanken darüber machen, wo und wie sie beginnen und auch – fürs erste – zu Ende gehen soll.

Wohin? In Ihre Wohnung

>»My home is my castle.«
>
>SIR EDWARD COKE
>
>Aber:
>
>»Herein, herein, du lieber Gast!«
>
>AUGUST MAHLMANN

Darüber, daß Sie nicht Hinz und Kunz in Ihre Wohnung abschleppen, sind wir uns mittlerweile hoffentlich einig. Den Mann, den Sie in Ihre eigenen vier Wände – oder auch Ihr Hotelzimmer! – lassen, schauen Sie sich erst einmal gut an. Wenn er Ihrem kritischen Blick standgehalten hat, dann können Sie ihn in Ihre Wohnung einladen.

Dafür, daß Sie ihn mit zu sich nehmen, sprechen einige Argumente, die von Ihrem, aber auch von *seinem* Standpunkt aus betrachtet werden können:

– *Sie nehmen ihn mit in Ihre Wohnung, weil:*
* Sie sich dort sicherer und wohler fühlen als in fremder Umgebung – sprich seiner Wohnung;
* Ihr Make-up-Remover, Make-up, Ihre Pille bei Ihnen zu Hause liegt (Sollten Sie nur Hautfunktionsöl benutzen, ist die Gefahr, daß Sie ihn abschleppen, höchstwahrscheinlich von vornherein nicht gegeben. Wie kommen Sie zu diesem Buch?);
* Ihr Bett die gemütlichste und größte Spielwiese ist, die Sie kennen;
* Sie Ihren Hund, Ihre Katze, Ihren Kanarienvogel füttern müssen;
* Sie am nächsten Morgen früh rausmüssen und keine Lust haben, erst noch lang durch die Stadt zu kurven, um heimzukommen und sich umzuziehen;
* Sie einen gefüllten Kühlschrank haben – und er nicht;
* Sie gar einen Rasierapparat und eine Auswahl verschiedener After-Shave-Sorten für männliche Besucher in Ihrem Badezimmerschrank liegen haben;
– *er kommt gern mit in Ihre Wohnung, weil:*
* Sie die bessere Stereo-Anlage und Musikauswahl besitzen;
* sein Bett sowieso nicht frisch bezogen ist;
* er nicht – wie in seiner Wohnung – von Telefonaten diverser anderer Freundinnen gestört werden kann;
* er sich, wenn er nicht die ganze Nacht mit Ihnen zusammenbleiben möchte, geschickt wieder absetzen kann;
* er verheiratet ist.

Was die Gründe, ihn nicht mit in Ihre Wohnung zu nehmen, sondern mit ihm in seine zu gehen, betrifft, so überschneiden sie sich in etwa mit den Gründen, die aus Ihrer Sicht *für seine* Wohnung sprechen.

Wohin? In seine Wohnung

Seine Wohnung ist, wenn Sie es sich einmal genau überlegen, auch nicht der schlechteste Ort. Vorausgesetzt natürlich wieder, daß Sie die Möglichkeit, einem Sadisten in die Hände gefallen zu sein, so weit wie möglich ausschließen können. Schauen wir uns doch mal an, weshalb er und Sie sich für seine Wohnung als Spielplatz entscheiden:

- *er nimmt Sie mit in seine Wohnung, weil:*
  * er ein Haustier hat, das er spät nachts und früh morgens füttern und Gassi führen muß;
  * er einen wichtigen geschäftlichen Anruf erwartet;
  * er nicht den Nerv hat, am nächsten Morgen erst nach Hause zu fahren und sich umziehen zu müssen;
  * weil Sie nicht vorausgedacht haben und keinen Rasierapparat, den er benutzen könnte, besitzen;
  * weil er eine Sauna im Haus hat;
  * weil er nicht in fremden Betten schlafen kann;
  * weil er Angst vor Ihrem Schäferhund hat.

- *Sie gehen mit in seine Wohnung, weil:*
  * Sie sich so am schnellsten und geschicktesten wieder absetzen können – wenn Ihnen danach zumute ist;
  * Ihre Wohnung nicht aufgeräumt ist;
  * Sie nicht wollen, daß er weiß, wo Sie wohnen;
  * er noch eine Flasche Champagner im Kühlschrank hat – und Sie nicht;
  * Ihr Videogerät derzeit kaputt ist – und seins funktioniert;
  * Ihre Putzfrau am nächsten Morgen um neun Uhr auftaucht und Sie kein Interesse daran haben, sich schon so früh stören zu lassen;
  * Sie ganz einfach sehen wollen, wie er lebt.

Und vor allem: Welche Gewohnheiten er so hat. Die erkennen Sie nämlich schneller, wenn Sie in seiner Umgebung sind – als wenn Sie ihn in Ihre Umgebung herausreißen.

An seinen Gewohnheiten sollt Ihr ihn erkennen

>»Gewohnheiten sind Fingerabdrücke des Charakters.«
>ALFRED POLGAR

Wie gut, daß es amerikanische Psychologen gibt, die nichts anderes zu tun haben, als die verschiedensten Gewohnheiten der Leute zu beobachten – um dann auf ihren Charakter zu schließen. Das alles tun sie natürlich anhand von langwierigen, großangelegten Studien. Da kommen dann Sachen wie diese heraus:

die Zahnpastatube verrät seine Persönlichkeit:
- wer sie in der Mitte drückt, ist impulsiv, zu jedem Spaß aufgelegt und Spontanreaktionen, die sein ganzes Leben verändern, nicht abgeneigt;
- wer sie feinsäuberlich von unten drückt, ist ein geduldiger, ordnungsliebender Mensch. Einer, der überlegt und Pläne schmiedet, bevor er sich zu Taten entschließt;
- wer sie gar vom unteren Ende her ordentlich aufrollt, ist methodisch und ein Perfektionist. Er übt schnell Kritik an anderen – und lobt nur selten;
  Aber: Er hat den sehnlichsten Wunsch, sich mit Menschen zu umgeben, die noch methodischer – und teils erfolgreicher – sind als er selbst;
- wer die Zahnpastatube mal hier, mal da ein wenig drückt, ist sensitiv und intuitiv. Und wie könnte es anders sein – idealistisch und romantisch dazu. Er vergibt anderen kleinere und größere Fehler;
- wer viel Zahnpasta benutzt, neigt dazu, alle Dinge großzügig zu erledigen;

- wer wenig Zahnpasta benutzt, ist konservativ und zählt nicht selten zu den ›Intellektuellen‹;
- wer pausenlos die Tubenschraubverschlüsse verliert, der möchte sich gern wichtig machen. Dazu kommt, daß ein solcher Mensch es haßt, mit Problemen konfrontiert zu werden;
- wer die Zahnpastaspuren fein säuberlich aus dem Waschbecken wäscht, der möchte es gern allen Leuten recht machen. Und eignet sich zum Leben zu zweit;

die Musik, die er mag, verrät seine Persönlichkeit:
- *Jazz*-Liebhaber denken logisch, werden schnell mit Problemen fertig und haben – in Notfällen – eine blitzschnelle Reaktionsfähigkeit;
- *Top-40*-Freunde sind flexibel und eignen sich als Blitzableiter, wenn zwei sich streiten. Ansonsten legen sie Wert darauf, den jeweiligen Modetrends möglichst genau zu folgen;
- *Rock*-Fans stehen mit beiden Beinen auf der Erde. Sie sind, man lese und staune, treue und loyale Menschen. Und im Umgang mit Fremden ein wenig vorsichtig;
- *Country & Western*-Hörer sind romantisch und haben keine Scheu, ihre Gefühle zu zeigen;
- *Marschmusik*-Freunde neigen zu nostalgischen Gefühlen. Sie sehnen sich mehr nach gestern, als das Heute zu leben oder sich auf das Morgen zu freuen;
- *Big-Band*-Liebhaber sind Sammler. Sie sind es, die Fotoalben anlegen und in Schuß halten. Sie erinnern sich an die Geburtstage ihrer Freunde und geben gutes Ehemann-Material ab;
- *Klassische-Musik*-Fans sind abenteuerlich und kreativ. Sie sind auch selbstbewußt und fürchten sich vor nichts. Sie sind Naturfreunde;
- *Opern*-Liebhaber sind direkt und mutig. Sie gehen auf ihren Boß zu und bitten ihn ohne Scheu um eine Gehaltserhöhung. Die kriegen sie dann auch – denn sie sind ordnungsliebend und haben nichts dagegen, sich einer täglichen Routine zu verschreiben;
- *Leichte Unterhaltungsmusik*-Hörer sind intelligent. Sie mögen's

ruhig und meiden Menschenansammlungen. Sie müssen dann und wann für sich allein sein – und leben lieber auf dem Land als in der Stadt.

Sollten Sie nicht die Gelegenheit haben, seine Schallplatten-sammlung durchzuforsten und zu erkennen, was für einer er ist – und sollten Sie seine Zahnpastatube nicht zu Gesicht bekommen –, bleibt Ihnen noch eine dritte Möglichkeit, ihn ganz schnell abzuchecken. Schleppen Sie ihn in den Zoo:

die Zoo-Tiere, die er mag, verraten seine Persönlichkeit:
- *Löwen*-Freunde hätten gern das Sagen. Sie wären gern Führer – und legen Wert darauf, daß man ihre Meinung hört – und schätzt;
- *Schlangen*-Liebhaber haben ein starkes Bedürfnis nach Privatleben. Sie sind nicht gern im Rampenlicht und behalten ihre Gedanken am liebsten für sich;
- *Elefanten*-Freunde wissen, was sie wollen. Und darauf gehen sie auch voll zu. Sie lieben Sicherheit und Beständigkeit und eignen sich hervorragend für lange, feste Beziehungen;
- *Tiger* (oder andere Wildkatzen)-Freunde sind unabhängig. Sie lassen sich nicht dominieren und sind nur mit handfesten Argumenten zu überzeugen. Sie mögen alles, was ausgesprochen gut und exzellent ist;
- *Vogel*freunde sind Gewohnheitsmenschen, die nirgendwo lieber sind als in ihren eigenen vier Wänden. Dafür ist's bei ihnen zu Hause dann auch gemütlich.
- *Seelöwen*-Freunde sind jederzeit dazu bereit, anderen einen Fehltritt zu vergeben. Sie mögen die Natur – und wenn es um Entscheidungen geht, folgen sie meistens ihrem sechsten Sinn. Auf den sie sich auch verlassen können.

Na bitte. Wenn Sie jetzt noch nicht wissen, mit wem Sie es in ungefähr zu tun haben, dann kann Ihnen wohl niemand weiterhelfen! Ein Trost!

Daran, was für ein Liebhaber er ist, können Sie auch schon wieder ein wenig mehr über ihn lernen. Bevor Sie allerdings mit ihm ins Bett hüpfen, sollten Sie ihn schon fragen, ob er die Pille nimmt. Schließlich wollen Sie vor bösen Überraschungen bewahrt bleiben!

Was tun, wenn er die Pille nicht nimmt?

>»Es gibt Untaten, über welche kein Gras wächst.«
>
> JOHANN PETER HEBEL
>
> Denn:
>
> »There ist no such thing as just a little bit pregnant.«
>
> (noch) unbekannte Autorin

Endlich gibt es sie, die Pille für den Mann. Nur: Noch wird er sie kaum nehmen – weil sie sich immer noch in einem Teststadium befindet. Und weil anhand von Langzeitversuchen festgestellt wurde, daß das vorhandene Produkt wohl doch noch nicht das Wahre ist. So werden *Sie* es sein, die sich weiterhin um die Empfängnisverhütung kümmern muß.

Und überhaupt: Darauf, daß *er* die Pille regelmäßig nimmt, würde ich mich als Frau sowieso nicht verlassen. Und Sie sich hoffentlich auch nicht. Sie wissen selbst, wie schnell man Gefahr läuft, die Pille mal zu vergessen!

Warum, wieso, weshalb Sie sich davor hüten sollen, ungeplant schwanger zu werden, ist hoffentlich auch klar: Sie tun weder sich noch dem Kind – noch dem Vater – einen Gefallen damit. Und damit wir uns ganz richtig verstehen: ›ungeplant‹ heißt: Ohne es mit *ihm* abgesprochen zu haben. Auch wenn *Sie* es ›geplant‹ haben, um sich den Mann, den Sie so gerne hätten, auf diese Art und Weise zu angeln.

Langer Rede kurzer Sinn: Wenn Sie schon Männer aufreißen und mit ihnen im Bett landen – dann seien Sie so fair, sich und alle anderen vor den ›natürlichen Folgen‹ zu schützen.

Lassen Sie sich von Ihrem Gynäkologen beraten, welche Art der Schwangerschaftsverhütung er Ihnen empfiehlt. Und an die halten Sie sich dann.

Und glauben Sie nicht, daß Sie doch ›heimlich‹ schwanger werden und sich dann mit dummen Ausreden wie: »Die Pille hat versagt«, herausreden können. Die Präparate, die die Wirkung der Pille dämpfen oder gar ganz verhindern, sind allseits bekannt. Nämlich:

- *Antibiotika*, die *Ampicillin* oder *Tetracyclin-HCL* enthalten;
- *Beruhigungsmittel*, in denen eine dieser Substanzen zu finden ist: *Chlordiazepoxid*, *Diazepam*, *Meprobamat*, *Phenobarital*;
- *Epilepsie-Präparate*, die durch eine dieser Substanzen wirksam werden: *Carbamazepin*, *Phenytoin*, *Phenobarbital*, *Primidon*;
- *Grippe-, Herz-, Magen- und Schmerzmittel*, die *Phenobarbital* enthalten.
- *Migräne-Medikamente*, die *Amobarbital* oder *Phenobarbital* enthalten;
- *Rheumamittel*, in denen *Phenylbutazon* wirksam ist;
- *Schlaftabletten*, die *Cyclobarbital* enthalten;
- *Schmerz- und Erkältungsmittel*, die *Phemacetin* enthalten;
- *Tuberkulose-Medikamente*, die *Rifampicin* enthalten.

Alles klar? Welches Medikament sich aus welchen Wirkstoffen zusammensetzt, können Sie auf dem *Beipackzettel* lesen. Und das werden Sie, bevor Sie demnächst zu einer Tablette greifen, auch tun. Denn: Vorbeugen ist besser als Abtreiben. Und letzteres sollten Sie durch Ihre eigene Unachtsamkeit keinesfalls riskieren: der gute Doktor schabt nämlich nicht nur Ihre Gebärmutter aus. Das ist für ihn, zugegebenermaßen, Routine. *Aber:* Die gesamte Prozedur hinterläßt vielmehr große, eiternde Wunden in Ihrer Seele. Und das müssen Sie sich wirklich nicht antun.

Nachdem wir uns über dieses Thema, so hoffe ich doch, geeinigt haben, kann's dann ja endlich losgehen. Sie verbringen die erste Nacht mit ihm.

Die erste Nacht mit ihm

»Zur Sache, Schätzchen!«   MAY SPILS

Oder:

»Die nackte Wahrheit.«   HORAZ

Es ist soweit. Sie sind glücklich mit ihm in Ihrer oder seiner Wohnung gelandet.

Und nun? Nun macht er, den Sie aufgerissen haben, so gar keine Anstalten, den nächsten Schritt zu tun. Dafür kann er folgende Gründe haben:

- er ist ganz generell schüchtern;
- er möchte nicht, daß Sie glauben, er hielte Sie (weil Sie ihn aufgerissen haben) nun automatisch für ein Sex-Objekt, das nur ›das eine‹ im Sinn hätte;
- er fürchtet insgeheim noch, daß Sie ihn ›nur‹ als Sex-Objekt betrachten könnten. So wartet er erst einmal ab, wie Sie sich verhalten;
- er möchte zwar gerne noch mit Ihnen reden – aber nicht mit Ihnen schlafen (So geht es nicht nur Frauen, sondern manchmal auch Männern!);
- er glaubt, daß Sie – weil Sie ihn aufgetan haben – nun auch den nächsten Schritt tun sollten.

Das Dumme ist nur, daß Sie nicht ahnen können, welche der Möglichkeiten zutrifft. (Es sei denn, er hat Ihnen gleich gesagt, daß Sie bei ihm zwar einen Kaffee – nicht aber seinen schönen Körper bekommen. Dann sind Sie natürlich so vernünftig, ihn nicht umstimmen zu wollen. Sie wissen ja selbst, wie unangenehm solche Situationen sind, in denen man ›weichgekocht‹ werden soll.)

Merke: Es gibt durchaus Männer, die tatsächlich »nein« meinen, wenn sie »nein« sagen!

Abgesehen davon gibt es noch ein paar andere Spielregeln, die es zu beachten gilt. Dinge, die Sie unter gar keinen Umständen tun dürfen, sind:

- Ihn ohne jede Sensitivität gleich abgrapschen;
- Ihn betrunken machen wollen;
- Ihm ohne jedwedes Vorspiel gleich die Hose aufknöpfen;
- Ihm die Kleidungsstücke vom Leib reißen;
- Sich selbst die Kleidungsstücke vom Leib reißen;
- Ihn sofort ins Schlafzimmer – oder auf die Couch – zerren;
- Ihm vorwerfen, er sei zickig oder frigide – Pardon, impotent!
  –, wenn er lieber zugeknöpft bleibt;
- Ihn – mit Hilfe aller verfügbaren Tricks – vergewaltigen.

Statt dessen gehen Sie bei Ihrem Versuch, *ihn* zu verführen, so behutsam vor, wie Sie es sich von einem Mann wünschen, der *Sie* verführen möchte. So schwierig ist das gar nicht. Sie brauchen nur ein wenig Feingefühl für den Mann – und für die momentane Situation – zu entwickeln. Als geschickte Verführer handeln Sie folgendermaßen:

- versetzen Sie sich in seine Lage. Überlegen Sie sich also, wie *er* sich gerade fühlen könnte:
  * sollte er sich ein wenig unsicher fühlen, greifen Sie erst mal in die Trickkiste. Sorgen Sie:
    * für Musik, die ihn in die richtige Stimmung bringt;
    * für Beleuchtung, die ihn romantisch stimmt (Kerzen, Kerzen, Kerzen! Bei ganz Schüchternen drehen Sie erst den Dimmer runter – dann kommen die Kerzen auf den Tisch. Stellen Sie *ihn* nie unter Leistungsdruck. Geben Sie ihm nie das Gefühl: Nun bin ich gleich dran!);
    * bieten Sie ihm einen kleinen Snack an (Näheres darüber in einem anderen Kapitel);
    * offerieren Sie ihm – je nachdem, wieviel Alkohol er bereits getrunken hat – einen Drink oder einen Kaffee/Tee/Fruchtsaft;
    * plaudern Sie mit ihm. Lassen Sie durchhören, daß Sie ihn attraktiv finden (»Du hast eine schöne Stimme«, »schöne Augen«, »schönen Mund«, »schöne Hände«). Aber geben Sie ihm erst einmal Zeit, die Komplimente, die Sie ihm machen, zu verdauen. Und: Sagen Sie nur Dinge, die Sie wirklich meinen (Wenn er abgebissene

Fingernägel hat, werden Sie seine Hände wohl kaum schön finden. Wenn Sie sich überhaupt von solch ungepflegten, widerwärtigen Händen anfassen lassen wollen!);

– wenn er sich bis jetzt noch nicht verabschiedet hat – und das wird er, wenn Sie es charmant anstellen, bestimmt nicht getan haben –, können Sie langsam, aber sicher direkter werden:

  * wenn Sie seine Hand berühren, dann tun Sie nicht so, als sei es Zufall. Legen Sie Ihre Hand einfach sanft auf oder in die seine. Nur so. Sie werden schon spüren, ob ihm das angenehm ist – oder nicht;

  * legen Sie Ihren Arm um seine Schulter. So sind Sie ihm schon wieder ein Stück näher und können an seiner Reaktion erkennen, ob Sie den nächsten Schritt wagen dürfen oder nicht;

  * umarmen Sie ihn ruhig – und wenn Sie merken, daß es ihm gefällt, geben Sie ihm ruhig einen Kuß. Erst einmal einen kleinen. Dann können Sie weitersehen;

  * falls Sie zu den Menschen gehören, die Dinge lieber zuerst verbalisieren, bevor Sie sie in die Tat umsetzen, können Sie ihm natürlich auch sagen, wie Ihnen zumute ist (»Ich würd' Sie – dich – jetzt wahnsinnig gern küssen«, »Fühlst du dich auch so schmusig wie ich?«);

– wenn er bisher gern mitgespielt hat – aber immer noch keine große Initiative entwickelt –, dürfen Sie auch ruhig anfangen, ihn langsam auszuziehen:

  * Sie fangen selbstverständlich bei Krawatte oder Hemd an (Sie mögen es auch nicht, wenn ein Mann Ihnen gleich unter den Rock langt oder sofort die Jeans aufknöpft);

  * lassen Sie sich Zeit! Ihm ein Hemd auszuziehen kann ebenso lange dauern, wie Ihnen eine Bluse auszuziehen. (Die wollen Sie auch nicht gleich vom Körper gerupft haben – wenn Sie ihn noch nicht kennen!);

  * wenn er sich bisher wie eine Schaufensterpuppe ausziehen läßt und sich so gar nicht aktiv an diesem Vorspiel beteiligt, können Sie ihm am besten alles wieder anziehen. Denn:

* Sonst dürfen Sie höchstwahrscheinlich auch den Rest der Nacht die gesamte Arbeit tun.
* Wenn er sich bekrabbelt hat und Ihnen nicht jeden Handgriff allein überläßt, können Sie es riskieren, ihn in Ihr Schlafzimmer zu lassen.

Wenn Sie Glück haben, entpuppt er sich dort, nachdem er aufgetaut ist, als brauchbarer Liebhaber. Und wenn Sie Pech haben, können Sie auch hier ganz von vorne anfangen und müssen ihm zunächst die grundlegendsten Dinge beibringen.

Was tun, wenn er ein lausiger Liebhaber ist?

> »Es ist nur manchmal, denkt sie, schade, daß er vollkommen ist und keinen Fehler hat, der ihn – für eine Nacht einmal – lebendig macht.«
>
> WOLF WONDRATSCHEK

Eins gleich vorab: Herausfinden, ob der Mann, den Sie aufgerissen haben, ein guter Liebhaber ist (oder das Potential dazu besitzt!), können Sie schon, bevor Sie ihn in Ihr Bettchen lassen. Ganz generell geben Ihnen zwei Dinge Aufschluß über seine vorhandenen (wenn auch manchmal verborgenen) Talente:

– die Art, wie er küßt;
– die Art, wie er streichelt und schmust.

Stellt er sich beim Küssen und Schmusen grob und ungelenk an, ist noch nicht ganz alles verloren;

– testen Sie, ob er ›lernfähig‹ ist:
  * demonstrieren Sie ihm, wie *Sie* geküßt werden möchten. Anhand von Küssen, die Sie *ihm* geben, versteht sich;
  * führen Sie seine Hände so, wie *Sie* gestreichelt werden möchten. Und lassen Sie *ihn* fühlen, wie Sie seine Haut berühren.

Begreift er hier immer noch nicht, wo's langgeht, vergessen Sie das Unternehmen. Es sei denn, Sie haben eine festere Beziehung mit ihm als Ziel. Dann können Sie ihm noch eine Chance geben. Die heißt:

– bis er mitgekriegt hat, was Zärtlichkeit und Erotik ist, geben Sie ihm ›Trockenunterricht‹. Das wiederum bedeutet: Sie lassen ihn nicht ganz an sich ran. Sex kommt erst, wenn Sie damit rechnen dürfen, daß er sich nicht wie ein Karnickel aufführt.

Zeigt er sich im übrigen talentiert – aber noch unbeholfen –, können Sie ihn mit auf Ihre Spielwiese nehmen. Da müssen Sie sich dann ein wenig – notfalls auch mehr! – Mühe geben, ihn so hinzukriegen, wie Sie es von einem guten Liebhaber erwarten.

Sollten Sie überhaupt nicht weiterwissen, schenken Sie ihm ›J – Der sinnliche Mann‹. Das tun Sie natürlich auf eine solche Art und Weise, daß Sie ihn nicht versehentlich kastrieren. Das ist ja auch nicht der Sinn der Sache.

Ansonsten gilt es bei Liebhabern, die Sie noch nicht kennen, folgende zwei Dinge zu beachten:

– genieren Sie sich nicht, sich den Knaben bei Licht zu betrachten. Auch dann nicht, wenn Sie kein allzugroßer Fan visueller Liebe sind:
  * lieber besser vorher einmal bei ihm genau hingeguckt, als sich hinterher selbst vom Dermatologen anschauen lassen müssen! (Auch wenn sich nicht alles auf den ersten Blick erkennen läßt – einiges schon!) Apropos Dermatologie: wenn Sie einen ›one-night-stand‹ nach dem anderen – oder ein recht bunt gemischtes Liebesleben – haben, lassen Sie sich selbstverständlich spätestens alle drei Monate von dem Herrn ansehen. Und wenn Sie irgendwann auch nur das geringste Gefühl haben, daß Sie sich irgend etwas gefangen haben könnten, begeben Sie sich sofort zu Ihrem Dermatologen;
– diverse Sex-Spielchen, die mit einem Mann, den Sie gut kennen, den herrlichsten Spaß bereiten können, haben Sie mit Fremden zu unterlassen:
  * Sie halten Ihre Augen offen – nicht verbunden;
  * Sie haben alles im Griff – und sind nicht ans Bett gefesselt;

* Sie lassen sich keine Hundehalsbänder oder sonstiges anlegen. (Die Nummer hat er wohl wieder von Nancy Friday.
  Aber so toll ist die gar nicht!)

Ansonsten bleibt Ihnen im Moment nur noch zu überlegen, ob
Sie die gesamte Nacht mit Ihrer neuen Eroberung verbringen
möchten oder nicht. Denn wenn Sie sich schon dazu entschließen, mit ihm aufzuwachen, soll es ein guter und kein schlechter
Morgen sein.

Guten Morgen? Der Morgen danach ...

> »Im Schlaf streck' ich meine Hand aus und
> denk', du bist noch bei mir.«
>
> HILDEGARD KNEF
>
> Aber:
>
> »Ich war ganz verrückt auf ihn, und jetzt
> kann ich ihn nicht mehr sehen. Wie sich die
> Männer ändern!«
>
> H. BEQUE

Sie kennen es sicherlich: Das wohlige Gefühl, in den Armen
eines Mannes einzuschlafen. Nachts wach zu werden, sich an-
und ineinandergekuschelt wiederzufinden, sich noch enger an
ihn zu schmiegen – wieder weiterzuschlafen.

Morgens, beim Erwachen, die Wärme seiner Haut zu spüren,
sich zu freuen, daß er da ist. Und kaum, daß einer von Ihnen
beiden richtig wach geworden ist, schon wieder miteinander
zu schmusen beginnen. Später zusammen in der Badewanne
zu sitzen, sich gegenseitig den Rücken abzuschrubben – und
mit noch feuchten Körpern wieder im Bett zu landen.

Dann irgendwann zu frühstücken und immer eine Hand frei
zu haben, den anderen zu streicheln. Orangensaft und Toast
mit kleinen Küssen zu versetzen – rundherum glücklich zu
sein. Über der Erde zu schweben und zu wissen, daß an diesem
Tag nichts mehr schiefgehen kann. Wenn Sie so mit ihm, den
Sie noch gar nicht richtig kennen, der Ihnen aber unendlich
vertraut ist, aufwachen, brauche ich Ihnen nicht zu erzählen,
wie Sie sich verhalten sollen. Es ergibt sich alles von alleine.

Nur: Es gibt auch andere Morgen danach. Die, an denen man neben einem Mann aufwacht, den man im wahrsten Sinne des Wortes als ›Fremdkörper‹ empfindet. Wo man sich oder ihn so weit wie möglich wegwünscht. Wo man sich fragt, wie in aller Welt man gerade mit ihm im Bett landen konnte.

Es ist ein mieses Gefühl. Und das sollten Sie sich, wenn es irgend geht, ersparen. Und: wenn Sie ehrlich sind, wissen Sie vorm Einschlafen schon, daß der Morgen mit ihm kein guter Morgen wird. Sie sind nur müde und wollen schnell einschlafen. Oder Sie hoffen, das flaue Gefühl gibt sich.

Es gibt sich nicht. Also: Gleichgültig, ob Sie ahnen, ihn morgens nicht um sich ertragen zu können, oder ob Sie spüren, daß er Sie am liebsten loswäre (sich aber nicht traut, es Ihnen zu sagen): Machen Sie der Sache gleich ein Ende.

Am elegantesten ist es natürlich, mit ihm gemeinsam nachts noch einen Drink zu nehmen oder einen Happen zu essen. Wenn die Nachtkneipen schließen, öffnen die ersten Frühstückscafés. Von hier aus können Sie sich dann geschickt allein nach Hause absetzen.

Wenn *er* diesen Wink nicht kapiert, müssen Sie die Angelegenheit eben weniger elegant zu Ende bringen:

- falls Sie sich in seiner Wohnung befinden, erzählen Sie ihm, daß Sie:
  * morgen früh, wenn Ihre Putzfrau kommt, zu Hause sein müssen;
  * in fremden Betten nicht schlafen können;
  * morgen früh einen dringenden Anruf erwarten.

Dann schnappen Sie sich ein Taxi oder fahren mit Ihrem eigenen Wagen heim. So einfach ist das;

- falls er sich in Ihrer Wohnung befindet, erzählen Sie ihm, daß Sie:
  * nur alleine schlafen können – und Ihren Schlaf brauchen;
  * mit dem Frühzug Besuch von Ihrer Mutter, Ihrem Ex-Ehemann erwarten;
  * so früh aus den Federn müssen, daß er sowieso bei Ihnen nicht richtig zum Schlafen kommt.

Dann rufen Sie ihm ein Taxi. Alles klar?

Ein ›Mittelding‹ von dem Morgen danach gibt's natürlich auch noch. Und zwar den, wo Sie sich zwar nicht gerade unwohl fühlen, wenn *er* beim Aufwachen neben Ihnen liegt, aber wo Sie eben nicht so richtig wissen, wie Sie sich verhalten sollen. Die geschickteste Lösung:

– wenn Sie beide in Ihrer Wohnung sind:
  * nix wie ins Bad – wenn er es nicht schon mit Beschlag belegt hat (Ist letzteres der Fall, können Sie in die Küche gehen und schon mal die Kaffeemaschine anwerfen.);
  * Frühstück machen – und ihn dazu wecken.

Wenn Sie jetzt feststellen, daß alles doch in Ordnung ist, können Sie sich ja, wenn Ihnen danach ist, wieder ausziehen und noch einmal zu ihm ins Bett begeben. Wenn nicht, frühstücken Sie mit ihm – falls er Zeit dazu hat –, und verabschieden Sie ihn mit einem Lächeln.

Was Sie auf gar keinen Fall tun, ist: ihn so in die moralische Ecke zu drängen, daß er Ihnen verspricht, ›mal wieder‹ anzurufen. Denn wie das aussieht, erfahren Sie in einem der folgenden Kapitel;

– wenn Sie mit ihm in seiner Wohnung sind:
  * nix wie ins Bad – falls er es nicht schon blockiert. (In dem Fall gehen Sie natürlich nicht in die Küche – denn es ist *seine*, nicht Ihre!) Warten Sie also einfach ab, bis das Bad frei wird;
  * mit ihm frühstücken – falls Sie Lust und Zeit dazu haben. Sonst verabschieden Sie sich einfach mit einem einfachen Lächeln. Ohne unbedingt durchblicken zu lassen, daß Sie heilfroh sind, fortzukommen;
  * falls Sie vor ihm aufwachen und heim wollen – nur zu. Dann sind Sie aber so nett und hinterlassen ihm einen kleinen Zettel. (›Guten Morgen, hatte es leider eilig. Wünsch Dir einen schönen Tag! Sabine.‹)

Sollten Sie allerdings den Morgen mit ihm verbringen und alles ist in bester Stimmung, ergibt sich nun neuerdings die Millionen-Dollar-Frage:

– Sollen Sie das Bett in seiner Wohnung machen – oder nicht?

Normalerweise würde ich sagen: nein. Wie kommen Sie dazu? Und überhaupt könnte Ihnen solch hausfrauliche Tätigkeit schnell dahingehend ausgelegt werden, daß Sie sich langsam, aber sicher bei ihm etablieren wollen. Nur:

Es gibt auch Männer, die anders denken. Gute Männer. Und die einem Minuspunkte verpassen, wenn man nicht mit für Ordnung sorgt. Und eine ›Arbeitsteilung‹ nur recht und billig finden: während er das Frühstück macht, kümmern Sie sich ums Bettenmachen.

An welchen Typ von Mann Sie geraten, ist leider ›vorab‹ kaum ersichtlich. Da müssen Sie schon das Risiko eingehen, auf die eine oder andere Art auf die Nase zu fallen.

Nachdem wir nun so ziemlich alles zum Thema ›Wenn zwei dasselbe wollen‹ geklärt haben, ist natürlich noch zu überlegen, wie Sie sich verhalten, wenn Sie und er *nicht* dasselbe wollen.

8.
Keine Lust (mehr) an der Lust?

> »Manchmal ist es schön, allein zu sein.
> Manchmal ist es schön, keinem Verein an-
> zugehören. Manchmal ist es schön, vorbei-
> zufahren.«
>
> KURT TUCHOLSKY

Auch das gibt's natürlich: den Morgen danach, an dem man am liebsten die Zeit zurückdrehen würde. *Nicht,* um die Nacht noch einmal zu erleben, sondern um sie auszuradieren. Sie anders, nämlich alleine, zu verbringen.

Da ist es auch kein Trost zu wissen, daß Sie nicht die einzige sind, der es manchmal so geht. Das einzige, was wirklich hilft, ist: Sich darüber klarzuwerden, daß man ›one-night-stands‹ vielleicht doch nicht so locker handhaben kann, wie man es vielleicht gern täte. Und wie die Sex-Reports es von der ›aufgeklärten‹ Frau der 80er Jahre erwarten.

Und das nächstemal nicht »nein« zu sagen – und es auch zu meinen! – und sich dann doch zu einem »ja« überreden zu lassen. Das ist nämlich sowieso das Dümmste, was Sie tun können. Aus zwei Gründen:

– Wenn Sie erst stundenlang »nein« und dann doch »ja« sagen, schneiden Sie sich immer ins eigene Fleisch:
  * wenn's Ihnen dann doch Spaß macht, haben Sie wertvolle Stunden Zeit vergeudet;
  * wenn's Ihnen keinen Spaß macht, ärgern Sie sich nur am nächsten Morgen (spätestens) grün und blau.

Und überhaupt: Tun Sie nicht nur sich, sondern auch allen anderen Frauen einen Gefallen: Lassen Sie sich nicht mehr weichreden, wenn Sie »nein« meinen. Denn damit stärken Sie die Männer nur in ihrer Überzeugung, daß *jede* Frau letztlich eben doch »ja« meint, auch wenn sie anfangs »nein« schreit.

Und so kommen sie nie von ihrer Überredungskunst 'runter.

Im Gegenteil: Sie perfektionieren sie noch mehr. Und wir müssen uns weiter damit rumplagen. Auch wenn Sie bisher andere Erfahrungen gemacht haben sollten: es ist gar nicht so schwierig, es bei einem »Nein« zu belassen.

Zu viele Eintagsfliegen – zu wenig Liebe

> »Wer sich zuviel mit dem Kleinen abgibt, der wird gewöhnlich unfähig fürs Große.«
> LA ROCHEFOUCAULD
> Denn:
> »Das alles hinterläßt seinen bitteren Nachgeschmack in der Seele.«
> JORGE LUIS BORGES

Stimmt: Man soll Sex nicht mit Liebe verwechseln. Aber das ändert nichts an der Tatsache, daß die meisten Frauen, die eine Eintagsfliege nach der anderen fangen, eben doch nach mehr als rein körperlicher Befriedigung suchen: ein paar Streicheleinheiten für die Seele sollten schon mit abfallen.

Wenn das nicht so wäre, könnten wir gleich zu ›Handarbeit‹ oder unserem summenden Freund, dem Vibrator, greifen. Und hätten, was die rein physische Seite der Angelegenheit betrifft, höchstwahrscheinlich oft weitaus mehr davon, als wenn wir unsere rein körperliche Befriedigung einem Mann, den wir kaum kennen und der uns nicht kennt, anvertrauen.

Ergo: Wenn wir einen Mann mit in unser Bett nehmen, geht es doch um ein Quentchen mehr als nur Sex. Nämlich um Hautkontakt und Zärtlichkeit. Nur: Die wenigsten Männer sind dazu in der Lage, eine einzige Nacht, die man mit ihnen verbringt, so zu gestalten, daß man am nächsten Morgen weder Zärtlichkeit – noch sie vermißt.

Zum Teil liegt es natürlich auch an unserer Erziehung. Zu Hause haben wir gelernt, daß Sex was ganz Unanständiges ist – wenn man ›es‹ nicht aus Liebe tut. Dann tauchte Oswalt Kolle auf und erzählte uns wieder was ganz anderes. Und überhaupt gab's nun die Pille, und wir waren ›sexuell befreit‹.

Oder eben auch nicht. Die Pille wurde nämlich auch zur Zwangsjacke. Jetzt durfte man Sex nicht endlich genießen, ohne an die Folgen denken zu müssen: jetzt *mußte* man. Was war denn schon dabei, jetzt, wo man keine unerwünschten Schwangerschaften mehr zu riskieren brauchte? Nix.

Vor allem: Kein Gefühl. Gefühle zu haben – geschweige denn, sie zu zeigen –, war plötzlich ›altmodisch‹. Und wer wollte das schon sein. Und so kam ein ›one-night-stand‹ zum anderen. Nur: Auch wenn man sie addierte, multiplizierte: so ganz das Wahre waren sie auf Dauer doch nicht.

Und das werden sie auch wohl nie sein. Denn irgendwann kommt mal der Zeitpunkt, da muckst sich die Seele. Die hatte nämlich schon lange keine Höhepunkte mehr – und ist auf dem Tiefpunkt.

Und dann? Dann macht Sex bald überhaupt keinen Spaß mehr. Ist nur noch Dilemma: bleibt man bei den Eintagsfliegen, ist Sex bald nur noch Routine. Verzichtet man auf ›one-night-stands‹, hat man auch Angst, etwas zu verpassen.

Was tun?

Ausmisten. Und zwar in dieser Reihenfolge: Zuerst die Sex-Reports aus dem Bücherschrank, dann aus dem Kopf.

Zum Teufel mit Shere Hite und ihrem Orgas*muss*!

> »Manche Leute haben ein Liebesleben. Andere Leute bumsen nur.«
>
> HENRYK M. BRODER

Merke:

> »Das wichtigste Geschlechtsorgan ist das Gehirn.«
>
> DAVID REUBEN

Ja, ich hab' es auch schon tausendmal gelesen: Der weibliche Orgasmus ist die größte Entdeckung seit Tipp-Ex und Kartoffel-Chips.

Es gibt sogar Statistiken, in denen man genau nachlesen kann, in welchem Alter eine Frau wie viele davon haben kann und – sollte. Und wo der Weltrekord liegt. Nur: Ich hab' die Zahlen alle vergessen. Denn ich hab' die Nase voll von Sex-Experten: die sind nämlich schuld daran, daß fast alle Männer, die eine Frau aufreißt – oder von denen sie sich aufreißen läßt –, verklemmt sind. Und ihren Frust auf uns abwälzen. Und so kommen folgende Ergebnisse (einer amerikanischen Untersuchung) über die ›meistgehegtesten Befürchtungen, was in der ersten Nacht mit einem neuen Sexual-Partner passieren oder nicht passieren könnte‹, zustande:

– *Frage an die Frauen:* Was, glauben Sie, ist die größte sexuelle ›Erste-Nacht-Angst‹ der Männer?
  Antwort:
  52 %: er kriegt ihn nicht hoch;
  14 %: er kommt zu schnell;
   8 %: er befriedigt die Partnerin nicht.
– *Frage an die Männer:* Was ist Ihre größte sexuelle ›Erste-Nacht-Angst‹?
  Antwort:
  42 %: ich kriege ihn nicht hoch;
  13 %: ich komm' zu schnell;
   7 %: sie könnte frigide sein.
– *Frage an die Männer:* Was, glauben Sie, ist die größte sexuelle ›Erste-Nacht-Angst‹ der Frauen?
  Antwort:
  26 %: ihr Körper gefällt mir nicht;
  22 %: ich kriege ihn nicht hoch;
  13 %: ich könnte zu schnell kommen.
– *Frage an die Frauen:* Was ist Ihre größte sexuelle ›Erste-Nacht-Angst‹?
  Antwort:
  33 %: er kommt zu schnell;
  15 %: er kriegt ihn nicht hoch;
  11 %: mein Körper gefällt ihm nicht.

Ansonsten: Nicht eine und nicht einer der Befragten fürchtete, daß *er* oder *sie* nicht zärtlich genug sein könnte. Daß die Nacht sich darauf beschränken könnte, ein sexueller Marathonlauf zu werden. Statt dessen: Nur Angst um technische Probleme.

Die Furcht, zu groß, zu klein gebaut zu sein. Daß der andere sich nicht für Stellungen wie 69 erwärmen könnte. Oder nicht gewaschen sei.

Die einzigen ›Erste-Nacht-Ängste‹, die darauf schließen ließen, daß die Befragten doch noch zu Gefühlsäußerungen fähig waren, sind diese:

– Männer fürchteten, die Frauen könnten sich in sie verlieben;
– Frauen fürchteten, er würde sie nie wieder anrufen.

Ganz (gar nicht) schön kaputt, finden Sie nicht auch? Noch schlimmer: Diese Art von Frust greift nicht nur in Amerika um sich. Hier ist es nicht viel anders. Statt Spaß an der Freude nur noch Leistungszwang. Schrecklich!

Sollten Sie zu den Frauen gehören, die sich von besagtem Frust haben anstecken lassen, hilft nur noch eins: kommen Sie erst mal mit sich selbst und Ihren Wünschen ins reine, bevor Sie losziehen, den nächst(best)en Mann aufzureißen: die Qualität Ihres Liebeslebens vergrößert sich nicht automatisch mit der wachsenden Anzahl Ihrer Bettgenossen. Wenn Sie nicht frohen Herzens »ja« sagen können, sagen Sie lieber erst mal »nein!«.

Die neue Freiheit: »Nein« zu sagen

> »Ich bin zu müde, um schlafen zu gehn,
> ich möcht' noch ein wenig reden;
> Sie müssen nicht zuhörn
> und auch nichts verstehn,
> ich muß nur mit jemandem reden.«
>
> HILDEGARD KNEF
>
> Aber:
>
> »Ein Nein zur rechten Zeit
> erspart viel Widerwärtigkeit.«
>
> Deutsches Sprichwort

Wir haben es wohl alle schon erlebt: Wir lernen einen Mann kennen, finden ihn recht unterhaltsam – und landen irgendwann, wenn die Kneipen zumachen, in seiner Wohnung. Oder er in unserer. Nur so: Weil wir noch hellwach oder sogar aufgekratzt sind und noch ein wenig plaudern möchten.

Dann kommt der tote Punkt. Wir wollen nur noch ins Bett fallen. Er auch. Aber anders als wir: er möchte nämlich noch mit uns schlafen, bevor er uns endlich schlafen lassen will.

Dann beginnt das Hickhack. Es ist immer dasselbe Spiel. Er fängt an, an Ihnen rumzugrapschen, Sie sagen ihm, er soll seine Hände von Ihnen wegnehmen. Daraufhin will er wissen, ob der Abend denn ›nicht schön‹ war. Doch, das war er. Bis jetzt. Aber er kapiert nicht (oder will nicht kapieren), daß das eine mit dem anderen nix zu tun hat.

Zwischenzeitlich werden Sie immer müder. Und er immer aufdringlicher. Bis er – o Wunder! – endlich gefressen hat, daß Sie alleine schlafen wollen. Und zwar sofort. Und falls Sie sie ihm nicht vorher schon angeboten haben, fragt er an, ob er auf Ihrer Couch nächtigen dürfe. »Wenigstens.«

Ja, das darf er. Und schon wird er wieder frech und will statt des kleinen Fingers die ganze Hand. Ihm fällt nämlich ein, daß er ja auch in Ihrem Bett schlafen könnte. Nur so. Naja, nicht ganz nur so. Aber ›nur‹ ein bißchen schmusen. Sich an Sie kuscheln.

Spätestens in dem Moment, in dem er irgendeinen Spruch in dieser Richtung losläßt, sollten Sie ihn am Kragen packen und vor die Tür setzen. Weil er dann nämlich immer noch nicht begriffen hat, daß Schmusen mindestens so intim ist wie Sex selbst.

Von wegen, ich möchte nur ein Küßchen. Wenn er damit kommt, können Sie ihm klarmachen, daß Sie ja gleich mit ihm schlafen könnten, wenn Sie sich von ihm küssen und beschmusen lassen würden.

Sie sind über meine Einstellung entsetzt? Dann fragen Sie mal eine Professionelle, was intim ist und was nicht. Im Bordell gibt's kaum was, was es nicht gibt. Aber zwei Dinge stehen auf gar keinen Fall auf der Preisliste: Streicheleinheiten und Küsse.

Angenommen, er macht wirklich den Eindruck, als würde er die Finger von Ihnen lassen, tun Sie eins trotzdem nicht: Ihn in Ihr Bett mitnehmen. Da kann er dann nämlich – verständlicherweise – überhaupt nicht einschlafen ... und das Theater geht von vorne los. Packen Sie ihn also – wenn überhaupt – gleich auf die Couch. Oder, falls Sie sich in seiner Wohnung befinden: Bleiben Sie aus seinem Schlafzimmer draußen.

Am allerbesten: Schnappen Sie sich, wenn Sie nicht mehr Autofahren können oder keinen Wagen dabeihaben, ein Taxi – und verzichten Sie auf seine Gastfreundschaft. Ist er bei Ihnen gelandet – und nicht (mehr) imstande, einen Wagen zu lenken: Rufen Sie ihm ein Taxi. Sonst kommen Sie wohl nie zu Ihrer Nachtruhe.

Selbst wenn Sie – was ich nicht annehme – so viel getrunken haben, daß sich alles um Sie herum dreht: Reißen Sie sich zusammen und bleiben Sie so lange auf Ihren hübschen Beinen, bis Sie daheim sind. Oder ihn vor die Tür gesetzt haben.

Was Sie auf gar keinen Fall tun dürfen: Sich auf großartige Diskussionen einlassen. Warum, wieso, weshalb Ihnen nicht nach Sex mit ihm zumute ist.

Sie wollen nicht. Das genügt. Sie sind ihm absolut keinerlei Erklärung schuldig. Wenn er nicht Manns genug ist, Ihre Entscheidung zu akzeptieren, können Sie den Herrn sowieso voll und ganz vergessen.

Und überhaupt: Selbst wenn er auf einer Erklärung beharrt, bedeutet das noch lange nicht, daß er sie auch kapiert. Das weiß ich aus Erfahrung. Da gab's mal einen Kollegen, dem hab' ich gesagt, weshalb ich nicht wollte. Ich hatte schlicht und ergreifend einfach keine Lust. Und was, glauben Sie wohl, hat er geantwortet? »Lust brauchst du doch auch keine zu haben!!!«

Da hab' ich ihn rausgeworfen. Er rief nie wieder an. War auch nicht schade darum. Was aber, wenn ein Mann, mit dessen Anruf Sie rechnen – er hat's sooo fest versprochen –, sich nicht wieder meldet?

9.
Was ist los – wenn er sich nicht wieder meldet?

>»Liebe mich,
>damit es aufhört,
>dieses Nachdenken,
>wenn du nicht da bist.«
>
> WOLF WONDRATSCHEK

Eigenartig. Der Abend war so nett, die Nacht erfüllt von zärtlicher Leidenschaft, das gemeinsame Frühstück am nächsten Morgen das schönste seit Ewigkeiten.

Als er dann ging, hat er gesagt, er wolle sich melden. Und nun? Das Telefon schweigt. Stille.

Nur im Kopf dröhnt es: Was ist los? Weshalb meldet er sich nicht wieder? Hab' ich was falsch gemacht?

Sachte, sachte! Es muß nicht an Ihnen liegen, wenn er sich nicht wieder rührt. Dafür gibt's noch tausend andere Gründe. Wenn allerdings keiner von ihnen zutrifft, dann besteht leider doch die Möglichkeit, daß Sie ihn verschreckt haben.

X Gründe, weshalb er nicht (wieder) anruft

>»War *das* dein Wunsch, daß ich hier blöde
>sitze und nicht herauskomm aus der
>schlechten Luft des Sonntags?«
>
> MICHAEL KRÜGER

Nicht unbedingt:

>»Wenn ein Mann etwas ganz Blödsinniges
>tut, so tut er es immer aus den edelsten
>Motiven.«
>
> OSCAR WILDE

Wir kennen es wohl alle: Dieses neben dem Telefon sitzen und auf *seinen* Anruf warten. Und was passiert? Gar nichts! Das verdammte Ding bleibt stumm.

Noch schlimmer: Es läutet. Nur wer immer da am anderen Ende der Leitung ist, es war nicht der Anruf, auf den wir gewartet hatten. Am schlimmsten: Das vertrackte Telefongespräch, zu dem wir sowieso keinen Nerv haben, zieht sich schier unendlich in die Länge. Und wir können es aus tausenderlei Gründen nicht einfach abbrechen.

Und wenn *er* jetzt gerade anrufen will? Dann ist unser verflixter Anschluß besetzt. Es ist zum Verrücktwerden. Und kaum haben wir endlich aufgelegt – wieder nur Stille, die man plötzlich sogar hört. Und wenn's wirklich wieder klingelt, das Telefon, ist es garantiert wieder jemand, mit dem wir just in diesem Moment *nicht* sprechen wollen.

Aber er hat doch gesagt: »Ich ruf dich an.« Warum, wieso, weshalb tut er es dann nicht? Doch bevor wir unser Ego vollkommen an der Telefonstille zerschellen lassen, gehen wir erst mal sämtliche anderen Möglichkeiten – die, die mit uns selbst nichts zu tun haben – durch:

- ihm ist etwas ›dazwischengekommen‹;
- er hat unsere Telefonnummer verloren;
- irgendwer hat sämtliche Telefonhäuschen geklaut. Er findet keins, von dem aus er uns anrufen könnte;
- er hat sich in den fünf Minuten, die wir gerade nicht zu Hause waren, gemeldet;
- er hat einen Unfall gehabt;
- seine Mutter ist krank geworden – oder er mußte aus einem anderen dringenden Grund plötzlich verreisen.

Dem entgegen steht leider:

- Jeder Mann kann Sie jederzeit anrufen – wenn er nur *will!* Und sei's um Ihnen nur kurz zu sagen, er riefe später wieder an, weil er in diesem Augenblick nicht die Zeit für ein Gespräch hat.

Er kann Sie – selbst wenn er Ihre Nummer verloren hat – auch jederzeit ausfindig machen, wenn ihm daran gelegen ist. Und wenn er Sie nicht erreicht, wählt er sich die Finger wund, *bis* er es tut. Tun Sie sich also einen Gefallen und machen Sie sich selbst nix vor, wenn er sich nicht wieder meldet. Und achten Sie beim nächstenmal darauf, *wie* er seinen Anruf – auf den Sie gar nicht erst zu warten brauchen – ankündigt. Um eine Floskel handelt es sich nämlich meistens dann, wenn er vage Dinge wie diese sagt:

- »Ich ruf dich *mal wieder* an«;
- »Ich melde mich *mal wieder.*«

Wesentlich glaubwürdiger sind schon Sätze wie diese, die mit definitiven Zeitangaben versehen sind:

- »Ich melde mich Dienstag abend bei dir«;
- »Ich ruf dich am Sonntag mal an.«

Und überhaupt: Wenn Sie auch nur einen Funken von Sensitivität besitzen, müßten Sie eigentlich fühlen, ob er, wenn er »Auf Wiedersehen« sagt, »Auf Nimmerwiedersehen« meint – oder nicht.

Nachdem wir uns nun darüber einig sind, daß er nicht wieder anruft, bleibt nur zu klären, warum, weshalb und wieso nicht. Unabhängig davon, ob er einen Anruf versprochen hatte oder nicht.

Lassen wir zu diesem Thema am besten einen Mann zu Wort kommen. Und zwar den US-Schriftsteller David Bradley, der sich in einem Artikel, der in dem US-Magazin *Savvy* zu lesen war, lang und breit zu diesem Thema ausließ. In ›Ein Mann erklärt: Warum ich versprach, wieder anzurufen und es dann doch nicht tat‹, führt Bradley folgende Gründe an:

- »Er hat sich dazu entschlossen, nicht wieder anzurufen, weil er die Erinnerung an eine schöne Nacht nicht durch den Versuch, mehr daraus zu machen, trüben will«;
- »Er, ein besonders sensitiver und gleichzeitig realistischer Mann, hegt nicht nur Zweifel über seine, sondern auch über ihre Gefühle. So sitzt er dann wie versteinert vorm Telefon«;
- »Ein Mann, der nicht weiß, was er – oder was sie – eigentlich will, greift nicht zum Telefonhörer, nur um mal die verschiedenen Möglichkeiten auszuprobieren. Die Idee kommt ihm nicht«;
- »Er will mit seinem Anruf warten, bis er ein, zwei Kleinigkeiten geklärt hat ... und dann ist es zu spät«;

– »Er ruft nicht wieder an, weil ihm in der Beziehung zu ihr irgend etwas gefehlt hat. Doch anstatt ihr das auf den Kopf zuzusagen, läßt er die Affäre wortlos einschlafen.«

Aha, werden Sie jetzt sagen. Was die ersten vier Punkte betrifft, so ist jeder von ihnen *sein* Problem, nicht meins. Aber beim fünften und letzten Punkt ist es doch ganz offensichtlich, daß mit *mir* etwas ›nicht stimmt‹.

Stimmt. Aber nicht so, wie Sie denken. Was ihm gefehlt hat, war nämlich, wie Untersuchungen ergeben haben, nicht die Tatsache, daß Sie sich etwa nicht genug um ihn gekümmert hätten. Was die Äußerlichkeiten angeht, haben Sie sich sogar fabelhaft geschlagen: er mußte nur einen Pieps sagen, und schon bekam er, was er wollte. Wenn Sie ihm seine Wünsche nicht gleich direkt von den Augen abgelesen haben ...

Aber, was er an Ihnen vermißt hat, war eine gesunde Portion Selbstvertrauen. Sie waren so ängstlich darum bemüht, auch ja ›alles richtig zu machen‹, daß Sie sich gar nicht voll und ganz auf die Dinge, die Sie mit ihm getan haben, konzentrieren konnten.

Vorausgesetzt, *er* gehört nicht zu der Sorte von Männern, die die Spreu nicht vom Weizen unterscheiden können oder ganz prinzipiell eine tiefverwurzelte Bindungsangst haben, war es Ihre Unsicherheit über sich selbst, die ihn verschreckt hat.

Selbst wenn Sie gehofft hatten, Ihre Minderwertigkeitskomplexe zu verbergen oder zu überspielen: Er hat sie einfach erahnt. Es kann allerdings auch sein, daß Sie ihn mit der Nase draufgestoßen haben. Dann nämlich, wenn Sie zu den Frauentypen gehören, die jedem Mann Angst und Schrecken einjagen.

Frauentypen, die jeden Mann verschrecken

> »Auf den ersten Blick ist jedes Mädchen
> zum Verlieben schön. Auf den zweiten
> Blick kommt es an.«
>
> PETER BAMM

Traurig, aber wahr: Es gibt nicht nur gewisse Typen von
Mann, die jede Frau das Fürchten lehren, es gibt auch bestimm-
te Typen von Frau, die jeden Mann abschrecken. Oder besser:
Jeden ›guten‹ Mann. Denn von den verängstigten Männern,
die, sobald sie einer selbstbewußten Frau begegnen, das große
Zittern kriegen, ist hier nicht die Rede.

Schauen wir uns doch einmal an, welche Typen von Frau es
fertigbringen, selbst den ›besten‹ Mann in die Flucht zu schlagen.

Die Klette

> »Solang ein Weib liebt, liebt es in einem fort
> – ein Mann hat dazwischen zu tun.«
>
> JEAN PAUL

Kaum kennt sie ihn – schon will sie ihn nie wieder loslassen. Sie
hängt sich an ihn, als sei er ihr Siamesischer Zwilling. Bald kann
er keinen Schritt mehr alleine tun.

Sie ist ihm nicht nur unentwegt an den Fersen, sie plant natürlich auch seine Zukunft. Vielmehr: Die gemeinsame Zukunft. Ob er, und wenn ja, was er dazu zu sagen hat, interessiert sie nicht. Sie macht das bißchen schon.

Mehr noch: Sie verplant jeden einzelnen Tag. Wann wo gegessen wird, was man am Wochenende unternimmt. Und mit
wem. Sie ruft ihn mindestens dreimal täglich an seinem Arbeitsplatz an und wundert sich, daß er sich darüber maximal
drei Tage lang freut. Dann wird ihm die Klette zu lästig.

Wenn er plötzlich nichts mehr von sich hören läßt, versteht
sie das gar nicht. Denn: Weil sie unfähig ist, alleine zu leben, bedeutet das noch lange nicht, daß er nicht auf seinen eigenen
zwei Beinen stehen kann!

Die Männermordende

»Jetzt bist du eben einer von den vielen,
na und?
Den vielen, die mir irgendwann gefielen,
na und?«

HILDEGARD KNEF

Sie zieht die Männer an wie Motten das Licht. Sie amüsiert sich einen Abend, eine Nacht mit ihnen – und dann läßt sie sie stehen.

Nicht, weil sie bösartig ist. Im Grunde hat sie – so wie viele andere Menschen auch – nur Bindungsangst. Die geht bei ihr allerdings so weit, daß sie Männer nach außenhin als reine Sex-Objekte betrachtet. Obwohl sie sich innerlich schon nach jemandem sehnt, der ihr ein bißchen Zärtlichkeit schenkt.

Aber aus Angst, sie nicht zu bekommen, würgt sie jedwede Möglichkeit, ihrer Seele auch mal ein paar Streicheleinheiten zukommen zu lassen, radikal ab. Das spricht sich natürlich schnell herum – und so findet sie sich bald nur noch von Männern umgeben, die selbst ähnliche Probleme haben.

Damit kommt sie auf die Dauer nicht klar – und schlägt noch wilder zu. Weil sie hofft, innerhalb der Quantität auch einmal Qualität zu finden. So wie: Ein blindes Huhn findet auch manchmal ein Korn. Aber das passiert nicht. Weil sie mittlerweile effektiv liebesunfähig geworden ist. Und so zieht Gleiches verstärkt Gleiches an.

Die Rechthaberische

»Die Männer würden den Frauen gern das letzte Wort lassen, wenn sie sicher sein könnten, daß es das letzte ist.«

PETER USTINOV

Gleichgültig, um was es geht: Sie weiß immer alles besser als er. Auch wenn sie gar nix weiß.

Sie mischt sich nicht nur in Gesprächsthemen, von denen sie

keine Ahnung hat – sie hat sogar den Nerv, sie anzuschneiden. Ihm ist das auf die Dauer nicht nur peinlich, es nervt ihn auch.

Anfangs mag er sich vielleicht sogar noch bemühen, ihr verschiedene grundlegende Tatsachen klarmachen zu wollen. Weil ihm schon daran gelegen ist, daß sie bei politischen oder anderen Gesprächen mitreden kann. Sie möchte es ja auch offensichtlich.

Aber sie gibt sich verbohrt. Und plappert munter weiter drauflos, ohne auch nur die fundamentalsten Zusammenhänge der Dinge, über die sie spricht, zu kennen. Und wehe, er oder sonst jemand wagt es, ihr zu widersprechen. Oder sie zum ›logischen Denken‹ anregen zu wollen.

Dann wird sie sauer. Denn sie, und nur sie, hat recht mit dem, was sie sagt. Irgendwann gibt er auf und geht. Und wissen Sie was? Recht hat er.

Die Unentschlossene

> »seit du weg bist
> weiß ich
> wonach ich suchte
> als du da warst.«
>
> FREDERIKE FREI

Ihr Problem ist: Sie weiß nie, was sie will. Mal glaubt sie, sie liebt ihn – dann ist sie sich wieder nicht so sicher. Entsprechend viel oder wenig Zuneigung läßt sie ihm dann auch zukommen.

Anfangs mag er es ja noch ganz ›rührend‹ finden, daß sie so ehrlich ist und ihn an dem Zwiespalt ihrer Gefühle teilhaben läßt. Aber irgendwann geht ihm dieses Hin und Her schrecklich auf die Nerven. Und macht der Vorsichtigkeit halber – weil er auch nicht so masochistisch ist, eigenen Seelenkummer herauszufordern – erst einmal einen kleinen Schritt zurück.

Das paßt ihr dann wieder nicht. Denn in just diesem Moment stellt sie fest, wie heiß sie ihn doch liebt. Kaum atmet er auf und wagt sich wieder vor – zack, haut sie ihm wieder eins auf die Gefühle. Weil sie sich ihrer Sache plötzlich doch nicht mehr so sicher ist. Bis er soweit ist, genau zu wissen, daß er so nicht leben und lieben kann – und sie verläßt.

Die Aggressive

> »Da war's um ihn geschehen:
> Halb zog sie ihn, halb sank er hin
> und ward nicht mehr gesehen.«
>
> GOETHE

Sie ist das, was Lieschen Müller unter ›emanzipiert‹ versteht: Die Aggressive hat nichts Weibliches mehr an sich. Sie geht ›ran an den Mann‹ – ohne Rücksicht auf Verluste.

›Emanzipiert‹ ist das natürlich nicht. Nur dumm. Und plump. Sie hat mal was von Rollentausch gehört – und meint, nun müsse sie zeigen, daß Frauen die besseren Männer sind. Daß sie sich dabei die haarsträubendsten männlichen Wesen als Modell genommen hat, begreift sie leider nicht. Und so fängt sie – wenn überhaupt – auch nur diese miese Sorte Männer. Und wird in ihrer Überzeugung, daß Männer was ganz Gräßliches sind, man sie ab und zu mal zum Vergnügen benutzen kann und dann wegwerfen muß – gefestigt.

Kurzum: Sie ist der Typ, der direkt wird, ohne ihre Fragen in Charme zu packen. Sie ist der Typ, der Männer in den Po zwickt oder sonstwo hinlangt. Sie ist eine Frau, die davor davonläuft, Frau zu sein – und bei der er seinerseits gar nicht anders kann, als auch vor ihr die Flucht zu ergreifen.

Der Eisberg

> »Dies Bildnis ist bezaubernd schön.«
>
> EMANUEL SCHIKANEDER

An ihr ist einfach alles perfekt. Gleichgültig wann, wie, wo man sie sieht, scheint sie gerade dem allerneuesten Modejournal entsprungen zu sein. Und schon das signalisiert: Nur nicht anfassen! Das Seidentuch, geschickt-elegant um den schlanken

Hals gewunden, könnte sonst verrutschen, die Frisur, bei der jedes Haar genau da sitzt, wo es sitzen soll, könnte in Unordnung geraten.

Sie ist natürlich nicht nur schön gekleidet, sie ist überhaupt schön. Nur schön. Und das ist – leider langweilig. Weil sie nicht wie ein Mensch, sondern wie eine Puppe aussieht. Ihr Gesichtsausdruck ist immer derselbe. Nichts von dem, was sie denkt, was sie fühlt, ist aus ihren Gesichtszügen ersichtlich. Schlimmer noch: Man sieht ihr nicht einmal an, daß sie überhaupt fähig ist zu denken, zu fühlen.

Stimmt: Auf den ersten Blick ist sie ein Hingucker. Hält jeder Mann, der sie sieht, den Atem an – und fast jede Frau erblaßt vor Neid. Nur: So wild ist das alles gar nicht. Um genau zu sein: Sie ist überhaupt nicht wild. Nur kühl. Und wenn sich wirklich mal wer in ihre Nähe wagt, beginnt er ganz schnell zu frieren.

Weshalb es ihm schwerfällt, Gefühle zu zeigen

> »In allen Umfragen siegt die Zärtlichkeit ... aber zärtliche Frauen, zärtliche Männer ... wohin soll das führen?«
>
> WOLF WONDRATSCHEK

Darum:

> »Immer mehr legen ihre Gefühle in die Tiefkühltruhe. Ob sie glauben, dadurch die Haltbarkeit zu verlängern?«
>
> KRISTIANE ALLERT-WYBRANIETZ

Männer sind, wie Sie bereits wissen, ein ziemlich frustriertes Geschlecht. Ist ja auch kein Wunder. Von klein auf hämmert man ihnen die dümmsten Lebensregeln, wie ein Mann zu sein hat, ein. So kriegen sie von morgens bis abends Dinge wie diese zu hören:

- ein echter Junge weint nicht;
- ein echter Mann kennt keine (sentimentalen) Gefühle
- und wenn er sie kennt, verbirgt er sie. (Oder besser: Tötet sie im Keim.)

Je deutlicher man ihm das in seiner Kindheit und Jugend klargemacht hat, desto größer die Chancen, daß er diesen Unsinn nicht nur gefressen, sondern auch verdaut hat. Oder verdaut zu haben glaubt. Denn – so sehr er sich auch dagegen wehrt – der eingetrichterte Quatsch liegt ihm wie ein Stein im Magen.

Und dann? Dann kommen aus dieser Erziehung so kaputte Typen von Mann heraus, wie Sie sie in einem der folgenden Kapitel beschrieben finden.

Glücklicherweise ist aber noch nicht bei allen Männern alles verloren. Einige von ihnen sind durchaus noch bereit, den Ballast ihrer Erziehung über Bord zu werfen – und einzusehen, daß sie sich ihrer Gefühle nicht schämen müssen.

Was Sie allerdings brauchen, um einen solchen Mann weniger zum Umdenken als vielmehr zum Fühlen zu bewegen, ist eine gehörige Portion himmlischer Geduld. Und eine Riesenportion Feingefühl.

Vor allem aber brauchen Sie einen guten Riecher, um einen noch nicht völlig verkorksten Mann von einem, bei dem Hopfen und Malz bereits verloren sind, unterscheiden zu lernen. Überlegen Sie es sich also gut, zu welchem Typ Mann *er*, der sich nach einem gelungenen Abend nicht wieder bei Ihnen meldet, gehört: Erst wenn Sie sich ganz sicher sind, daß er Ihnen keine verbalen Rippenstöße versetzt, sollten Sie zum Telefonhörer greifen – und ihn anrufen.

Achtung

Wenn er ein definitiver ›one-night-stand‹ war, werden Sie sich selbstverständlich auch unterstehen, sich bei ihm zu melden. Zumal Sie ihn in einem solchen Fall zumeist sowieso erst ausfindig machen müßten, alldieweil es nicht gerade die Norm ist, mit Eintagsfliegen Adressen und Telefonnummern auszutauschen!

Was Sie ihm sagen, wenn Sie ihn anrufen? Simpel: Möglichst nichts, wodurch er sich verpflichtet fühlen könnte. Dazu gehören Sätze wie:

– »Du wolltest doch anrufen, weshalb hast du das nicht getan?«
– »Wann kann ich dich wiedersehen?«
– »Du hättest ja ruhig mal vorbeikommen können.«

Statt dessen wählen Sie lieber einen lockeren Einstieg. Halten Sie sich so in etwa an Sprüche wie:

- »Ich wollt' mal hören, wie's dir so geht?«
- »Ich hab' heut' nacht geträumt, du hast dir ein Bein gebrochen. Und da wollte ich nur fragen, ob's noch arg weh tut!«
- »Sag mal, wir hatten doch über CASABLANCA (HAROLD & MAUDE, FAUST) geredet. Ich hab' gerade entdeckt, daß der Film da und dort wieder läuft. Hast du Zeit (nicht ›Lust‹!), ihn mit mir anzusehen?«

Sollten Sie sich trotzdem vor einer Abfuhr – die Sie ihm nun wenigstens Gelegenheit gegeben haben, elegant zu gestalten! – fürchten, bleiben Ihnen nur noch folgende zwei Möglichkeiten:

- Sie schreiben ihm einen lustigen Brief oder eine witzige Karte (Textanregungen finden Sie unter *Keine Zeit für große Reden*);
- Sie greifen in die Supertrickkiste.

Was die so alles beinhaltet, erfahren Sie im nächsten Kapitel.

10.
Und bist du nicht willig – greif ich in die Trickkiste!

>»Der Zweck heiligt die Mittel.«
>HERMANN BUSEMBAUM

Das soll's ja geben: Menschen, die einen besonders heißen Draht zum ›Über‹-Sinnlichen haben. Und so möchte ich an dieser Stelle nicht versäumen, all denen unter Ihnen, die sich gern mit Hokuspokus befassen, die heißesten Tips, wie Sie einen Mann be- und verzaubern können, zu übermitteln.

Aber auch alle anderen, die der Hexerei nichts abgewinnen können und sich lieber an nackte Tatsachen halten, finden in diesem Kapitel ein Spezial-Bonbon. Wickeln wir das doch gleich einmal aus.

(Valentins-)Tag der Narrenfreiheit

>»Alle Tage ist kein Sonntag«.
>CARL CLOWING
>Drum:
>»Man muß die Feste feiern, wie sie fallen.«
>HERMANN SALINGER

Langsam, langsam! Sie brauchen gar nicht den Kopf zu schütteln, wenn Sie hier etwas vom Valentinstag lesen. Vergessen Sie, was Floristen, die Glückwunschkarten- und Zuckerbäckerindustrie Ihnen seit ein paar Jahren weismachen will:

Der 14. Februar ist *nicht* der ›Tag der Verliebten‹! Im Gegenteil: Besagter Valentinstag hat nichts mit Liebe – schon gar nichts mit der zu jemandem, den Sie bereits kennen! – zu tun. Womit er hingegen sehr viel zu tun hat, ist Sex – mit jemandem, den Sie noch *nicht* kennen!

In seiner ursprünglichen Form nämlich war Lupercalia (so der Originalname des Festtags, der bis zum 4. Jahrhundert am 15. Februar zelebriert wurde) ein Fruchtbarkeitsfest – und somit für die ollen Römer mal wieder guter Grund, eine Orgie mehr zu feiern …!

Ganz zu Anfang ging's dort nicht nur hoch, sondern auch recht gewalttätig her. Die Sitten wollen wir selbstverständlich *nicht* wieder einführen. Aber die zahmere Version von Lupercalia läßt sich ganz gut an:

Da schrieben bei den Römern alle Mädchen und Frauen ihren Namen auf einen Zettel. Letztere kamen dann allesamt in einen großen Topf und wurden wie bei einer Tombola von den Männern gezogen. Damit war dann die (Sex-)Partnerin für die nächsten 365 Tage und Nächte – bis zum nächsten Lupercalia – gefunden.

Dann gingen die Kirchenfürsten dem heidnischen Festtag an den Kragen – bis die Normannen ihn wiederentdeckten. Diesmal durfte man sich am Valentinstag bis zu Beginn des 17. Jahrhunderts ungeniert quer durcheinanderlieben und seinen Partner für Liebesspiele per Los bestimmen. Dann tauchte Oliver Cromwell auf, und puritanisch wie er war, strich er den Valentinstag insgesamt als unmoralisch vom Kalender.

Wieder waren die hübschen Sitten des 14. Februar vom Untergang bedroht, und wieder fand sich jemand, der sie davor bewahrte. Karl II. führte 1660 den Valentinstag wieder in seiner ursprünglichen römischen Form ein. Bis auf die Tieropfer, versteht sich.

Damit schlug der König zwei Fliegen mit einer Klappe: Einmal konnte er Cromwell, den er sowieso nicht leiden konnte, eins auswischen – und zweitens feierte er selbst gern Orgien. Warum sollte das Volk also nicht auch seinen Spaß haben. Den hatte es auch eine Zeitlang. Bis es dann den großen Moralischen kriegte und von lockeren Sexspielen nichts mehr wissen wollte. So zumindest der amerikanische Journalist Ted Newsom, der die Geschichte des Valentinstags gründlich recherchiert hat!

Weiter ging's dann übrigens 1830 in Amerika. Wiederentdeckt wurde der Tag von der guten Esther Howland, die nicht gerade auf Orgien, aber um so mehr auf schnöden Mammon scharf war. Ihr hat die USA das Supergeschäft mit den Valentinskarten zu verdanken.

Mehr noch: Bis zu diesem Zeitpunkt hatte sich gar das ›Überraschungselement‹ – wer ist mein Valentin, wer meine Valentine – in den 14. Februar hinübergerettet. Die Valentinskarten mit der schlichten Frage ›Won't you be my Valentine‹ oder auch der Aufforderung ›Be my Valentine‹ wurden nämlich *anonym* verschickt. Dann mußte man raten, wer der Absender war, und konnte ohne großes Vorgeplänkel zur Sache kommen.

Lange Rede, kurzer Sinn: Führen Sie wieder die guten alten Sitten ein! Auf irgendeine der Weisen, die Sie hier beschrieben fanden. Damit leben nicht nur Sie selbst und ein netter Herr, sondern auch ein uraltes Kulturgut endlich wieder auf!

Verzaubern Sie ihn – im wahrsten Sinne des Wortes

> »Ist dies schon Tollheit, hat es doch Methode.«
>
> SHAKESPEARE

Fangen wir gleich mal mit den Tips von Victoria, einer Hexe, die in Greenwich Village, New York lebt, an: Sie empfiehlt, wenn *er* nicht wieder anruft – oder Sie bei einem Besuch spüren, daß er doch nicht ganz so will, wie Sie es wollen, folgende Methoden:

– füllen Sie ein Glas mit Wasser, und legen Sie ein Stück Papier, das seine Unterschrift trägt, hinein. (Notfalls dürfen Sie seinen Namen selbst auf besagtes Papier schreiben.) Dann warten Sie sechs Tage und Nächte – und wenn er bis dahin nicht angerufen oder sich sonstwie bei Ihnen gemeldet hat, können Sie diesen Zauber vergessen;

– ziehen Sie, bevor Sie zu Bett gehen, all Ihre Kleidungsstücke aus – und nichts wieder an. Löschen Sie das Licht. Aber: Zünden Sie eine *dunkelrote* Kerze an, die Sie die Nacht über brennen lassen. Je länger die Kerze, desto größer Ihre Chance, daß er sich meldet. Das sollte er nämlich tun, bevor besagte Kerze niedergebrannt ist.

Achtung
Passen Sie auf, daß Sie nicht versehentlich Ihre Wohnung (anstatt sein Herz!) in Flammen setzen. Es sei denn, der Mann Ihrer Wahl ist bei der Feuerwehr;

- mischen Sie einen Tropfen Ihres Blutes in seinen Kaffee oder eine Mahlzeit, die Sie ihm vorsetzen. (Geriebene Fingernägel tun's auch!) Das sollte ihn auf ewig an Sie binden. Drum: Lassen Sie's besser (Was haben Sie von einem Zombie???);
- lassen Sie Ihren Astralkörper zu ihm reisen. Der wird *ihm* dann zu verstehen geben, daß er sich, verflixt noch einmal, bei Ihnen melden soll. Das Ganze funktioniert so: Schließen Sie Ihre Augen, konzentrieren Sie sich auf die Reise, die Sie im Geist unternehmen. Wenn Sie bei ihm (in seinem Büro, in seiner Wohnung, wo auch immer er sein mag) angelangt sind, wird er das schon mitkriegen.
Eine Kollegin hat das mal ausprobiert. Nachts. Um zu *ihm* zu ›reisen‹, brauchte sie eine geschlagene Stunde. Er rief wirklich fünf Minuten später an. Nur: Da war sie so müde, daß sie nur noch – allein! – schlafen wollte! Ihr Tip: Gehen Sie nur dann auf Astralreise, wenn Ihr Blutzuckerspiegel hoch ist!

Achtung
All diese Zaubereien sollen tatsächlich funktionieren. Allerdings tun sie das nur dann, wenn er schon ein kleines bißchen Sympathie für Sie empfindet. Die können Sie dann zu einem Liebesfeuer entfachen. Wenn da allerdings gar nix ist, was Sie entflammen könnten, hilft auch der beste Zauber nix!

Und überhaupt sollten Sie erst einmal schauen, ob er sich überhaupt zu einem guten Liebhaber eignet. Das tun Sie anhand seines Namens und seiner Numerologie. Der Kode, nach dem Sie den Zahlenwert seines Namens finden, ist folgender:

Schreiben Sie die Zahlen 1 bis 9 der Reihenfolge nach nebeneinander. Darunter schreiben Sie dann die Buchstaben des Alphabets. Und zwar A unter 1, B unter 2, C unter 3 und so weiter. Nach I unter 9 schreiben Sie das J wieder unter 1 (und A), das K unter 2 (und B) und so weiter. Die dritte Buchstabenreihe beginnt mit S unter 1 und endet mit Z unter 8 (und H und Q).

Nun schreiben Sie *seinen* Namen – am besten in Druckbuchstaben auf – und setzen unter jeden Buchstaben den jeweiligen Zahlenwert. Hans Meyer etwa ergibt 8 + 1 + 5 + 1 (für Hans) plus 4 + 5 + 7 + 5 + 9 (für Meyer) = 45. Diese Zahl reduzieren Sie, indem Sie sie addieren, auf eine: 4 + 5 = 9. Das ist er also, der gute Hans. Nun müssen Sie nur noch wissen, was die einzelnen Zahlen bedeuten:

Nummer 1: jenen fällt es schwer, »Ich liebe dich« über die Lippen zu bringen. Aber wenn sie sich mal dazu durchgerungen haben, stimmt's auch. Als Liebhaber, so der amerikanische Numerologie-Spezialist Carroll Owen, sind sie originell und fantasiereich;

Nummer 2: sie tun alles, um die, die sie lieben, glücklich zu machen. Sie sind zärtlich und bedacht. In Liebessachen – und nicht nur hier – laufen sie leicht Gefahr, ausgenutzt zu werden;

Nummer 3: sie sind so lieb, so zärtlich, so romantisch, so charmant, daß der Partner schnell eifersüchtig wird. Denn: Sie verteilen ihre Gunst an jede(n)! Als Liebhaber sind sie – alldieweil sie so zärtlich etc. sind – bestens zu empfehlen;

Nummer 4: sie sind praktisch veranlagt, stehen mit beiden Beinen auf dem Boden. Sie nehmen Liebesbeziehungen ernst – und neigen extrem stark zur Eifersucht (Also offensichtlich kein Idealpartner für Nummer 3!). Solange man sie allerdings wissen läßt, daß man sie liebt, sind sie zahm wie Lämmer;

Nummer 5: sie lieben die Abwechslung. Auch im Liebesleben. Wer sich damit nicht abfinden kann, daß diese Menschen heute hier und morgen da ihre Küsse verteilen, sollte lieber die Hände von ihnen lassen;

Nummer 6: sie brauchen Zärtlichkeit – und wenn sie die bekommen, sind sie die fürsorglichsten Liebhaber, die man sich nur denken und wünschen kann. Sie haben zudem einen ausgeprägten Familiensinn – und geben, scheint's, gutes Ehepartner-Material ab;

Nummer 7: sie sind nicht ganz, aber schon fast Eremiten. Sie umgeben sich nicht wahllos mit Menschen, sondern dulden nur einen kleinen Kreis ausgesuchter Freunde um sich. Sie denken flink und offenbaren ihre Gefühle mehr durch Taten als durch Worte. Sie haben nur ein Problem: So gern sie Liebe geben, so schwer fällt es ihnen, Liebe entgegenzunehmen. Aber mit Geduld kann man ihnen das, so Herr Owen, beibringen!

Nummer 8: sie sind stolz, direkt und effizient. Sie halten die Fäden in der Hand – auch in der Liebe. Sie suchen sich das ›Objekt‹ ihrer Zärtlichkeit mit klarem Kopf aus. Sie sind großzügig und geben in allem ihr Bestes. Wenn man sie – ebenso innig, wie sie selbst es tun – wiederliebt;

Nummer 9: nach außen hin haben sie alles unter Kontrolle. Aber wie's drinnen aussieht – ist anders. Da sind sie extrem sensitiv und leicht verletzlich. Doch dank ihrer ›Schale‹ kommen sie ans Ziel. Als Liebhaber sind sie charmant und hingebungsvoll. Sie sind zärtlich – aber auch besitzergreifend und erwarten von ihrem Partner, daß er immer und sofort zur Stelle ist, wenn sie ihn um sich wollen.

Na bitte. Und was gibt's sonst noch an Tricks? Oder Dingen, die man wissen sollte – um sie sich, wenn man einen Mann aufreißen will, zunutze machen zu können? Nun, da gibt's noch einen Dreh, der nix mit Zauberei, sondern ganz schlicht und ergreifend mit bestimmten Reaktionen auf bestimmte Situationen zu tun hat.

›Liebe‹, so behaupten einige Wissenschaftler, sei eine ›Emotion‹, die vergleichbar und darum leicht mit Angst (!) zu verwechseln sei. Ergo:

Wenn Sie *ihn* kennenlernen, müssen Sie ihm nur eine gehörige Portion Angst einjagen. Die feuchten Hände, die er dann bekommt, sein schnellerer Herzschlag machen ihn dann glauben, er habe sich in Sie verliebt. (Zumal ein Mann wie er Angst nicht kennt!) Das Experiment, das Sie an geeigneter Stelle wiederholen können, sah so aus:

Über den Capilano-Fluß in British Columbia gibt's zwei Brücken: eine feste, ungefährliche aus Zement – und eine schmale, hin- und herschwankende, die sich etwa 700 Meter über dem reißenden Wasser mit felsigem Grund befindet.

Am Ende beider Brücken – mal an der einen, mal der anderen – wurde eine attraktive Frau ›plaziert‹, die die jeweiligen Männer, die besagte Brücken gerade überquert hatten, anhielt und sie bat, ihr bei irgend etwas behilflich zu sein. Dann plauderten die beiden ein bißchen – und tauschten Telefonnummern aus.

Und was passierte? Eine wesentlich größere Anzahl von Männern, die gerade von der gefährlichen Brücke heruntergekommen waren, rief auch wirklich bei dem hübschen Mädchen an. Daraus schlossen die US-Wissenschaftler, die das Experiment in die Wege geleitet hatten, daß besagte Männer ihren beschleunigten Puls und ihre zitternden Knie ihrer Begegnung mit der Frau – nicht der Angst, die sie auf der Brücke hatten – zusprachen.

Also: Wenn Sie in der Nähe einer wackeligen Brücke, die über einen reißenden Wildbach führt, wohnen, kann gar nichts mehr schiefgehen!

Das As auf dem Tisch bringt mehr als das As im Ärmel

Hoher Sinn liegt oft im kind'schen Spiel.
SCHILLER

Sollten Sie einen Hang zur Mystik haben: Lernen Sie Kartenlegen! Das ist nämlich eine hervorragende Methode, alles über den Mann, den Sie für sich gewinnen wollen, zu erfahren!

So verrückt es klingt, aber Kartenlegen kann man tatsächlich lernen.

Unsinn, sagen Sie?

Nun denn: bevor ich es nicht selbst ausprobiert hatte, habe ich es auch nicht geglaubt. Aber dann wurde ich vom Saulus zum Paulus – und bald zu einer von meinem Bekannten- und Freundeskreis vielfrequentierten Amateur-Hex.

Eine Voraussage, deren Eintreffen mich mehr verblüffte als meine »Klientin« (obwohl ich damals nur den Anfängerkurs absolviert hatte):

Wenige Wochen, bevor sie ihn kennengelernt hatte, sagte ich der hübschen und blitzgescheiten TV-Moderatorin Sabrina Lallinger die Begegnung mit ihrem zukünftigen Ehemann voraus. Detailliert, versteht sich. Wann und über wen sie ihn wo treffen würde (nämlich innerhalb der nächsten sechs Wochen durch eine »Mutterperson« auf einer Gesellschaft). Als er dann »planmäßig« aufgetaucht war, konnte ich Sabrina so einiges über den Mann erzählen, der ihr »mit Sonne, mit Ziel« in den Karten lag – ohne, daß ich ihn je gesehen habe. Daß – und sogar wann – er ihr den Heiratsantrag machen würde, lag natürlich ebenfalls in ihren Karten. Auch da hatte meine Zukunftsdeutelei – die Sabrina und ich zum Spaß betrieben – voll ins Schwarze getroffen!

Überaus faszinierend war für mich auch das Ergebnis einer anderen »Sitzung«. Da konnte ich einem Mann, der auf Teufel komm raus mit mir flirtete, auf den Kopf zusagen, daß er in festen Händen war – obwohl er sich als »absoluter Single« ausgegeben hatte! Daß er eine Affäre nach der anderen hatte, war dem Kartenbild ebenso zu entnehmen wie seine – zu diesem Zeitpunkt – großen beruflichen Probleme.

Ein anderer Mann wiederum lag mit »Sonne und Ziel« in meinen Karten, und er unternahm tatsächlich alles, um mich für sich zu gewinnen. Die Sache hatte nur einen Haken: Er wollte mich, aber ich wollte ihn nicht. Damit wurde aus uns nichts. (Soviel zum Thema »Willensfreiheit«!)

Warum, wieso, weshalb ich Kartenlegen lernte?

Aus beruflichen Gründen – für eine Illustrierte. Ironie der Angelegenheit: Ich belegte den zweitägigen Intensiv-Anfängerkurs, um die Wahrsagerin, die ihn anbot, in der Luft zu zerfetzen. Schließlich hatte ich als Journalistin bis dahin nur Wahrsagerinnen getroffen, die alles andere als »wahr« gesagt hatten. Und nun war da eine, die sich erdreistete, auch noch Kurse im Kartenlegen anzubieten – persönlich und gar per (staatlich genehmigtem!) Fernseminar! Geldschneiderei, dachte ich. Die Dame sollte sich wundern!

Wer dann allerdings sein blaues Wunder erlebte, war ich. Denn nach knapp hundert Wahrsagerinnen, die ich im Laufe meines Journalistenlebens zwischen Hamburg und Los Angeles kennenlernte, war die Wahlmünchnerin Karin Krug die erste (und blieb die einzige!), deren Voraussagen sich tatsächlich bewahrheiteten – und zwar allesamt. Selbst dann, wenn sie absolut hirnrissig erschienen.

Karin Krug also brachte mir das Kartenlegen bei und erteilte mir die freundliche Erlaubnis, meine Kenntnisse an Sie weiterzugeben. (Nicht alle natürlich – nach dem Anfängerseminar in München belegte ich noch einen Fortgeschrittenen-Urlaubskurs bei ihr im bayerischen Kötzing. Weil dies jedoch kein Wahrsagelehrbuch ist, sollten alle, die ein ernsthaftes Interesse an einem Kartenlegekurs – und auch Handlesekurs – haben, sich direkt mit Karin Krug in Verbindung setzen. Ihre Münchener und Kötzinger Telefonnummer erfahren Sie über die Auskunft.)

Das finden Sie ja alles schön und gut, aber Sie sind nicht einmal mit einem Jota Intuition behaftet?

Macht nichts, versuchen Sie es trotzdem! Denn so, wie andere nach Noten Klavierspielen und akzeptable Klänge zustande bringen, , werden Sie nach Vorlage Kartenlegen können. Und das ist immerhin eine Menge mehr als gar nichts.

Davon abgesehen: Kartenlegen ist eine höchst unterhaltsame Angelegenheit, die Ihnen in jedem Fall eines garantiert: mit Ihrem »Klienten« ins Gespräch zu kommen. Entweder wird er von Ihrer Kunst verblüfft sein, oder er wird Ihnen widersprechen. So oder so bedeutet das für Sie, daß Sie ihn schneller und besser kennenlernen als ohne »Hexerei«.

Bevor Sie sich allerdings – kartenmäßig – an die Herren der
Bevor Sie sich allerdings – kartenmäßig – an die Herren der Schöpfung wagen, sollten Sie anfangs an Freundinnen üben. Sobald Sie ein wenig Sicherheit erlangt haben, nehmen Sie sich Leute vor, die Sie frisch kennenlernen. Auch hier eignen sich Frauen besser als Männer, weil sie mystischen Dingen im allgemeinen zugeneigter sind. Sobald Sie auch hier Erfolge erzielen, sind Sie fit, Ihre neuerlernten Künste an den Mann zu bringen.

Alles klar? Dann nichts wie los!

Kartenlegekurs nach Karin Krug

> Die einzig angemessene Methode der Annäherung an die »ganze« Wahrheit ist der Dialog auf der Grundlage optimaler Informationen.
>
> HANS JÜRGEN SCHULTZ

Das »Handwerkszeug« sind 32 Patience-Karten (vorzugsweise ASS), von den 7ern bis zu den Assen aufwärts. Dann gilt es, die Bedeutung der Karten zu lernen. Am günstigsten: erst die Einzelbedeutung der Karte, dann die Kombinationen! Und das natürlich so intensiv, daß Sie die Bedeutung(en) der Karten im Schlaf beherrschen!

HERZ 7:	Liebe
	+ *Karo 9:* kleines Geschenk
	+ *Karo 10:* größeres Geschenk
	+ *Herz Dame* + *Herz König* + *Pik Bube* + *weitere Dame:* er liebt eine andere (als die Herz Dame, zu der er, als Herz König, »gehört«)
	+ *Pik 7* + *dritte 7:* Trennung
KREUZ 7:	akut, bis in etwa 6 Wochen
KARO 7:	privat
	+ *Karo Dame:* Tochter
	+ *Karo König oder Karo Bube:* Sohn
	+ *Herz Dame* + *Herz König:* Sexualität
	+ *Herz Dame* + *Herz König* + *Herz 8:* gute Sexualität
	+ *Herz 7:* Liebe und Sex stimmen
	+ *Herz Dame* + *Herz König* + *Pik Bube:* Probleme in der Sexualität (+ *weitere Dame:* er geht fremd)
PIK 7:	kleine Tränchen, Sorgen, Probleme, Fehlschlag
	+ *Pik 8:* dicke Probleme
HERZ 8:	Sonne, Ziele, guter Ausgang (die beste Karte)
	+ *Pik 7 und/oder Pik 8:* vorhandene Problemchen/Probleme lösen sich

KREUZ 8:	Veränderung
KARO 8:	Bestätigung der Aussage, ganz gewiß
PIK 8:	Tränen, Sorgen, Probleme, Fehlschlag

PIK 8: Tränen, Sorgen, Probleme, Fehlschlag
+ *Kreuz König:* Arzt
+ *Kreuz König* + *Herz As:* Krankenhaus (+ *Kreuz Bube:* gut; + *Pik Bube:* ernsthaft endend)
+ *Kreuz König* + *Karo 7:* seelische Krankheit
+ *Kreuz König* + *Kreuz 8* + *Herz Dame* + *Karo 7* + *Herz 8* + *Kreuz 10:* Schwangerschaft

HERZ 9: Das eigene Zuhause, die Wohnung
+ *Herz As:* Wohnungswechsel
+ *Herz As* + *Kreuz 10:* Umzug in eine andere Stadt (+ *Kreuz 9:* ins Ausland)

KREUZ 9: Zeitkarte: bis zu 3 Monaten
+ *Herz 9:* kleine Reise (nicht weit weg oder für kürzere Zeit)
+ *Herz 9* + *Kreuz 10:* Auslandsreise

KARO 9: kleines Geld, beziehungsweise monatliche Einkünfte oder Zahlungen

PIK 9: plötzlich

HERZ 10: Familie, Freundeskreis
+ *Kreuz As:* Eheschließung

KREUZ 10: Zeit oder Raum: ein halbes Jahr und mehr, oder weiter weg
+ *Kreuz 9:* ein Ereignis findet im Ausland statt
+ *Herz 9:* größere Reise (weiter entfernt oder längerer Zeitraum)

KARO 10: größeres Geld
+ *Karo 9:* sehr viel Geld

PIK 10: der Beruf, das Brot
+ *Kreuz 8:* berufliche Veränderung
+ *Herz As* + *Herz 9:* Berufswechsel (andere Branche!)

HERZ AS: Das andere Haus (betrifft andere Leute) oder aber: alles was von außen kommt
+ *Herz 9* + *Pik König* + *Kreuz König* + *Pik Bube* + *Karo As:* Gefängnis.

KREUZ AS:	Partnerschaft
KARO AS:	Nachrichten
	+ *Pik 10* + *Kreuz 8:* Arbeitsvertrag
	+ *Pik König* + *Kreuz König:* Schriftstücke, Verträge
	+ *Pik König* + *Kreuz König* + *Herz As:* gerichtliche Schriftstücke
PIK AS:	Schreck (freudig oder nicht – je nach Kartenbild)
HERZ DAME:	gebundene Frau
	+ *Herz König:* gebundenes Paar
KREUZ DAME:	verheiratete Frau, Mutter
	+ *Kreuz König:* Paar
KARO DAME:	ledige oder jüngere Frau
	+ *Karo König:* Paar
	+ *Karo 7 und/oder Kreuz Dame/König:* Tochter
PIK DAME:	geschiedene Frau, Witwe
	+ *Karo 10* + *Karo As:* Geschäftsfrau
HERZ KÖNIG:	gebundener Mann
KREUZ KÖNIG:	verheirateter Mann, Vater
	+ *Pik König:* Anwalt, Behördliches
KARO KÖNIG:	lediger oder jüngerer Mann
	+ *Karo 7 und/oder Kreuz Dame/König:* Sohn
PIK KÖNIG:	geschiedener Mann
	+ *Karo 10* + *Pik 10:* Geschäftsmann
HERZ BUBE:	Gedanken eines gebundenen Mannes
KREUZ BUBE:	Glücksbringer
	+ *Pik 7 und/oder Pik 8:* Glück im Unglück
	+ *Karo 9:* kleineres Glücksgeld
	+ *Karo 10:* größeres Glücksgeld
	+ *Karo 9* + *Karo 10:* großes Glücksgeld (zum Beispiel Lotto)
KARO BUBE:	Gedanken eines ledigen Mannes
	+ *Karo 7:* Sohn
PIK BUBE:	Neid, Falschheit, Hinterlist, Fehlschlag
3 ASSE:	Überraschung
3 ZEHNER:	(*ohne Pik 10*): Wunscherfüllung
3 KÖNIGE:	alter Bekannter

3 DAMEN:	Gerede (gut oder schlecht – je nach Gesamtbild)
3 BUBEN:	Bubenstreich
	mit Pik- und ohne Kreuz Bube: geht nicht gut aus
	ohne Pik- oder mit Pik- + Kreuz Bube: geht gut aus

Nachdem Sie die Bedeutung der Karten – inklusive ihrer Kombinationen – in- und auswendig kennen, kann es im Prinzip losgehen. Im Prinzip heißt: sobald Sie klargestellt haben, welche *PERSONENKARTE* zu der Person gehört, der Sie die Karten legen. Da gibt es folgende Möglichkeiten:

HERZ DAME:	verheiratet oder fest gebunden
KARO DAME:	ledig, keine feste Bindung
PIK DAME:	geschieden oder verwitwet, ohne feste Bindung
HERZ KÖNIG:	verheiratet oder fest gebunden
KARO KÖNIG:	ledig, keine feste Bindung
PIK KÖNIG:	geschieden oder verwitwet, ohne feste Bindung

Nehmen wir an, Ihre Klientin ist eine verheiratete Frau, also die *HERZ DAME:*

Drücken Sie ihr nun die 32 Karten in die Hand und bitten Sie sie, diese zu mischen und dabei an alles zu denken, was sie bewegt.

Nachdem die Fragerin die Karten genügend gemischt hat, bitten Sie sie, das Päckchen – die Bilder nach unten – auf den Tisch zu legen und mit der *linken* Hand zweimal zu sich hin abzuheben: vom Gesamtpäckchen (1) einen Stapel (2) und von diesem einen weiteren (3).

Nun drehen Sie Stapel 1, 2, 3 um und schauen darunter. Was sagt das »Orakel«?

In diesem Fall zeigt die unterste Karte von Stapel *1* die *HERZ 9* (das Zuhause), die unterste Karte von Stapel *2* die *KREUZ 8* (Veränderungen) und die unterste Karte von *3* die *PIK 10* (den Beruf).

Daraus können Sie schließen: Im Zuhause und im Beruf geht es um Veränderungen.

Noch behalten Sie diese Weisheit allerdings für sich, denn Sie wissen weder ob die Fragerin eventuell erneut mischen muß (dann gilt das Orakel nicht), noch in welchem Zusammenhang das Orakel mit dem GROSSEN KARTENBILD steht.

Haben Sie das Orakel betrachtet, drehen Sie die Stapel um und fügen sie wieder zu einem zusammen. Stapel 3 legen Sie *auf* Stapel 2 und diesen Packen dann *auf* Stapel 1.

DAS GROSSE KARTENBILD AUSLEGEN

Nehmen Sie das Kartenpäckchen so in die Hand, daß die Bilder nach unten zeigen. Dann legen Sie die oberste der verdeckten Karten auf den Tisch. Rechts daneben legen Sie die nun zuoberst liegende Karte. Damit fahren Sie fort, bis Sie eine Reihe von acht Karten vor sich haben. Die neunte Karte legen Sie dann wieder unter die erste. Die zehnte unter die zweite und so weiter. Die 17. Karte ist die erste Karte der dritten, die 25. die erste der vierten Reihe.

Dieses GROSSE KARTENBILD gibt Aufschluß über Ereignisse der Gegenwart und der Zukunft bis zu etwa einem Jahr. Es verrät nicht nur, was die Fragerin direkt betrifft, sondern auch die Probleme ihrer Schwägerin und Schwiegermutter...

BEISPIEL: Da dieses Buch keine Abbildung enthält, sollten Sie sich folgendes Kartenbild legen, damit Sie die nachfolgenden Erläuterungen bildlich vor sich haben:

1. Karte: Karo 9
2. Karte (rechts daneben):   Karo 7
3. Karte (rechts daneben):   Kreuz 9
4. Karte (rechts daneben):   Kreuz Bube
5. Karte (rechts daneben):   Herz 7
6. Karte (rechts daneben):   Herz König
7. Karte (rechts daneben):   Kreuz Dame
8. Karte (rechts daneben):   Kreuz König
9. Karte (unter die erste):   Pik As
10. Karte (rechts daneben):   Karo As

11. Karte (rechts daneben): *HERZ DAME* (Ihre »Klientin«)
12. Karte (rechts daneben): Karo 8
13. Karte (rechts daneben): Herz 9
14. Karte (rechts daneben): Pik Bube
15. Karte (rechts daneben): Pik 8
16. Karte (rechts daneben): Karo König
17. Karte (unter die neunte): Pik Dame
18. Karte (rechts daneben): Herz As
19. Karte (rechts daneben): Kreuz As
20. Karte (rechts daneben): Kreuz 8
21. Karte (rechts daneben): Karo 10
22. Karte (rechts daneben): Kreuz10
23. Karte (rechts daneben): Pik 9
24. karte (rechts daneben): Herz Bube
25. Karte (unter die 17.): Kreuz 7
26. Karte (rechts daneben): Karo Dame
27. Karte (rechts daneben): Pik 10
28. Karte (rechts daneben): Karo Bube
29. Karte (rechts daneben): Herz 8
30. Karte (rechts daneben): Pik König
31. Karte (rechts daneben): Pik 7
32. Karte (rechts daneben): Herz 10

Neu mischen muß die Klientin, wenn die zu ihr beziehungsweise ihm gehörige Personenkarte entweder außen rechts oder links (also *als erste oder achte Karte*) liegt.

Ebenfalls neu gemischt werden muß, wenn die *HERZ DAME (als Personenkarte),* der *KARO KÖNIG (als Personenkarte) als siebente Karte einer Reihe liegen* beziehungsweise der *PIK KÖNIG,* der *HERZ KÖNIG,* die *PIK DAME,* die *KARO DAME (jeweils als Personenkarte* des oder der Fragenden) *an zweiter Stelle einer Reihe liegen* – denn dann schauen sie aus dem Blatt heraus.

ACHTUNG! Wäre – in unserem Beispiel – die Fragerin eine geschiedene oder verwitwete Dame (PIK DAME) oder eine ledige, ungebundene Frau (KARO DAME), hätten Sie Ihre »Klientin« bitten müssen, noch einmal neu zu mischen. Wäre ein lediger, ungebundener Mann (KARO KÖNIG) Ihr »Klient«, hätte auch er neu mischen müssen.

Dreimal darf übrigens insgesamt gemischt werden. Liegt die Personenkarte der oder des Fragenden dann immer noch an der falschen Stelle, sollten Sie die Sitzung vertagen.

DAS GROSSE KARTENBILD AUF EINEN BLICK

Zunächst einmal betrachten Sie das *GESAMTBILD*. Liegt Ihre »Klientin« alleine oder inmitten vieler »Personen«?

Ersteres deutet darauf hin, daß sie sich abkapselt (wie die HERZ DAME es in diesem Beispiel tut) – letzteres darauf, daß sie sich in Gesellschaft befindet oder befinden wird.

Achten Sie auch auf *DREIER-KOMBINATIONEN*. In diesem Beispiel liegen drei Asse beieinander. Das bedeutet für Ihre Klientin eine Überraschung – positiver Natur, weil die drei Asse von neutralen Karten umgeben sind (also weder der Pik Bube, noch die Pik 7 oder Pik 8 in ihrer Nähe liegen).

NUN GEHT ES INS DETAIL

DAS GROSSE KARTENBILD wird IN DIAGONALEN gelesen.

Zuerst wird dabei *DIAGONALE 1 und 2 von der PERSONEN-KARTE* der Fragerin oder des Fragers *ausgegangen*.

Da in diesem Beispiel Ihre Klientin eine verheiratete Frau, also die *HERZ DAME* ist, besteht *DIAGONALE 1* aus: Kreuz 7, Pik As, HERZ DAME, Kreuz Bube, Herz 9, Kreuz 10, Pik 7.

Daraus wird ersichtlich, daß die HERZ DAME in Kürze (Kreuz 7) umziehen wird (Herz 9 + Herz As), und zwar in eine andere Stadt (Kreuz 10).

Die *DIAGONALE 1* wird vervollständigt durch den Kreuz Buben – den Glücksbringer – und die Pik 7 – kleine Tränchen, Sorgen, Probleme.

Kombinieren Sie nun Ihr bisheriges Wissen mit diesen beiden Karten, ergibt sich: noch ist der bevorstehende Umzug zwar mit kleinen Problemen belastet, aber sie werden sich lösen.

Ebenfalls zu sehen ist eine etwas längere oder weitere Reise (Herz 9 + Kreuz 10), die noch mit Problemen behaftet ist, die sich aber ebenfalls lösen.

In der *DIAGONALE 2* (Karo 7, HERZ DAME, Kreuz 8, Herz

8, Kreuz 10, Pik 8, Kreuz König) liegen für die HERZ DAME zunächst private (Karo 7) Veränderungen (Kreuz 8) mit Sonne und Ziel (Herz 8). Diese Veränderungen liegen auf lange Sicht (Kreuz 10) und haben mit einer Krankheit (Kreuz König + Pik 8) zu tun; einer »Krankheit mit Sonne und Ziel« (Kreuz König, Pik 8, Herz 8).

Wenn Sie die KOMBINATIONS-BEDEUTUNG der Karten gut gelernt haben, wissen Sie längst: Der Herz Dame steht eine Schwangerschaft bevor. Mehr noch: die privaten, positiven Veränderungen für die Herz Dame kommen mit einem Schreck (Pik As), urplötzlich.

Aus der Karte, zu der die fragende Person schaut – hier KARO 8 – *folgern DIAGONALE 3* (Karo Dame, Kreuz As, KARO 8, Herz 7, Pik Bube, Pik 9, Herz 19) *und 4*. Ganz gewiß (KARO 8) gibt es da plötzlich (Pik 9) familiäre (Herz 10), bübische Probleme (Pik Bube), die eine ledige Frau (Karo Dame) und ihre Liebe (Herz 7), Partnerschaft (Kreuz As) betreffen – also aus der Familie ihres Mannes herrühren.

Welcher Art diese Probleme sind, ist ebenfalls ersichtlich: Die Eheschließung (Herz 10 + Kreuz As) der jungen Dame, der Schwester des Herz Königs, verzögert sich (Pik Bube).

DIAGONALE 4 (Pik Dame, Karo As, Kreuz 9, KARO 8, Karo 10, Pik König) prophezeit ganz gewiß (KARO 8) innerhalb der kommenden drei Monate (Kreuz 9) Nachrichten (Karo As) von einer Geschäftsfrau (Pik Dame + Karo As + Karo 10) um größere Summen (Karo 10). Diese Geschäftsfrau hat offensichtlich einen Partner (Pik König).

Um dem GROSSEN KARTENBILD so viele Informationen wie möglich zu entlocken, betrachten Sie nun die *DIAGONALEN, die sich von den BASISKARTEN ziehen lassen.*

DIE BASISKARTEN
Gedankenkarte: Herz Bube
Das Zuhause: Herz 9
Der Beruf: Pik 10
Veränderungen: Kreuz 8
Partnerschaft: Kreuz As

Liebe:	Herz 7
Nachrichten:	Karo As
Laufendes Geld:	Karo 9
Ziele:	Herz 8
Die Familie:	Herz 10
Alle Personen:	Herz-, Kreuz-, Karo-, Pik-Dame,
	Herz-, Kreuz-, Karo-, Pik-König

Was die Herz Dame sehr interessiert, ist, was ihr Partner denkt.

Der *HERZ BUBE* (Die Gedanken ihres Partners) *bildet den Mittelpunkt der DIAGONALE 5* (HERZ BUBE, Pik 8, Herz König, Herz 9, Kreuz 8, Pik 10) *und 6*.

DIAGONALE 5 verrät, daß der HERZ BUBE über Probleme nachgrübelt (Pik 8). Kurzum: Er macht sich Sorgen, die arg an ihm (Herz König) nagen, denn er liegt auch als Person in dem Kummer, an den er denkt (nämlich in derselben Diagonalen wie der Herz Bube).

Die Sorgen, die er hat, betreffen Veränderungen (Kreuz 8) in seinem Zuhause (Herz 9) und seinem Beruf (Pik 10).

Auch aus *DIAGONALE 6* (HERZ BUBE, Pik 7 Kreuz 10, Herz 9, Kreuz Bube) wird ersichtlich, daß der HERZ BUBE sich Sorgen macht (Pik 7) – und zwar diesmal um die Reise (Kreuz 10 + Herz 9), die auch in DIAGONALE 1 seiner Partnerin lag. Im Endeffekt aber sind seine Sorgen (Pik 7) unnötig (Kreuz Bube).

DIAGONALE 7 – diesmal ausgehend vom HERZ KÖNIG – ist (in diesem Fall) identisch mit DIAGONALE 5.

DIAGONALE 8 (HERZ KÖNIG, Herz 9, Kreuz 8, Pik 10, Herz As, Pik As) besagt, daß der HERZ-KÖNIG mit urplötzlichen (Pik As) Veränderungen (Kreuz 8) in seinem Zuhause (Herz 9) – einem Umzug (Herz 9 + Herz As) – und im Beruf (Pik 10), also auch einem Berufswechsel (Herz 9 + Herz As + Pik 10) – konfrontiert wird.

DIAGONALE 9 – von Nachrichten, Verträgen (KARO AS) ausgehend – ist identisch mit DIAGONALE 4.

DIAGONALE 10 (Karo 9, KARO AS, Kreuz As, Karo Bube, Karo 10, Pik Bube, Kreuz Dame) sagt, daß es (KARO AS) noch Nachrichten für die Fragerin gibt, die ihre Partnerschaft oder Partner (Kreuz As) betreffen und um die sich ein Sohn (Karo Bube + Kreuz Dame) Gedanken macht. Diese Nachrichten gehen sogar um große Summen oder Werte (Karo 9 + Karo 10), kommen von einer Mutterperson, die einen Sohn hat (Kreuz Dame + Karo Bube) und handeln von Verlusten (Pik Bube).

DIAGONALE 11 – ausgehend von der Mutterperson (KREUZ DAME) ist identisch mit DIAGONALE 10.

DIAGONALE 12 (Karo König, KREUZ DAME; Pik Bube, Karo 10, Karo Bube) sagt, daß dieser Mutter (KREUZ DAME) Sohn (Karo-König), den die bübische (Pik Bube) Geldangelegenheit (Karo 10) ebenfalls betrifft, im kritischen Moment zur Stelle ist – denn er ist in Gedanken (Karo Bube), und als Person (Karo König) bei ihr.

DIAGONALE 13 – ausgehend von der ledigen Frau (KARO DAME) ist identisch mit DIAGONALE 3.

DIAGONALE 14 (Pik Dame, KARO DAME; Kreuz As, Karo 8, Herz 7) klärt auf, was die KARO DAME in ihrer Eheschließung (Herz 10 + Kreuz As) an Verzögerungen (Pik Bube) hat: eine geschiedene Frau (Pik Dame) liegt ganz gewiß (Karo 8) in ihrer Liebe (Herz 7) und Partnerschaft (Kreuz As) die Ex ihres Liebsten.

DIAGONALE 15 – gesehen vom PIK KÖNIG – ist identisch mit DIAGONALE 4.

DIAGONALE 16 (Karo König, Pik 9, PIK KÖNIG; Karo 10, Karo 8, Kreuz 9) sagt, daß es beim PIK KÖNIG innerhalb der nächsten drei Monate (Kreuz 9) ganz gewiß (Karo 8) um größere Summen (Karo 10) geht, die plötzlich (Pik 9) einen ledigen Mann betreffen... der in diesem Fall kein lediger Mann ist, sondern ein Sohn (Karo König + Kreuz Dame).

Dieser Sohn (Karo König) wiederum ist identisch mit dem Herz König – er zeigt sich zweimal: einmal als Partner zur Herz Dame, dann als Kind der Kreuz Dame –, weil er zu beiden Frauen eine äußerst enge Beziehung hat.

Nachdem Sie das GROSSE KARTENBILD gelegt und gedeutet haben, geht es an die Feinheiten. Noch sind schließlich nicht alle Fragen der »Klientin« beantwortet.

Um die Aussagen zu verifizieren und zu vertiefen, *zählen Sie, beginnend bei der Fragerin (hier: HERZ DAME), jede siebente*

Karte ab und nehmen sie aus dem GROSSEN KARTENBILD heraus – *ein Dutzend Karten* insgesamt.

Die letzte Karte, die Sie herausnehmen, ist jeweils die **vor** der **Fragerin** (dem Frager). In diesem Fall also:

1. HERZ DAME
2. Karo 8
3. Herz 9
4. Pik Bube
5. Pik 8
6. Karo König
7. *PIK DAME*

1. Herz As
2. Kreuz As
3. Kreuz 8
4. Karo 10
5. Kreuz 10
6. Pik 9
7. *HERZ BUBE*

1. Kreuz 7
2. Karo Dame
3. Pik 10
4. Karo Bube
5. Herz 8
6. Pik König
7. *PIK 7*

1. Herz 10
2. Karo 9
3. Karo 7
4. Kreuz 9
5. Kreuz Bube
6. Herz 7
7. *HERZ KÖNIG*

1. Kreuz Dame
2. Kreuz König
3. Pik As
4. Karo As
5. Herz Dame
6. Karo 8
7. *HERZ 9*

1. Pik Bube
2. Pik 8
3. Karo König
4. Herz As
5. Kreuz As
6. Kreuz 8
7. *KARO 10*
1. Kreuz 10
2. Pik 9
3. Kreuz 7
4. Karo Dame
5. Pik 10
6. Karo Bube
7. *HERZ 8*
1. Pik König
2. Herz 10
3. Karo 9
4. Karo 7
5. Kreuz 9
6. Kreuz Bube
7. *HERZ 7*
1. Kreuz Dame
2. Kreuz König
3. Pik As
4. Karo As
5. Herz Dame
6. Karo 8
7. *PIK BUBE*
1. Pik 8
2. Karo König
3. Herz As
4. Kreuz As
5. Kreuz 8
6. Kreuz 10
7. *PIK 9*
1. Kreuz 7
2. Karo Dame
3. Pik 10
4. Karo Bube

5. Pik König
6. Herz 10
7. *KARO 9*
1. Karo 7
2. Kreuz 9
3. Kreuz Bube
4. Kreuz Dame
5. Kreuz König
6. Pik As
7. *KARO AS*

Draußen liegen also nun: *PIK DAME, HERZ BUBE, PIK 7, HERZ KÖNIG, HERZ 9, KARO 10, HERZ 8, HERZ 7, PIK BUBE, PIK 9, KARO 9, KARO AS.*

Das Abdecken

Bitten Sie die Fragerin, die zwölf Karten zu mischen. Danach legen Sie sie verdeckt auf den Tisch und schieben sie ein wenig auseinander.

Nun bitten Sie die Fragerin, Ihnen eine Karte – verdeckt – für sich selbst zu geben. Diese Karte legen Sie – immer noch verdeckt – (in diesem Fall) auf die HERZ DAME.

Mit den restlichen elf Karten verfahren Sie ebenso und decken damit die Gebiete, zu denen Sie der Fragerin mehr sagen wollen, nach und nach ab.

BEISPIEL: Bei obigem Kartenbild, beziehungsweise im Zusammenhang mit obiger Geschichte, bitten Sie etwa um je eine Karte für:

1. DIE FRAGERIN: Herz Dame
2. DEN UMZUG: quer auf Herz As
3. DIE REISE: quer auf Kreuz 10
4. IHR BROT/BERUF: Pik 10
5. NACHRICHTEN: Karo As
6. VERÄNDERUNGEN: Kreuz 8
7. DIE MUTTER: Kreuz Dame
8. DIE SCHWESTER: Karo Dame
9. DIE PARTNERSCHAFT: Kreuz As

Drei Karten bleiben übrig, und die heben Sie auf – falls Ihnen eine der Aussagen nicht genügt (Sie können bis zu vier Karten aufheben.)

ACHTUNG: Sie können lediglich die Karten abdecken, die noch auf dem Tisch liegen. In unserem Fall könnten Sie also beispielsweise *nicht* fragen nach dem Zuhause (Herz 9), familiären Angelegenheiten (Herz 10), dem Partner (Herz König), den Gedanken des Partners (Herz Bube), der Liebe (Herz 7), dem laufenden Geld (Karo 9), der Geschiedenen (Pik Dame), dem Bübischen (Pik Bube), danach und wo die Sonne liegt (Herz 8) und wo es kleine Tränchen gibt (Pik 7), was plötzlich anliegt (Pik 9) und wie es um das große Geld bestellt ist (Karo 10) – denn diese Karten halten Sie in der Hand, um die anderen damit abzudecken.

Trotzdem können Sie natürlich alles erfahren, was Sie wissen wollen, indem Sie Ihre Fragen anders formulieren.

Was beispielsweise den Herz König und Sie betrifft, erfragen Sie über die Partnerschaft (Kreuz As). Was Ihr Zuhause (Herz 9) angeht, erfahren Sie über den Umzug (eine Karte schräg auf das verbliebene Herz As), was Geldangelegenheiten (Karo 9, Karo 10) betrifft, erfragen Sie über die Pik 10.

Auf einen Blick

Nun drehen Sie die Karten um und sehen, worauf welche Karte liegt. Hier sieht das Ergebnis so aus:

1. DIE FRAGERIN: Herz König
2. DER UMZUG: Pik 9
3. DIE REISE: Pik Bube
4. IHR BROT: Herz 9
5. NACHRICHTEN: Karo 10
6. VERÄNDERUNGEN: Herz 8
7. DER MUTTER: Herz Bube
8. DER SCHWESTER: Karo 9
9. DER PARTNERSCHAFT: Karo As

Interpretation

1. Die Fragerin (Herz Dame) und ihr Mann (Herz König) liegen zusammen: die Beziehung stimmt.
2. Der Umzug kommt plötzlich.

3. Die Reise verzögert sich; daher die kleinen Tränchen.

4. Ihr Beruf ist ihr Zuhause.

5. Nachrichten gibt's um Geld.

6. Auf den Veränderungen, die auf die Fragerin zukommen, liegen ihre Ziele. Sie sind voller Sonne, durchwegs positiv.

7. Der Partner der Fragerin macht sich Gedanken um die Mutter – die seine ist.

8. Die Geschiedene wird bübisch, wenn's um ihren Unterhalt geht.

9. In der Partnerschaft gibt es Nachrichten. (Was für welche, das kommt bei einer weiteren Legung – hoffentlich – heraus).

Die restlichen Karten legen Sie auf das, was Sie noch interessiert:

Was sind das für Nachrichten über das Geld und die Partnerschaft? Was ist mit der Schwägerin?

Wie gehabt, lassen Sie sich für jede der Fragen verdeckt eine Karte geben und schauen Sie sie dann danach an.

Nun liegen auf:

KARO AS + KARO 10: Pik Dame

KREUZ AS + KARO AS: Pik 7

KARO DAME + KARO 9: Herz 7

Das heißt: Die Nachrichten übers große Geld gehen um Geschäfte – da im GROSSEN BILD keine negativen Karten zu dieser Sache lagen, sind die Nachrichten gut. Aus dem Partnerschaftsbereich kommen Nachrichten, die traurig machen, aber die Partnerin nicht direkt tangieren! Bei ihr ist alles (GROSSES BILD) okay. Die Schwägerin bekommt ein kleines Geschenk (Karo 9 + Herz 7).

Zweite Legung

Nachdem Sie das GROSSE KARTENBILD interpretiert haben, *halten Sie die PERSONENKARTE der Fragerin zurück* – in diesem Beispiel die HERZ DAME.

Diese Karte legen Sie offen vor sich hin. Dann fordern Sie Ihre Klientin auf, die übrigen 31 Karten zu mischen.

Ist das geschehen, legen Sie das Päckchen verdeckt auf den Tisch, fächern die Karten und bitten Ihre »Klientin«, Karten auszusuchen und Ihnen zu geben. Das wiederholen Sie viermal – und haben so insgesamt fünf Stapel, von denen jeder seine Bedeutung und seinen Platz hat.

DIE FÜNF STAPEL:
1: für akute Dinge: auf die HERZ DAME,
2: für ihre Gedanken: über die HERZ DAME,
3: für was ihr wichtig ist: links neben die HERZ DAME,
4: für die Zukunft: rechts neben die HERZ DAME,
5: für die Gewißheit: unter die HERZ DAME.

Was Sie sehen, sobald Sie die Stapel umdrehen, vervollständigt einerseits das GROSSE KARTENBILD und gibt oft noch weitere, neue Informationen.

Die HERZ DAME aus unserer Geschichte zog:
Auf Stapel 1: Herz Bube + Pik 7 + Pik 10 + Karo As
Auf Stapel 2: Karo Dame + Herz 10 + Kreuz As + Pik As
Auf Stapel 3: Herz König + Herz 7 + Kreuz 7 + Kreuz 10
Auf Stapel 4: Kreuz Dame + Pik 8 + Kreuz - + Karo König
Auf Stapel 5: Herz 9 + Kreuz 8 + Karo 10 + Pik 9

Die Deutung:

1: akut: macht sich ihr Mann Sorgen um Berufliches, Verträge.
2: beschäftigen: wird sie eine Ledige, die einen Schreck um eine Eheschließung hat.
3: am Herzen liegt ihr: kurz- und langfristig ihr Mann, ihre Liebe.
4: in Zukunft: wird die Mutter eines Sohnes krank – und er auch.
5: ganz gewiß sind ihr: plötzliche Veränderungen in ihrem Zuhause und um großes Geld.

Nun lassen Sie sich die restlichen 11 Karten (verdeckt) geben: *drei für Stapel 1, je zwei für Stapel 2 bis 5.* Nun liegen zusätzlich auf:
1: Pik Bube + Herz 8 + Kreuz 9
2: Karo 8 + Pik Dame
3: Karo Bube + Karo 9
4: Karo 7 + Kreuz Bube
5: Herz As + Pik König

Die Deutung:

1: Da, wo es jetzt noch Probleme, Verzögerungen gibt, scheint binnen drei Monaten die Sonne.
2: Der Schreck der Ledigen rührt ganz gewiß von einer Geschiedenen.
3: Geregeltes Geld ist ihr noch wichtig – an das auch ein Mann (Sohn) denkt.
4: Die Krankheit der beiden ist eine seelische und endet gut.
5: Der Umzug und Veränderungen um großes Geld durch Geschäfte sind ihr gewiß.

All dies ist positiv:

a) in Relation zum GESAMTBILD,
b) weil keine unguten Karten in der »Gewißheit« liegen,
c) weil auf ihr, der Fragerin, die Sonne liegt.

Daß Karin Ihnen zigmal mehr beibringt als ich, versteht sich wohl von selbst. Dies sind lediglich die wichtigsten Grundregeln des Kurses! Trotzdem können Sie schon einiges damit anfangen, wenn Sie sich ein wenig geschickt anstellen.

Und nun heißt es: üben, üben, üben, damit Sie – für den »Hausgebrauch« – eine hervorragende Wahrsagerin werden!

11.
Männer – ab 80 Pfennig das Stück ...

> »Ein Hündchen wird gesucht,
> das weder murrt noch beißt,
> zerbrochne Gläser frißt
> und Diamanten ...«   GOETHE

Sie haben sich entschlossen, dem Schicksal unter die Arme zu greifen. Nicht nur ein bißchen, sondern aktiv – und mit System. Sie sind sogar bereit, ein paar Mark (mehr oder weniger) in Ihre Suche nach einem Mann zu investieren. Nun gut, wenn Sie meinen.

Aber: Wenn Sie ihn schon (mehr oder minder) ›offiziell‹ suchen, sollten Sie sich vorher gut überlegen, *wie* Sie das tun. Und was Ihnen der Spaß wert ist. Wenn Sie zum Beispiel eine Annonce, in der er *Sie* sucht, beantworten, kommen Sie mit 80 Pfennig Porto davon, mit dem Sie Ihren Antwortbrief frankieren. Wenn Sie sich dazu entschließen, selbst eine Anzeige aufzugeben, müssen Sie schon ein paar Mark mehr springen lassen.

Und sollten Sie auf die Idee kommen, einen Ehemakler in Ihre Dienste zu stellen, müssen Sie auf eines gefaßt sein: daß Sie Ihr mühsam erspartes Geld für die Aussteuer los sind, bevor *er* auch nur in Sichtweite ist.

Mehr schlecht als recht: das Ehevermittlungsinstitut

> »In medias res.« Ohne Umschweife zur
> Sache.
>   HORAZ
> Oder:
> »Tu, was du nicht lassen kannst.«
>   LESSING

Wie Sie am Titel dieses Kapitels schon ersehen, sind Ehevermittlungsinstitute Institutionen, von deren ›Gebrauch‹ ich Ihnen dringend abrate. Und ich habe meine Gründe dafür: einmal ist Ihre Chance, dem Mann Ihres Lebens mitten auf dem Münchner Marienplatz oder dem Hamburger Jungfernstieg zu begegnen, ungleich größer als die, ihn über ein Bekanntschaftsbüro zu finden. Zweitens zahlen Sie sich, selbst wenn Sie für Ihr sauer verdientes Geld keine ›angemessene‹ Leistung erhalten, unweigerlich krumm und dumm. Was die Finanzen betrifft, funktionieren Partnerschaftsvermittlungsbüros nämlich wie Bordelle: erst wird dem Klienten das Bare abgeknöpft, dann folgt der ›zwischenmenschliche Kontakt‹. Und das hat seinen (gar nicht) guten Grund:

Es gibt nämlich einen Paragraphen im BGB, der heißt 656 und befaßt sich mit Ehevermittlern. Er besagt schlicht und ergreifend: Ehemakler haben keinen Anspruch auf Lohn. Im Klartext bedeutet das, daß kein Kunde – selbst wenn er die Dienste eines Ehemaklers erfolgreich in Anspruch genommen hat – zur Zahlung verpflichtet ist.

Die Sache hat nur einen Haken: Der Paragraph sagt weiter: Einmal gezahlter Lohn kann nicht zurückverlangt werden. Mit anderen Worten: Selbst wenn Sie *ihn*, den Sie so dringend suchen, dort nicht finden, muß der Ehemakler Ihnen nicht eine müde Mark der mehreren tausend, die Sie ihm bereits gezahlt haben, zurückgeben.

Als intelligenter Mensch sehen Sie es höchstwahrscheinlich sogar ein, daß dem armen Ehemakler bei einer derart hirnrissigen Gesetzgebung gar nichts anderes übrigbleibt, als Sie berappen zu lassen, bevor er etwas für Sie tut. Sonst käme er wohl nie auf seine Kosten, geschweige denn auf einen grünen Zweig.

Nur: So wie die Sache jetzt steht, kann der Ehemakler Sie mit Hinz und Kunz verkuppeln, ohne daß Sie Ihr Geld zurückverlangen können. Selbst wenn Hinz und Kunz überhaupt nichts mit Ihnen gemein haben: Solange der Ehemakler Ihnen die vertraglich festgelegte Anzahl von Männern vorstellt, hat er seine Pflicht und Schuldigkeit erfüllt.

Noch schöner (für den Ehemakler, nicht seine Klienten): Jeder kann ein Heiratsvermittlungsinstitut eröffnen. Alles, was er dazu braucht, sind ein Gewerbeschein, ein Telefon und vorzugsweise einen Deppen, der den lästigen Papierkram und die ›Hausbesuche‹ erledigt. Niemand, der dort arbeitet, muß irgendeine spezielle Ausbildung – wie etwa ein Psychologiestudium – vorweisen.

Ergo: Mit wenig Geschick und viel Skrupellosigkeit kann man als Ehemakler zum Millionär werden. Und während ein Lakai die Arbeit tut, kann man sich in Santa Barbara oder einem anderen schönen Fleckchen Erde unter Palmen eisgekühlte Drinks servieren lassen.

Das schönste (wiederum für den Ehemakler): Der Job ist krisensicher. Flauten gibt's nicht. Im Gegenteil. Der Umsatz steigt: 20 Millionen Mark zahlen Einsame den Vermittlern pro Monat, um auf diese Weise ihr Pendant zu finden.

Im Prinzip gibt es drei verschiedene Arten der Heiratsvermittlung. Sehen wir sie uns einmal an:

Video-Partner:
In den Staaten gibt es diese Art der Partnervermittlung schon seit einem knappen Jahrzehnt. In Kalifornien war es Estella Ullman, die damit anfing: Foto und Lebenslauf des Klienten kommen in ein Album, dazu wird von jedem ein Videofilm (zehn bis 15 Minuten) aufgenommen. Da sieht man ihn oder sie sitzen, Fragen über sich selbst beantworten und auch einfach drauflos erzählen. (Das Album ist die Vorauswahl, welchen Menschen man im Film sehen möchte.)

Surprise, surprise! Estellas Service funktioniert wirklich. Einmal ist er mittlerweile etabliert, zum zweiten ist die kalifornische Mentalität eine ganz besondere: auch wenn nichts draus wird – aus der Partnersuche –, Spaß war's trotzdem. Und man lernt eine Menge lustiger Leute kennen.

In Deutschland sieht man das Thema Ehevermittlung im allgemeinen als eine ernsthafte Angelegenheit an. Und nur wenige Menschen haben den Mut, sich auf Celluloid bannen zu lassen. Als ›Grundstock‹ stehen Freunde und Freundinnen des Hauses Modell. So kommt's dann auch, daß ein Traummann – oder eine Traumfrau – wohl als Videofilm existieren mag, aber leider, leider ist er, ist sie, gerade in diesem Moment vergeben worden. Gestern noch hätte man die Chance gehabt, ihn oder sie kennenzulernen. Aber nun hat er, hat sie, vor fünf Minuten angerufen und gebeten, aus der Video-Bibliothek entfernt zu werden. Er – sie – hat sich verliebt.

Kurzum: Video-Partner mag eine gute Idee sein, aber solange die Mitgliederzahl noch so begrenzt ist wie heute, sind die Chancen, daß Sie Ihren Partner per Bildschirm finden, minimal;

Computer-Partner:
Computer, das weiß heute jedes Kind, sind immer so schlau wie derjenige, der sie gefüttert, sprich gespeichert hat. Computer denken nicht und können nur die Informationen auswerten, auf die sie programmiert sind. Folglich wird mit Fragebögen gearbeitet, die jeder Klient mit Ja-/Nein-Kreuzchen versieht. Schauen wir uns doch mal an, wie ein Köder-Fragebogen, der heute in fast jeder Illustrierten zu finden ist, aussieht.

Wie soll Ihr Partner sein? Alter: von – bis. Größe: von – bis. Haar: schwarz, blond, braun, grau, rötlich. Staatsangehörigkeit: nur deutsch – auch andere.

Wie wär's mit 30 bis 35, 170 bis 180, schwarzes Haar, auch andere Staatsangehörigkeit? Können Sie sich *den* vorstellen? Den *einen*, den Sie da kriegen? Ich nicht. Denn diese Informationen sagen gar nichts aus. Weder über sein Äußeres (ist er dünn, ist er dick? Hat er Locken, glattes Haar? Lachfalten?) und schon gar nichts über sein Inneres (ist er fröhlich oder verhärmt? Mag er Mozart oder liebt er Bach? Ist er sensitiv oder Macho-Mann? Ist er Amerikaner, Türke, Israeli?). Soweit also Fehlanzeige. Doch weiter im Text. Von zehn erwünschten Eigenschaften dürfen Sie ganze vier ankreuzen. Sind Sie soweit?

Eigenschaften des Partners: häuslich – natürlich – zurückhaltend – modebewußt – temperamentvoll – humorvoll – ehrgeizig – anpassungsfähig – kinderlieb – naturliebend.

Häuslich soll er sein? Auch mal den Staubsauger in die Hand nehmen und die Geschirrspülmaschine einräumen? Da stimm ich Ihnen zu. Peinlich wird's nur, wenn *er* unter häuslich was anderes versteht. Nämlich: So gut wie nie ausgehen, daheim vor dem Fernseher hocken – und sich von Ihnen die Puschen und das Bier bringen lassen will. Weil er häuslich ist, also lieber zu Hause als woanders, erwartet er selbstverständlich auch, daß Sie die perfekte Hausfrau sind ...

Spielen Sie, wenn Sie mal nichts Besseres zu tun haben, die anderen Möglichkeiten auf die gleiche Weise durch. Und dann sehen Sie sich an, was von Ihrem Idealmann übrigbleibt;

Ehevermittlungsinstitute (traditionell):
Einst funktionierten sie so, daß jeder, der einen Partner suchte, dort auftauchte, Mitglied wurde und sich aus dem Stamm der (mehr oder weniger zahlreichen) anderen Mitglieder eines aussuchte. Klienten bekamen und bekommen sie über geschickt formulierte Annoncen wie diese:

»Christliche Ehe. 60 Jahre erfolgreiche Eheanbahnung. Keine Aufnahmegebühr. Kein Erfolgshonorar. Nur Mitgliedsbeitrag.« (Ohne Kommentar!)

Im Laufe der Zeit wurde der Service der Partnervermittlungsinstitute erweitert. Und, so behaupten sie, verbessert. Denn: Durch Kleinanzeigen, die sie für ihre Klienten aufgeben, haben letztere die größtmögliche Chance, den Partner, die Partnerin fürs Leben zu finden. Das sieht dann so aus:

»Anita ist ein hübsches, 25jähriges Mädel und sehr romantisch veranlagt. Kochen gehört zu ihren Lieblingsbeschäftigungen. Anita stellt an ihren zukünftigen Mann nur eine Bedingung: Er muß lieb und treu sein und mit ihr durch dick und dünn gehen. Schreib bitte an 000, Institut XY.« Oder auch so:

»Petra hat e. zärtl. Herz, d. geliebt u. beschützt werd. möchte. Sie ist 20/1,68, liebreiz. u. v. zauberhaft. Natürlichk., aber sie wurde bitter enttäuscht, geschieden – daher hat sie wenig Hoffng., denn ein Mädel, d. geschieden wurde – ist heutzutage nicht mehr gefragt. Bei welch. lieb., einf. Mann hat sie trotzdem e. Chance? Er braucht nicht gut auszusehen u. nicht viel zu verdienen, wenn er nur treu und häuslich ist. 000, Institut YZ.«

Hand aufs Herz: Würden Sie nicht in die Luft gehen, wenn Sie Anita oder Petra wären? Denn dem Typ Mann, der auf eine solche Anzeige antwortet, möchte ich nicht einmal in meinen schlimmsten Alpträumen begegnen. Geschweige denn im wahren Leben! Mit anderen Worten: Dümmer als Ehemakler können Sie wahrscheinlich ein Eigeninserat gar nicht verfassen. Ergo: Weshalb tun Sie es dann nicht gleich selbst – und sparen sich die mehreren tausend Mark, die den Mitgliedsbeitrag des Instituts ausmachen?

Bevor Sie sich allerdings selbst hinsetzen, um eine Suchanzeige aufzugeben, werfen Sie doch mal einen Blick auf die ›Er-sucht-sie-Inserate‹.

Er sucht sie. Kleinanzeigen unter die Lupe genommen

> »Wollen Sie mein Schicksal sein?«
>
> NIETZSCHE

Hier heißt das Motto: An der Formulierung sollt ihr sie erkennen! Nicht unbedingt und nicht allein an der ›Qualität‹ der Zeitung, in der sie inserieren. Mit anderen Worten: Wer seine Annonce in einer ›seriösen‹ Zeitschrift plaziert, ist nicht unbedingt ein besserer Fang als einer, der zu diesem Behufe eine Boulevard-Zeitung gewählt hat. So wie: Nicht jeder, der drei Meter Goethe – ledergebunden – im Bücherschrank stehen hat, hat den alten Johann Wolfgang auch gelesen.

Quer durch den deutschen Blätterwald finden Sie alle möglichen und unmöglichen Er-sucht-sie-Inserate, die sich in folgende Grundtypen aufteilen lassen.

Was passiert, wenn Millionäre inserieren

> »Du liest den Text. Du sinnst. Du spinnst. Du grinst – ›welch Rinds‹ – Und du beginnst wieder und wieder. – Eiskalt kommt die Vision dir ›Heilanstalt‹.«
>
> RINGELNATZ

Man liest sie immer wieder, die Heiratsannoncen, in denen wahre Supermänner eine Frau suchen. Kürzlich waren sogar in ein- und derselben Spalte einer Münchner Boulevard-Zeitung gleich zwei Millionäre zu vergeben. Das las sich so:

»Dr. jur. u. ehemaliger Unternehmer der Spitzenklasse, 56/182, ein blendend jung aussehender, sehr sympathischer Herr, brillanter Denker und warmherziger Mensch, sein Vermögen von ca. 20 Mill. DM u. seine 800 Eigentumswohnungen mit einigen Mill. DM Jahreseinkommen ermöglichen ihm das Privatisieren u. totale Widmen der Familie, wünscht jüngere Ehepartnerin durch: 000, Institut XY.«

»Top-Unternehmer der Spitzenklasse, 50/188, bestaussehender, ausgezeichneter Gesprächspartner und Gesellschafter, beliebt und geschätzt, besitzt Kapitalgesellschaften mit einer Anzahl Filialen (800 Mitarbeiter) sowie umfangreichen Häuser- u. Ländereienbesitz im In- u. Ausland, Mindestvermögen von DM 20 Mill. sowie Traumvilla am See vorhanden, wü. jüngerer Dame Einheirat in allerbeste Verhältnisse durch: 000, Institut XY.«

Toll, was?

Neugierig, wie ich nun mal bin, wollte ich doch einmal sehen, wer hinter diesen Anzeigen steckt. Drei Tage lang wählte ich mir die Finger wund, um besagtes Institut XY zu erreichen. Tüt – tüt – tüt. Besetzt. Am vierten Tag kam ich endlich durch.

Herr Krause, wollen wir ihn mal so nennen, weil er so heißt, erweckte im ersten Moment einen ziemlich gestreßten Eindruck. Kein Wunder – bei dem Telefondienst! Und Hausbesuche muß er, stellte sich heraus, auch noch machen! Er ist nämlich der Lakai, von dem ich im Kapitel Ehemakler gesprochen habe.

Es verwirrte oder verwunderte Herrn Krause gar nicht, daß ich ihm klipp und klar zu verstehen gab, ich sei an seinen Millionären interessiert. Oder vielmehr: Einer von ihnen würde mir vollauf genügen. Kein Anzeichen in seiner Stimme, daß er mich etwa für geldgierig oder herzlos hielt. Im Gegenteil. Er würde sich, so beteuerte er mir, freuen, mir die Herren vorstellen zu dürfen.

Nein, sie seien noch nicht ›vergeben‹. Und überhaupt, seufzte er, sei es schrecklich schwierig, Millionäre an die Frau zu bringen. Die meisten Frauen würden auf diese Anzeigen nämlich gar nicht erst reagieren, weil sie eine Finte dahinter vermuten würden. Eine Antwort darauf, weshalb er seine Millio-

näre dennoch tapfer als solche anpries, wußte er nicht. Statt
dessen wechselte er das Thema. Er wollte mich treffen: seriös,
wie das Institut nun einmal sei, müsse er mich erst einmal in
Augenschein nehmen, bevor er mich mit seinen Klienten zu-
sammenbringen würde.

Herr Krause und ich verabredeten uns. Nachmittags um
fünf in der Halle des Bayerischer Hofs. Er war pünktlich – ich
auch. Und – das schreibt der Mittfünfziger seiner Menschen-
kenntnis zu – er erkannte mich sofort. Er steuerte auf den
Katzentisch in der Halle zu. Damit wir, wie er mit verschwöre-
rischem Ton in seiner Stimme sagte, ungestört reden könnten.
Er bestellte Kaffee – ich Wodka-Lemon. Ich hatte schon geahnt,
daß ich einen alkoholischen Drink brauchen würde.

Wir plauschten ein wenig, und dann ging es plötzlich Schlag
auf Schlag: erstens mokierte er sich über einen Artikel, den
mein lieber Freund Rolf Mecke für eine Frauenzeitschrift verfaßt hatte und in dem es um Ehevermittler ging. Jedes Wort,
das Rolf geschrieben hatte, kannte Herr Krause auswendig (da
siehste mal!!!). Vor allem den Absatz, wo es darum ging, daß
Einsame oft mit Phantomen geködert werden.

»Auf uns«, versicherte Herr Krause, »trifft das selbstredend
nicht zu.« Dann beteuerte er, daß die beiden Millionäre wirklich
und wahrhaftig zu haben seien. Und nicht nur die! Besagte
Agentur wirbt allwöchentlich mit anderen Millionären. Daß sie
sein Institut um Hilfe gebeten hatten, erklärte er mit: »Schüchternheit«, »Sehnsucht nach einer adäquaten Partnerin, die sie in
ihrem Bekanntenkreis nicht finden«. Das alles krönte er dann
noch mit dem üblichen ›Money can't buy me love‹-Blabla.

Nachdem Herr Krause sein Sprüchlein losgeworden war,
sprachen wir über mich. Als er erfuhr, daß ich Jahrgang Ok-
tober 1949 und noch nicht einmal geschieden sei, kamen ihm
fast die Tränen. So sei das mit den selbständigen Frauen, die
sich nur um ihren Beruf kümmern und dann eines Tages feststellen müßten, daß sie einsam seien. Daß niemand da ist, mit
dem sie jeden Morgen frühstücken können, an dessen Schulter
sie sich lehnen können, mit dem sie lachen und reden können.
Daß niemand da ist, der immer da ist.

So, wie Herr Krause das traute Glück zu zweit schilderte,

wurde mir richtig warm ums Herz. Gütiger Himmel – was ich in meinem Leben alles verpaßt hatte! Nun wurde Herr Krause väterlich. Er legte seine Hand auf die meine (o nein, nicht aufs Knie!) und meinte, noch sei ja nicht alles verloren. Aber – wie ich selbst offensichtlich ganz richtig erkannt hätte – es sei fünf vor zwölf.

Und dann kam er zur Sache. Alles, was ich tun sollte, um einen seiner »wohlsituierten, universitäts- und herzensgebildeten Herren« kennenzulernen, war, Mitglied bei seinem Institut zu werden. Es leuchte mir sicher ein, daß Mitglieder nur an Mitglieder vermittelt werden könnten.

Klar tat es das. Und weil sein Institut Frauen als Menschen betrachtet, *gleichwertige* Menschen, müssen auch sie einen Mitgliedsbeitrag zahlen. Nicht ganz so viel wie Männer. Denn die verdienen (und das bedauerte Herr Krause außerordentlich) leider, leider – immer noch mehr. Aber etwas müssen Frauen zahlen.

Wieviel? Nun, da gibt es zwei Kategorien von Mitgliedern. Ich, so schätzte Herr Krause, gehöre zu den oberen Zehntausend. Abteilung Millionäre. Da beläuft sich der Jahresbeitrag auf 3000 Mark. Ein lumpiges paar Kröten, wenn ich bedenke, daß ich mir dafür einen Millionär angeln kann!

Die andere Kategorie ist schon für 1800 Mark zu haben. Aber da, meinte Herr Krause, brauchte eine Frau wie ich gar nicht erst zu suchen. »Denn da gibt es kaum Herren mit Niwoo.« Nun ja, es ist eben immer etwas teurer, einen besonderen Geschmack zu haben.

Und die Moral von der Geschicht'?

Hände weg von Bekanntschaftsanzeigen, die über Vermittlungsinstitute laufen! Einige von ihnen mögen Sie zwar kostenlos weitervermitteln, aber da bekommen Sie nur die Ausschußware. Ist doch klar, daß weiblichen Mitgliedern, die einen Beitrag entrichtet haben, die ›erste Wahl‹ zur Verfügung steht.

Ansonsten sind die meisten dieser Annoncen ein billiger Trick, Sie als zahlendes Mitglied zu werben. Und was alles (nicht) passiert, wenn Sie es erst einmal sind, wissen Sie bereits.

Eigeninserate

»Schrecklich sind die Anspruchslosen; die nichts fordern, gewähren auch nichts.«

PETER HILLE

Eine bestimmte Wortwahl läßt, wie sollte es anders sein, auf einen bestimmten Typ Mensch schließen, der dahintersteckt. Wer ein ›einfaches, bescheidenes Mädel‹ sucht, der braucht wahrscheinlich eine Haushälterin. Wer ›leidgeprüft‹ ist, eine Mutter oder zumindest eine Schulter zum Ausheulen. Und wer die ›Einsamkeit alleine nicht ertragen kann‹, taugt ganz gewiß ebensowenig für die Zweisamkeit.

Damit Sie Annoncen, die zu beantworten sich lohnt, von denen, die Sie am besten gleich vergessen können, unterscheiden lernen, hier eine kleine Auswahl diverser Anzeigen-Typen, denen Sie immer wieder begegnen. Sie sind gar nicht schwer zu erkennen. Da wären:

- Anzeigen, die auf einen Geizhals schließen lassen:
  »Netter unk. Sie v. 39j. Spo. m.blond, getr. leb. er ges. f. freiz., wand., usw.«;

- witzige Annoncen, die nicht viel mehr über den Verfasser aussagen als eines: Er hat Humor:
  »Unter dem Rindvieh kann Tierarzt, 35, nicht die richtige Partnerin finden. Welche romantische Frau gibt ihm ihr Versteck bekannt?«
  »Die *Überlegenheit* der männlichen Rasse darf meine künftige Partnerin nicht akzeptieren. Zahnarzt (41)«;

- witzig formulierte Anzeigen, die zugleich ein paar Informationen bieten, wer er ist oder was er sucht:
  »Gutaussehender, lediger Mann mit Kaffeemaschine (45, 180, 75) mit wiss., daher zuweilen deprimierender Tätigkeit, fremdsprachenbegeistert, total verschmust, Italien- und Griechenlandfan, sucht intelligente, unkonventionelle, berufstätige Frau (möglichst keine ›Pädagogin‹).«
  »›Leicht‹ wird es eine Frau bei mir nicht haben. Meinen Beruf und meine ›Macken‹, wie Tennis und klassische Musik

– oft recht laut –, muß ›Sie‹ schon ertragen können. Doch dafür bin ich auch bereit, einiges zu geben: Liebe, Geborgenheit, Verständnis und die Bereitschaft, eine intensive Zweierbeziehung in Offenheit und Ehrlichkeit aufzubauen. Sollten Sie Ähnliches suchen, aber bisher nicht gefunden haben und 20–30 Jahre alt sein, würde ich mich über Ihre Zuschrift freuen. Ich, das ist ein Arzt Ende Zwanzig, 187 cm ›lang‹, blond und ohne wesentliche Unebenmäßigkeiten«;

– sachlich gehaltene Inserate, in denen er sagt, wer er ist – und, oder, was er bietet:

»Nichtalltäglicher, sympathischer, amerikanischer Akademiker, 35/174, katholisch, ledig und Nichtraucher, möchte bald heiraten. Bildzuschriften nichtgeschiedener Damen erreichen mich über . . .«

»Welches Mädel oder Frau möchte in obb. Bauernhof einheiraten, gesch. oder Witwe kein Hindernis. Ich bin 40 Jahre alt«;

– Annoncen mit ›intellektuellem‹ Anstrich:

»Die Kunst der Liebe leben möchte ich (vgl. a. a. O., S. 119 ff.), 40, 184, schlank, mit einer Frau mit Gesicht und aufrechtem Gang, die von Zeit zu Zeit in Phantasien weilen und zurückkehren kann, die schöpferische Bilder, Musik, Natur – und nicht zuletzt – auch Kinder mag«;

»Ich freue mich über eine Begegnung mit Dir. Du bist eine Frau zwischen 25 und 35 Jahren. Du verstehst Liebe und Partnerschaft als etwas zutiefst Existentielles, Du bist selbstbewußt und tolerant. Du zeigst etwas Interesse an Literatur, Film und Theater (es lebe die condition humaine), scheust Kontroversen darüber nicht und begleitest mich – abgesehen von solchen kleinen kulturellen Spaziergängen – auch auf solche durch die weiten Naturlandschaften. Schreibe mir, wissend, daß es sich hier nicht um Forderungen, sondern um einen Rahmen handelt, den wir füllen können – gut oder schlecht. Er: Anfang 30, led., Akad.«;

- plump vertrauliche Annoncen:
    »Du bist noch in der Ausbildung oder jung im Beruf. Viel-
    leicht bist Du den Lärm der Diskotheken leid. Suchst einen
    älteren, unverh. Partner (46, Dr. phil.), der viel in der Welt
    herumgekommen ist, Dich gerne mitnehmen möchte auf
    Reisen, Wanderungen und Gesprächen. Vielleicht suchst
    Du eine gemeinsame Aufgabe und ein harmonisches, ge-
    meinsames (Ehe-)Leben auf dem Land, dann schreib mir
    bald, mit Foto, ich habe noch viele Pläne und brauche Dich
    dazu«;

- mitleiderregende Gesuche:
    »Ich möchte nicht länger auf den großen Zufall warten,
    denn ich habe eine große Enttäuschung hinter mir. Wo ist
    die Leidensgenossin, die mit mir, Robert, 28 Jahre, Ange-
    stellter, zusammen einen neuen Start versuchen will?«
    »Obersekretär DB, 1,60 m, geschieden, einsam unglück-
    lich. Wer kommt zu mir? Einsamkeit ist tödlich. Ich brau-
    che Dich. Will leben und glücklich sein«;

- Annoncen, die eigentlich unter ›Mietgesuche‹ plaziert sein
  müßten:
    »Sie, meine Dame, haben Haus, Vermögen, reisen gerne . . .«
    »Rentner, 67 Jahre, 168, getrennt lebend, sucht eine an-
    ständige Frau mit Wohnung«;

- Männer, die schon Pflegefälle sind – oder es in absehbarer
  Zeit werden, finden Sie hier auch:
    »Alleinsteh. Witwer, vitaler 75er, 160 gr., schlank, wünscht
    zu harmonischer Zweisamkeit Diabetikerin zu begegnen.«

- Annoncen, in denen Amateur-Nutten gesucht werden:
    »Geschäftsmann, Mitte 40, großzügig, geb., sucht Freun-
    din für gelegentliche Treffs«;

- Inserate, in denen Amateur-Call-Boys oder Gigolos ihre
  Dienste anbieten:
    »Junger Mann, 34, 176, sucht Freundin oder Freund, groß-
    zügig, tol., bis 60 J., denen er jed. Wunsch erfüllt.«
    »Netter junger Mann nimmt sich gerne für Sie Zeit, wenn

Sie tolerant und großzügig sind.«

»Er, 30/180, sucht zärtl., evtl. etw. reife *Sie* bis ca. 55 J., für gelegentl. schö. Std. a. tagsüb. 100 % Diskretion.«

Wie Sie sehen, gibt es für jedes Töpfchen ein Deckelchen. Sie müssen nur die Art von Mann, die Ihnen gefallen würde, aussortieren. Wie Sie das tun und was Sie ihm am besten antworten, ist ein Problem, das ich Ihnen gern lösen helfe. So schwierig, wie es im ersten Moment aussieht, ist es nämlich gar nicht.

Antwort auf Annoncen

> »In der Kürze liegt die Würze.«
> SHAKESPEARE

Sortieren wir die Annoncen, auf die Sie antworten können, erst einmal von denen, auf die sich nicht zu schreiben lohnt, aus. Dabei versteht sich folgendes wohl von alleine: was Annoncen, die Herr Krause und Co. in den diversen Zeitungen plazieren, angeht, denke ich nicht im Traum daran, Ihnen bei der Beantwortung Hilfestellung zu leisten. Weil Ihnen, wie Sie wissen, damit nicht geholfen wäre.

Ihnen zu erzählen, wie Sie sich bei einem Gigolo ins rechte Licht rücken, liegt mir auch fern. Was Sie ihm schreiben, interessiert ihn sowieso nicht. Was Ihr Bankauszug sagt, will er wissen. Und überhaupt: Wenn Sie dieses Buch aufmerksam gelesen haben, sind Sie auch als ›reife‹ Frau durchaus imstande, sich einen Mann zu angeln. Ohne daß Sie, wie Call-Boys es erwarten, seine Dienste mit barer Münze belohnen.

Falls Sie sich als Amateur-Profi verdient machen wollen, müssen Sie das auch ohne meine Hilfe in die Wege leiten. Das hat nix mit Moral zu tun, sondern hat andere, bessere Gründe: die Männer, die Sie mit den Tricks in diesem Buch aufreißen, sollen Ihrem Vergnügen dienen. Der Sex, der daraus resultiert, soll Spaß machen. Schließlich will ich hier keinen Leitfaden fürs Gewerbe schreiben. Soll ich auch gar nicht. Und darum würde mein Verleger Tips in dieser Richtung sowieso wieder streichen. Weshalb also sollte ich mir unnötige Arbeit machen?

Wenn Sie Krankenschwester spielen wollen – dann ebenfalls ohne mich. Allein der Gedanke, daß ich schuld daran tragen könnte, daß Sie den Rest Ihres Lebens als unbezahlte Privatpflegerin verbringen, läßt mich frieren. Für die Rubrik ›Wohnungsvermittlung‹ bin ich, wie Sie sich bereits denken können, ebensowenig zuständig.

Was die plump vertraulichen und mitleiderregenden Inserate betrifft, muß ich leider passen. Sie hoffentlich auch. Als unabhängige, selbstbewußte Frau werden Sie den Teufel tun und sich eine Heulsuse von Mann ans Bein hängen. Oder jemanden, der »Dir« jetzt schon – wie in dem angeführten Beispiel – vorschreibt, was Sie zu tun und zu lassen haben.

Zu den Inseraten mit ›intellektuellem‹ Anstrich: Schon beim Lesen steh' ich vor ihnen wie der Ochs vorm Berg. Mir ist das, was da drinsteht, nämlich leider zu hoch. Sollten Sie da allerdings durchblicken, alle Achtung! Und: Meine Hilfe brauchen Sie dann sowieso nicht, weil Sie von allein wissen, wie Sie Ihren Antwortbrief an ihn verfassen.

Geizkragen ignorieren Sie und ich ohne Kommentar.

Bleiben die witzigen und sachlichen Er-sucht-sie-Annoncen zu beantworten. Da dürften Sie keine Probleme haben:

Grundregeln:
– fassen Sie sich kurz. Schließlich wollen Sie nicht mit ihm korrespondieren, sondern ihn treffen, kommen Sie also zur Sache und schicken Sie ihm um Himmels willen keinen Lebenslauf;
– sollten Sie, so wie ich, eine Schrift wie ein Huhn auf dem Misthaufen haben, werden Sie sich hüten, Ihre Antwort handschriftlich zu geben. Denn da könnte folgendes passieren:
    * entweder würde Ihr Brief – weil er Ihr Geschreibsel nicht entziffern kann, sofort im Papierkorb landen, oder er würde es von einem Graphologen (und die sind schlimmer als Psychiater!) analysieren lassen. Und wer kann sich das schon leisten! Ihre Macken erfährt er schon so früh genug. Wie Sie noch erfahren werden, darf man spätestens seit Tucholsky sogar Liebesbriefe tippen;

Anrede:

Wenn *er* sich selbst auf irgendeine Weise als ein ›bestimmter‹ zu erkennen gibt, schreiben Sie ihn ruhig als solchen an. Also: »Lieber junger Mann mit Kaffeemaschine«, »Lieber Mensch ohne wesentliche Unebenheiten«, oder gehen Sie gleich in der Anrede auf sein Inserat ein. Etwa: »Sie brauchen nicht länger unter dem Rindvieh zu suchen – hier bin ich!« Sollten Sie keinen Anhaltspunkt für die Anrede finden, schreiben Sie einfach die Nummer: »Lieber ›AZ 030‹«. Setzen Sie die Chiffre-Nummer in Gänsefüße, das lockert die Angelegenheit auf;

Text:

»Nun sitz' ich schon seit Stunden vor diesem weißen Blatt Papier und mir fällt und fällt nicht ein, wie und was ich Ihnen schreiben soll. Kurzum: Telefonieren liegt mir mehr. Wie wär's, wenn Sie mich anriefen?« Oder: »Gleich vorweg: Auf Annoncen zu schreiben, gehört leider nicht zu meinen Stärken. (Bin zu wenig darin geübt!). Wie wär's, wenn wir uns träfen? Über's Wann, Wie, Wo können wir uns zusammentelefonieren. Meine Nummer . . .« Wenn Sie ihm unbedingt gleich etwas über sich erzählen wollen, können Sie das natürlich tun. In Kurzform, versteht sich. Etwa so: »Ich über mich: ›Slightly used women‹ – bis auf ein paar Schrammen gut erhalten – 33. 165 cm (ohne hohe Absätze) – 170 cm (mit). Haarfarbe: mittelblond (im Sommer etwas heller). Schlank, aber nicht dürr und auch ansonsten ohne wesentliche Ecken und Kanten. Charakter: vorhanden.«

»*Gezeichnet*« nicht: »Ihre . . .«. (Das sind Sie nicht!) Sondern: »Alle lieben Grüße«, »Vorläufig oder endgültig . . .«, »Bis bald«, »Freundlichen Gruß!«.

P. S.: (Falls er um Bildzuschrift gebeten hat) »Die neuesten Fotos von mir sind fünf Jahre alt. Weil ich heute jünger aussehe als damals, schicke ich Ihnen lieber keins mit.« Oder: »Kennen Sie das Dilemma, daß man auf Fotos entweder häßlicher oder sehr viel schöner – aber nie so aussieht, wie man wirklich ist? Weil ich Sie weder verschrecken noch Ihnen falsche Hoffnungen machen wollte, geht der Brief ohne Foto ab.« Oder: »Ich verspreche

Ihnen, daß Sie nicht der kalte Schlag trifft, wenn Sie mich sehen. Falls Sie trotzdem fürchten, daß Sie sich mit mir nicht sehen lassen können – schlagen Sie einfach ein Café, in dem Sie niemand kennt, als Treffpunkt vor!«

Und dann? Dann warten Sie ab. Er wird sich schon melden. Wie's dann weitergeht, erfahren Sie unter *Blind Dates*.

Sollten Sie wider Erwarten keine Annonce gefunden haben, auf die Sie gern antworten würden, bleibt Ihnen immer noch die Möglichkeit, selbst eine Anzeige aufzugeben.

Sie sucht ihn: Kleinanzeigen ganz groß

> »Schön geduldig miteinander
> langsam alt und verrückt werden
> andererseits
> allein geht es natürlich viel schneller.«
>
> KARIN KIWUS

Die besten Beispiele dafür, wie man etwas am geschicktesten anstellt, sind oft jene, aus denen ersichtlich wird, wie man etwas *nicht* tut. Schauen wir uns also zuerst einmal die Art von Inseraten an, die Sie sich hoffentlich bremsen können, aufzugeben:

– da sind zunächst einmal die Anzeigen, bei denen aus jeder Zeile, jedem Buchstaben dicke, salzige Tränen tropfen:
  »Von Ehe, Liebe und Leben enttäuscht hab' ich mich von der Welt zurückgezogen. Doch nun kann ich (35, 168) die Einsamkeit nicht länger ertragen. Welcher liebe, ehrliche Mann bringt wieder Sonne in mein trauriges Herz?«;

– dann gibt's Annoncen von Superfrauen, die schon längst Heim und Kinder hätten, wenn sie nicht so schüchtern wären. Besonderes Kennzeichen: diese Inserate sind meistens in der 3. Person verfaßt:
  »Conny, 22/162, ist eine bildhübsche, unkomplizierte, niedliche Frau. Sie hat eine aufregende Figur, strahlende Augen und wunderschöne Haare. Da sie etwas schüch-

tern ist und allein nicht gern weggeht, versucht sie nun mit dieser kleinen Anzeige ihr Glück zu finden. Wer schreibt ihr?«;

– dann gibt's die plump vertraulichen Annoncen, die zumeist von Anspruchslosen stammen:
»Wo bist Du? Der Mann, an dessen Schulter ich mich anlehnen darf. Ich stelle keine hohen Ansprüche, nur einer geregelten Arbeit sollst Du nachgehen. Dafür biete ich (25/167) Dir ein gemütliches Heim«;

– dann gibt's die, die's komisch finden, ihr Licht – so eines auf sie fällt – unter den Scheffel zu stellen:
»Langweilige *Bohnenstange* (40), unansehnlich und zänkisch, und weiblicher *Dracula* (9) suchen passenden Partner und Papi.«
»Graue *Feldratte* (38), durch karge Kost schlank geblieben, ohne Niveau und Esprit, sucht Rattenfänger«;

– dann gibt's die Super-Anspruchsvollen:
»Traummann gesucht! Pädagogin, 36 J., 170, mit hohen Ansprüchen an sich selbst und an den Partner, sucht adäquate Ergänzung. Er sollte nicht nur attraktiv und elegant sein, sondern auch geistreich, selbstbewußt, aufregend und weltmännisch. Ich selbst habe viel zu bieten an Seele, Geist und Körper.«
»Jugendl., schl., menschl., humoriger Mann mit Willenskraft, Tiefgang, erstkl. Niveau, Format, gehobenem Lebensstil gesucht. Wenn Ehrlichkeit und Selbstkritik ›ja‹ zu diesen Eigenschaften sagen, sehe ich Ihrer Musterung standhaft u. mit Freuden entgegen. Ein Dank für Ihre Überwindung – einen solchen Schritt weiß ich – (jugendl., 35jähriger Mädchen-Dame-Typ) zu wagen. Bedenken Sie, daß es auch f. mich ein ungewöhnlicher Weg ist«;

– dann gibt's Anzeigen, wo kein Mann weiß, was er davon halten soll – und sie darum wohl kaum beantwortet:
»Ein Wahrsager hat mir einen *Millionär* versprochen. Wo finde ich (38) ihn? Bedingung: Er darf keinen Anhang haben.«

»Verrückt. Suche k. anzeigenübl. Ehe, k. anzeigenübl. Mann, suche mehrf. Millionär (G-Mann) z. Ehe, auch plat., der nicht gern allein ist. Ich, weibl., 38, kameradschaftl., mollig, geschäftstüchtig, faul, naiv/gescheit. *Unseriöse Zuschr. zweckl.*«;

– andere Annoncen sollen auf die ›tiefgeistigen‹ Werte der Verfasserin schließen lassen:

»Kunst d. Liebens‹, E. Fromm, welcher Mann kann sich noch / schon / wieder m. diesen Gedanken identifizieren? Bin 29/168/55, Übers.«

»Zusammen durch Welt und Gegend streifen, Natur und Kunst erleben, mancherlei irdische Freuden genießen, uns mehr und mehr kennenlernen. Fragen stellen, Antworten suchen, nie ankommen ... *Du* – heiter, nachdenklich, die unlösbaren Widersprüche sehend, fair, tolerant – Freund, *ich* – das Leben liebend – schmerzerfahren; ohne Sinn für Äußerlichkeiten – Ästhet; hingabebereit – um Eigenständigkeit bemüht; kontaktfreudig – versammlungsscheu; zu Begeisterung fähig – kritisch; vor Gefühlen berstend – durch Vernunft zusammengehalten; unvollkommen, ein Mensch! Lehrerin, 45 J., verwitwet«;

– hinter anderen Inseraten verbergen sich offensichtlich verhinderte Pulitzer-Preis-Anwärterinnen:

»– Wenn Glanz in meine Augen tritt
– Wenn meine Seele erbebt
– Wenn mein Körper sich sehnt
– Wenn ich Du bin und Du ich,
dann möchte ich (Akad., 34 J., aparte, sensible, liebevolle Mädchenfrau) Dir folgen – egal wohin.«

»Der Sommer ist vergangen – die Zeit entflieht,
so viele schöne Dinge sind nicht getan,
so viele Worte nicht gesprochen.
Wer kann sich einfaches, aber trotzdem anspruchsvolles Leben mit einer naturverbundenen, an allen schönen Dingen dieser Welt interessierten Bayerin (44/160/56, eheerf.) vorstellen?«

Falls Ihnen bei einigen dieser Texte nicht ganz klar ist, weshalb
Sie sie sich sparen können – versetzen Sie sich einmal in den
Mann, der sie liest:

- würden Sie sich freiwillig eine »von Ehe, Liebe und Leben
  enttäuschte« Frau antun? Malen Sie sich mal die deprimie-
  renden Geschichten aus, die Sie da tagein, tagaus zu hören
  bekommen;
- Conny, ach so schüchtern, hört sich auch nicht gerade nach
  fröhlicher Gesellschaft an;
- der »langweiligen Bohnenstange« und der »grauen Feldratte«
  mag ich vielleicht Unrecht tun – aber nicht nur ich, sondern
  auch die wenigsten Männer haben Sinn für diese Art von
  Humor;
- die Männer, die den Nerv haben, sich auf die ›Traummann-
  gesucht-Anzeigen‹ zu melden, können Sie aller Wahrscheinlichkeit nach gleich vergessen. Entweder sind sie so durch-
  geistigt, daß mit ihnen sonst nicht viel anzufangen ist – oder
  sie sind derart von sich eingenommen, daß sie (mitsamt ihrer
  Eitelkeit) in eine Glasvitrine gehören;
- was die gesuchten ›Millionäre‹ angeht, erübrigt sich jeder
  Kommentar;
- mit den ›Superklugen‹ würde ich mich als Mann auch nicht
  unbedingt einlassen wollen. Schon gar nicht, wenn jemand
  meint, mir erzählen zu müssen, daß *Die Kunst des Liebens* von
  Erich Fromm ist. Und überhaupt: So sehr ich Fromm achte
  und liebe, seine *Die Kunst des Liebens* rational zu verstehen
  und emotional zu leben, sind leider zwei Paar verschiedene
  Stiefel … Auch pausenlos Fragen zu stellen, Antworten zu
  suchen, nie anzukommen, stell' ich mir ganz (un)schön stres-
  sig vor;
- blieben noch die verhinderten Schriftstellerinnen. Auch die
  wären mir – nicht nur als Mann, sondern als Mensch – zu
  anstrengend. Stellen Sie sich vor, die Guten packen jeden
  Satz, den sie sagen wollen, in einen Hölderlin-Vers … Nein
  danke!

Neben diesen bestimmten Anzeigen-Typen, vor denen Sie sich
hüten sollten, gibt es auch noch gewisse Formulierungen, die

sich nie und nimmer in Ihren Anzeigentext schleichen dürfen. Hier sind sie:

- »Einfaches, natürliches Mädel.« Männer, die sowas mögen, mögen *Sie* hoffentlich nicht;
- »Mut zur Liebe.« Muß denn gleich von Liebe die Rede sein? Lernen Sie ihn doch erst einmal kennen;
- »Leidgeprüft – nach hartem Schicksalsschlag.« Darauf melden sich nur andere ›Leidgeprüfte‹, und Sie werden sich weiterhin die Augen ausweinen. Mit ihm zusammen;
- »Hinter diesen Zeilen findest Du ...« Solch plumpe Formulierungen haben Sie nicht nötig;
- »Endlich wieder leben, lieben, atmen ...« Lernen Sie erst einmal, allein leben zu können. Sonst geht die Beziehung, die Sie eingehen möchten, auch schief;
- Schlagworte wie »mit Niveau« (traurig, wenn Sie es extra betonen müssen!), »treu« (wem?), »anpassungsfähig« (inwieweit?), »zwecks ...« (ohne Kommentar), »adäquater Partner« (was ist das?), »durchaus vorzeigbar« (versteht sich von selbst), »Mädchenfrau« (definieren Sie das mal!), »aus Paritätsgründen« (das klingt so nach Kuhhandel) überlassen Sie anderen;
- was Sie ebenfalls unterlassen, ist, sich dafür zu entschuldigen, daß Sie eine Annonce aufgegeben haben. Vergessen Sie Phrasen wie: »Warum ich auf diesem Weg einen Partner suche?« (Warum nicht!), »Auch wenn Sie sonst nicht auf Anzeigen antworten« (dann wird er es jetzt gewiß auch nicht tun), »Es ist zwar ein ungewöhnlicher Weg, jemanden kennenzulernen« (Quatsch! Sie sehen doch selbst, daß die Zeitungen nur so von Bekanntschafts- und Heiratsanzeigen wimmeln!);
- abgedroschene Sprüche wie »Eva sucht Adam«, »Ziel: Philemon & Baucis«, »Fische-Frau sucht Angler«, »Löwe-Frau sucht Bändiger«, lassen Sie auch bleiben;
- dann hüten Sie sich noch, Annoncen mit folgenden Sätzen abzuschließen: »Darf ich noch an Wunder glauben?«, »Darf ich auf (Deine) Antwort hoffen?«, »Freue mich auf Deine (Ihre) *mutige* Bildzuschrift.«

Nachdem Sie nun wissen, wie man's *nicht* macht, hier ist, was Sie tun können. Dabei gilt es zwei grundlegende Dinge zu klären:

– wollen Sie Ihre Anzeige sachlich oder lustig formulieren?
– wollen Sie Informationen über sich selbst preisgeben oder liegt Ihnen mehr daran, *ihn* zu beschreiben? Vielleicht auch von beidem etwas?

Wenn Sie ohne Umschweife zur Sache kommen wollen, könnte eine Anzeige so aussehen:

»Ich bin 30/174/60, Architektin, ruhig und etwas kopflastig. Ich mag Natur, Bewegung, Lesen (Chase, Tucholsky, Frisch, Fromm), Kino (Slapstick bis Kunst), Musik (Bach bis Police), Reisen (rund um die Welt).«

»Suche Mann ab etwa 30, der gern mal einen Wein trinkt und raucht, Kinder mag, ein bißchen sportlich ist, ab und zu fernsieht, aber auch mal liest, der albern und ernst sein kann, nicht gestreßt und hektisch ist und sich zutraut, eine Nichtemanze und Kind(er) alleine zu ernähren.«

»Suche einen sensiblen, zärtlichen, schlanken, wuschelköpfigen, junggebliebenen Individualisten (plus/minus 40), mit dem ich – mit denselben Attributen – lieben, lachen, weinen, planen – kurzum – leben kann.«

»Lebensfrohe 44jährige, die allein, aber nicht einsam in Bremen lebt, sucht *einen Menschen*.«

Wenn Sie die ganze Angelegenheit besonders locker anfassen wollen, versuchen Sie es mal mit Anzeigen wie diesen:

»*Leicht angerostet*, aber nicht im Kopf! Witwe, 57, denkfähig und heiter, sucht Gegenstück.«

»Weibliches Wesen (33/170) hat das Alleinleben vorerst satt und sucht netten Partner.«

»›Übriggebliebene Fünfzigerin‹ hält nach emanzipiertem Partner Ausschau, der soviel Grips hat, daß ihn der ihrige nicht stört. Philister, Militaristen, Pedanten und Besserwisser aller Art sind nicht das richtige Pendant. Statt dessen hofft sie auf die Freundschaft eines kritischen, fröhlichen, geistig flexiblen Menschen, mit dem das ›Zusammen-alt-Werden‹ Spaß macht.

Bitte melden Sie sich (gern auch jünger), falls Sie zu den gesuchten Exoten gehören.«

»Vater werden ist nicht schwer! Wir sind eine Restfamilie, 42/16/13, mit Grips, Chic, Humor, lebhaft, kreativ, sensibel, anstrengend, musisch, lieben Fahrrad, Ski, Tennis, unseren Hund und vieles andere.«

Sie sehen, es geht auch ohne Schmalz und übertriebenen Humor. Und überhaupt: Wenn Sie sich die Annoncen anderer ein paar Wochenenden hintereinander durchlesen, finden Sie sicher noch ein paar Anregungen, die Ihnen auf die Sprünge helfen.

Die Antwortbriefe, die Sie bekommen, sortieren Sie dann sorgfältig aus. Im großen und ganzen können Sie schnell erkennen, wes Geistes Kind der Schreiber ist. Wer Ihnen, wie schon unter Er-sucht-sie erwähnt, was von »erdrückender Einsamkeit« erzählt, landet sofort im Papierkorb. Wer (ahnungslos) durchblicken läßt, daß er eine Haushälterin sucht, ebenfalls.

Bleiben die Männer, mit denen Sie sich gern treffen würden, um sie aus der Nähe zu betrachten. Wie Sie sich bei Ihrem ersten Treffen am geschicktesten verhalten, erfahren Sie im folgenden Kapitel.

12.
Wie Sie Treffen mit bislang fremden Männern arrangieren

»Nur was der Augenblick erschafft, das
kann er nützen.«

GOETHE

Klar sind Ihnen alle Männer, die Sie über dieses Buch kennenlernen wollen, fremd. Nur: Auch das ›Fremdsein‹ gibt es in verschiedenen Nuancen: da gibt es einmal Männer, die Sie zwar
noch nicht persönlich – aber doch zumindest vom Telefon her
oder aus den Erzählungen von Freunden und Verwandten
kennen. Und sie Sie auch. Dann gibt es Männer, die Sie nicht
kennen – und bislang auch nichts von Ihrer Existenz ahnen. Sie
wissen aber sehr wohl, daß es besagte Männer gibt. Und Sie haben sogar eine grobe Ahnung davon, was für Menschen sie
sein könnten. (Obwohl irren auch in diesem Fall nur allzu
menschlich ist!)

Wie Sie es also am besten anfangen, diese Ihnen nicht ganz so
fremden Männer aus nächster Nähe zu betrachten, erfahren
Sie in dem nun folgenden Kapitel.

Blind Dates – der Mann mit der Nelke im Knopfloch

»Freuen Sie sich nicht zu früh – wenn Ihr
blind-date eine schöne Telefonstimme hat.
Freuen Sie sich nicht zu früh – wenn ein
Mensch von hinten gut aussieht.«

GILLENSON'S Gesetze der Erwartung

Denn:

»Wer nichts erwartet, der wird nicht enttäuscht.«

Alte Binsenweisheit

Blind Dates, ›blinde Verabredungen‹, das sind alle die, bei
denen Sie den Mann, mit dem Sie sich verabredet haben, noch

nicht von Angesicht zu Angesicht kennen. In eine solche Situation können Sie aus mehreren Gründen hineinschlittern:

- Sie haben meine wohlgemeinten Ratschläge in den Wind geschlagen und ein Partnerschaftsvermittlungsbüro damit beauftragt, Ihnen einen Mann zu finden;
- Sie haben eine Er-sucht-sie-Annonce beantwortet;
- er hat sich auf Ihre Sie-sucht-ihn-Anzeige gemeldet;
- Sie hatten eine falsche Telefonverbindung und er hatte eine so schöne Stimme, daß Sie Hoffnung hegen, er könne der Richtige sein;
- er kennt niemanden in München (Hamburg, Bochum) – und ein gemeinsamer Bekannter (gemeinsame Bekannte) hat ihm freundlicherweise (?) Ihre Telefonnummer mit auf den Weg gegeben. Nun möchte er Sie, einsam und verlassen, wie er ist, zum Essen einladen;
- Freunde oder Feinde, Bekannte oder Verwandte haben die Verabredung arrangiert, weil sie der Ansicht sind, es sei höchste Zeit, daß Sie endlich unter die Haube kommen. (Oder *er* endlich seßhaft wird.)

Grundregeln:

- falls es sich um ein Blind Date handelt, zu dem man Sie moralisch erpreßt hat und Sie sich partout nicht verkuppeln lassen wollen: Schminken und kleiden Sie sich so, daß er sich nach zehn Minuten mit einer mehr oder weniger dummen Entschuldigung auf den Lippen verabschiedet. Ein bißchen wissen Sie schließlich was von ihm, wenn Freunde / Bekannte / Verwandte das Treffen arrangiert haben:
  * tragen Sie Ihr Abend-Make-up auf, wenn er ›natürliche‹ Mädchen mag;
  * schminken Sie sich überhaupt nicht und kleiden Sie sich nonnenhaft, wenn er auf bunt steht;
- sollten Sie hingegen einen besonders ›guten‹ Eindruck machen wollen, richten Sie sich nach den Regeln, die Sie unter Kleider machen Leute finden:
  * treffen Sie den Unbekannten nie in seiner oder Ihrer Wohnung:

* er könnte Jack the Ripper sein;
* von einem neutralen Treffpunkt können Sie sich ohne wesentliche Komplikationen schneller wieder absetzen, wenn *er* Ihnen doch nicht gefällt (Sollte er Ihnen gefallen, steht es Ihnen später immer noch frei, seine oder Ihre Wohnung aufzusuchen!);
* treffen Sie den Fremden keinesfalls später als 17.00 Uhr:
* falls Sie den Abend nicht mit ihm verbringen wollen, können Sie sich nach einem gemeinsamen Kaffee, Tee, Nachmittagsdrink, ohne unhöflich zu wirken, wieder verabschieden;
* sollten Sie sich hingegen auf einer Wellenlänge befinden, können Sie die Verabredung immer noch bis in die späten Abend- oder frühen Morgenstunden ausdehnen;
- auch wenn Sie bei seinem Anblick – oder seinen (nicht vorhandenen) Manieren der Schlag trifft, bleiben Sie Dame! Mit anderen Worten: Selbst wenn Ihnen der Mann mit der Nelke im Knopfloch auf den ersten (oder zweiten) Blick nicht gefällt: Schleichen Sie sich nicht wie ein alberner Teenager wortlos davon. Stehen Sie den Kaffee (Drink) lady-like durch. Wie Sie sich dann elegant aus der Affäre (die keine wird) ziehen können, erfahren Sie noch.

Das Vorspiel

Kein Blind Date muß Ihnen derart fremd sein, daß Sie völlig blind in die Verabredung hineintapsen. Es liegt allein an Ihnen, sich *vor* der Zusammenkunft ein einigermaßen treffendes Bild zu machen:

- wenn Sie ihn bisher ›nur‹ vom Telefon her kennen, wissen Sie eigentlich schon eine ganze Menge über ihn:
* ob er seine Muttersprache beherrscht – oder nicht;
* ob er freundlich oder plump vertraulich mit Ihnen spricht;
* ob er Sie – je nachdem, welchen Treffpunkt er vorschlägt – nur abschleppen oder erst einmal kennenlernen möchte;
* ob er groß oder klein, dünn oder dick, blond oder dunkelhaarig ist. Denn an der Nelke allein sollen Sie ihn schließlich nicht erkennen;

* ob er Hirn und Humor hat – oder ob er nur Blabla von sich gibt;
- wenn Dritte Ihnen zu Ihrem Blind Date verholfen haben, stehen Sie ihm auch nicht völlig uninformiert gegenüber:
  * Sie können sich ein Foto zeigen lassen. Sieht er gepflegt oder schlampig aus; hat er Lachfalten oder eine Alkoholikernase;
  * lassen Sie sich schildern, wie andere ihn sehen. Irgend etwas muß sie ja dazu bewogen haben, gerade *Sie* mit ihm bekanntmachen zu wollen. Erwarten Ihre Kuppler, daß es zwischen Ihnen beiden funkt – oder ist er was Solides, das Gegenteil Ihrer bisherigen Männer, mit dem Sie endlich einen Hausstand gründen sollen?

Von Angesicht zu Angesicht

Nachdem Sie all die Informationen, die Sie über ihn einholen konnten, ausgewertet haben, wollen Sie es riskieren, ihn persönlich zu treffen. Da ist er also. Und was passiert:
- er sieht aus wie Clark Gable und Sie wundern sich, daß er noch zu haben ist;
- er sieht aus wie Didi Hallervorden und Sie können nur noch hoffen, daß er auch dessen Humor hat;
- Sie sehen nur die Nelke. So unscheinbar ist er.

Auch auf die Gefahr hin, mich zu wiederholen: In allen drei Fällen gibt's nur eins: Bleiben Sie Dame;

- unabhängig davon, wie schnuckelig er auch sein mag: Sie fallen ihm nicht stehenden Fußes um den Hals;
- ist er nicht gerade der Schönste, ist noch lange nicht alles verloren: Männer müssen nicht *schön*, sondern vielmehr *interessant* sein. Und ob er das ist, haben Sie ja nun Gelegenheit, abzuchecken;
- wenn Sie ein blasses Etwas vorfinden, haben Sie natürlich leider Pech gehabt. Blaß in jener Form von Blässe, die von innen heraus kommt. Weil da gar nichts herauskommt.

Aber wie dem auch sei: Sie setzen sich erst einmal. Sollte er nicht Manns genug sein, eine Unterhaltung in Gang zu bringen, müssen Sie versuchen, das erste Eis zu brechen. Wie Sie das machen und welche Gesprächsthemen die unverfänglichsten sind, wissen Sie ja bereits.

Auf Nimmerwiedersehen – Ade

Nachdem Sie nun ein Stündchen (plus oder minus ein paar Minuten) Zeit gehabt haben, sich gegenseitig kennenzulernen, müssen Sie einen folgenschweren Entschluß treffen. Und zwar den, ob Sie sich mit ihm ein zweites Mal verabreden – oder nicht.

Es kann natürlich auch passieren, daß Sie ihn gern wiedersehen würden – aber ihm daran nichts liegt. Mag sein, daß er Ihnen letzteres klipp und klar sagt. Sollte das der Fall sein, machen Sie sich nichts draus. Andere Mütter haben, wie Sie bereits wissen, auch schöne Söhne.

Es kann natürlich auch sein, daß er Ihnen nicht weh tun möchte und darauf hofft, daß Sie von selbst mitkriegen, was (nicht) läuft. So verhält er sich:

– wenn er eine gute Kinderstube hat;
– wenn er *Wie man eine Frau aufreißt* gelesen hat – und danach handelt.

Sie mögen mich jetzt vielleicht Verräterin schimpfen, aber hier sind die Tips, die ich ihm gegeben habe, wenn er sanft durchblicken lassen will, daß er von Ihnen nichts will: er wird in die Unterhaltung einflechten:

– daß er in Bälde eine Geschäftsreise antreten muß, von der er heute noch nicht sagen kann, wie lange sie dauert. Darum kann er sich auf ein neues Treffen mit Ihnen noch nicht festlegen;
– daß, gerade bevor er das Haus verlassen hat, ein Anruf kam, mit dem er nicht mehr gerechnet hatte. Und der war – wie könnte es anders sein – von seiner ehemaligen, seiner letzten Freundin. Bei besagtem Telefonat ist ihm nun klargeworden, daß er sich doch noch nicht – wie er gehofft hatte – emotionell von dieser Frau gelöst hat;
– daß er keine Kinder möchte – wenn Sie ihm erzählen, daß Sie gern Mutter würden;

- daß er nur zu gerne Vater wäre – wenn Sie ihm zu verstehen gegeben haben, daß Ihnen die Mutterrolle absolut nicht liegt;
- daß er sich absolut schofel vorkomme. Denn eigentlich ging es ihm von Anfang an gar nicht darum, Sie kennenzulernen, sondern vielmehr darum, einem Journalistenfreund zu helfen, einen Artikel über Blind Dates zu recherchieren;
- daß er im Prinzip auf Männer fixiert sei und gehofft habe, Sie könnten ihn ummodeln. Nur jetzt sei da gerade ein so entzückender Knabe vorbeigegangen. (Dieser Spruch war allerdings als Notlösung – wenn alle Stricke reißen – gedacht. Sollten Sie ihn je zu hören kriegen, sind Sie selber schuld. Denn dann haben Sie absolut kein Feingefühl dafür entwickelt, daß er Sie mit dem vorletzten Spruch etwa loswerden wollte!)

Und was tun Sie, wenn Sie ihm vorsichtig beibringen wollen, daß Ihnen an einem Wiedersehen nicht gelegen ist? Sie passen die Ausreden, die Sie gerade gelesen haben, der Situation an – und benutzen sie von Ihrem Standpunkt aus. So einfach ist das.

Die Reichen ... und die Berühmten

> »Nach Golde drängt, am Golde hängt doch alles!«
>
> GOETHE
>
> Aber:
>
> »Es ist nicht alles Gold, was glänzt.«
>
> Uralte Weisheit

Damit wir uns recht verstehen: Dieses Kapitel hätte ich mir nur zu gern gespart. Aber leider, leider führt kein Weg daran vorbei. Denn wenn ich meiner ›journalistischen Sorgfaltspflicht‹ Genüge tun will (und das will ich – nicht zuletzt deshalb, weil mein Verleger es von mir erwartet), muß ich Ihnen natürlich auch erzählen, wo Sie einen Märchenprinzen finden.
Oder besser: Männer, die von einigen Frauen (zu denen Sie

hoffentlich *nicht* gehören!) dafür gehalten werden: also Millionäre, Filmstars, Rockstars und Weiß-der-Himmel-was-für-Berühmtheiten ...

Nun denn. Wenn's unbedingt sein muß, werde ich Ihnen diese Informationen nicht vorenthalten.

Wie angel ich mir einen Millionär?

>Baby you're a rich man.«
BEATLES

Sachen gibt's, die gibt's gar nicht! Nicht in Deutschland jedenfalls. Doch in den USA gibt es sie sehr wohl. Wem es nicht die Wahl des derzeitigen Präsidenten bestätigt hat, spätestens seit Dr. Johanna Steichen kann keiner mehr dran vorbei: Amerika ist und bleibt das Land der unbegrenzten Möglichkeiten!

Seit knapp zwei Jahren nämlich hält die 50jährige Johanna Abendkurse zum Thema: *Wie angel ich mir einen Millionär?* Gleich vorab: Wer damit in erster Linie zu (eigenen!) Millionen kam, war Johanna, Tochter eines Brooklyner Schusters (die nicht bei Papis Leisten bleiben wollte), selbst. Nur 5000 Kursteilnehmerinnen wurden benötigt, um der cleveren >Psychotherapeutin< die erste Million Dollar umzusetzen: für den Drei-Stunden-Kursus (der an einem Abend in einem Rutsch absolviert wird) läßt Johanna die geldgeilen Gänschen 200 Dollar (sprich 500 Mark) berappen, pro dezent gepuderte Nase.

Weshalb ich Ihnen das alles erzähle? Damit Sie wissen, was für ein netter Mensch ich bin. Denn die Tips, die Johanna sich teuer bezahlen läßt, bekommen Sie bei mir für weniger als fünf Pfennige! Rechnen Sie den Buchpreis mal auf die Seitenzahl um!

Bevor ich Ihnen allerdings verrate, wo Sie Ihren Goldesel finden, gilt es, Grundsätzliches zu klären. Millionäre gibt es nämlich in verschiedenen Ausführungen. Und bevor Sie sich auf die Suche nach einem von ihnen begeben, sollten Sie schon wissen, was für einen Sie suchen. Da wären:

- der geborene Millionär. Ihn gibt's schon ganz jung zu haben; weil nicht er, sondern sein Papi das Geld verdient (oder auch ererbt) hat;
- der self-made Millionär. Er ist (Ausnahmen bestätigen die Regel) ab frühestens 30 Jahren aufwärts zu haben. Es hat schließlich ein Weilchen gedauert, eine Erfolgsidee in die Tat umzusetzen oder eine Firma aufzubauen;
- der alte Millionär. Wie er zu seinem Geld kam, interessiert nicht. Wesentlich ist nur, daß er nicht mehr allzu lange leben wird. Und irgend jemand – vorzugsweise Sie – ihn beerben sollte.

Damit sind wir schon beim nächsten, äußerst wesentlichen Punkt angelangt. Dem Familienstand des Millionärs. Von fünf vorhandenen Möglichkeiten eignen sich nur zweieinhalb, was so aussieht: er ist:
- ledig. Da lohnt es sich, zuzugreifen;
- verwitwet. Auch hier: Nichts wie ran;
- verlobt. Hier stehen die Chancen 50 : 50, daß Sie ihn von seiner Zukünftigen – oder der Dame, mit der er ›fest liiert‹ ist – loseisen können;
- geschieden. Vergessen Sie's. Er mag zwar mal Millionär gewesen sein – aber seine Ex wird ihn höchstwahrscheinlich bis auf den letzten Pfennig ausgeblutet haben oder ausbluten;
- verheiratet. Fällt ebenfalls flach. Es sei denn, Sie begnügen sich damit, ein paar nette Geschenke zu bekommen. Aber ich dachte, Sie wollten sich einen Millionär – mit Haut und Haaren! – angeln?

Prinzipiell gilt: Je lediger der Millionär, desto besser. Es sei denn, daß es Ihnen nichts ausmacht, seine Millionen mit seiner Frau und seinen Kinderchen zu teilen. Der Haken an der Sache, das sage ich Ihnen gleich, ist nur der:
- Millionärssöhne und -töchter beuten Papi oft so aus, daß für Mami zwar noch ein paar Mark übrigbleiben. Aber für die Geliebte springt außer einem – zugegebenermaßen recht bequemen – Lebensunterhalt (inklusive Sportwagen, Chinchilla, Schmuck) nicht allzuviel heraus;

– als Geliebte eines Millionärs müssen Sie sich Ihren ›Erban-
teil‹ zu seinen Lebzeiten sichern. In sein Testament wird er
Sie kaum aufnehmen können. Dort, wo er sich dann befindet, würde *er* einen Skandal zwar nicht mehr ausbaden müssen, aber Sie lesen ja Zeitung. Und darum wissen Sie, was es
mit Testamentsanfechtungen auf sich hat …

Nachdem Sie sich nun für einen bestimmten Typ von Millionär
entschieden haben, sollen Sie auch erfahren, wo Sie ihn finden.
Falls Sie beim Lesen den Eindruck gewinnen, ich wolle Sie nur
auf den Arm nehmen – beschweren Sie sich bei Johanna. Die
plumpen Tips sind auf ihrem, die eleganten auf meinem Mist
gewachsen. (Weil die plumpen aber dennoch wirkungsvoll sind,
sollen sie nicht fehlen!):

– stellen Sie sich im nächsten Wahlkampf als Helferin zur Verfügung. *Nicht* zum Waschzettelverteilen, versteht sich. Sie
arbeiten (notfalls als ›Mädchen für alles‹) im Spendenbüro.
Da finden Sie dann heraus, wer die dicksten Spenden macht
– und nix wie ran an den Knaben. Wenn er nicht – was wahrscheinlich ist – persönlich auftaucht, rufen Sie ihn an!
Erzählen Sie ihm – mit tränenerstickter Stimme –, wie über-
schwenglich dankbar Sie ihm dafür sind, daß er (dank der
Geldspritze) alles tun will, um Deutschland vor dem Ruin
zu retten. Wenn er nicht wäre, würden Sie völlig schwarz-
sehen;
– suchen Sie sich einen Job bei einem Häusermakler. Einem,
der nur teure Villen vermakelt.
Sobald ein finanzstarker Kunde in Erscheinung tritt, klim-
pern Sie mit den Wimpern;
– lernen Sie Krankenschwester und lassen Sie sich in einer Pri-
vatklinik einstellen. Oder gleich in einem Privathaushalt.
Bei einem alten, gebrechlichen Millionär. Nun müssen Sie
nur noch dafür sorgen, daß das Herz Ihres Auserkorenen,
das er für Sie entdeckt hat, zu schlagen aufhört. Nicht für
Sie, sondern samt und sonders.
Achtung
Hüten Sie sich davor, ihn zu vergiften. Statt dessen müssen
Sie es so einrichten, daß er die Flitterwochen – alldieweil sie

so ekstatisch sind – nicht überlebt. So wird der Pathologe eine nur allzu natürliche Todesursache feststellen.

Achtung, Achtung

Einen jungen, noch recht flotten Millionär päppeln Sie natürlich gesund. Und zwar mit so viel Geschick und Herzlichkeit, daß er es Ihnen ewig danken wird;

– werden Sie Gesellschaftsdame.

Ist er alt und häßlich, vergessen Sie nie: Der greise Knabe, der Sie abgrapscht, ist kein simpler ›dirty old man‹, sondern ein verdammt reicher ›dirty old man‹;

– reisen Sie. Mit Überlegung, versteht sich:

hier kratzen Sie jede müde Mark, die Sie nur sparen können, zusammen. Dann buchen Sie einen 1.-Klasse-Flug nach Marbella oder Ibiza.

Da fliegt jeder hin? Stimmt. Aber nicht so trickreich wie *Sie!* Erstens steigen Sie – wenn Sie nicht in Frankfurt wohnen – dort schon mal um. So haben Sie zwei 1.-Klasse-Flüge, wo Sie andere 1.-Klasse-Passagiere kennenlernen können. (Im Gegensatz zu Ihnen haben die sich das teure Ticket nicht vom Mund abgespart!)

Was passiert? Sie kommen mit dem oder den Herren, die bis nach Frankfurt auf Geschäftsreise – und ab Frankfurt auf dem Weg zu ihrer Luxus-Jacht sind, ins Gespräch. Da schlagen Sie zu. Tauschen Telefonnummern aus, das Übliche. Und überhaupt: So, wie Sie im 1.-Klasse-Abteil gleich mit einem Löffel Kaviar und einem Glas Champagner verpäppelt werden, fühlen Sie sich ganz automatisch als ›Million Dollar Babe‹. Und Sie wissen ja:

So, wie man sich fühlt, wirkt man auf seine Umgebung! Die reichen Knaben können gar nicht anders, als ein Luxusgeschöpf wie Sie näher kennenlernen zu wollen!

– Spielcasinos sind hervorragende Jagdgründe.

Achtung

Halten Sie Ihr Opfer unter Beobachtung. Sonst kann es passieren, daß er, der die Spielbank als Millionär betrat, keiner mehr ist, wenn er sie – mit Ihnen am Arm – wieder verläßt. Umgekehrt gilt dieser Tip auch. Lassen Sie den armen Schlukker nicht ganz aus den Augen. Mag sein, daß er eine Glückssträhne hat, die Sie mit ihm feiern sollten;

- exklusive Herrenbekleidungsgeschäfte sind eine wahre Fundgrube für Männer mit Geld. Wieviel Geld genau können Sie allerdings erst im nachhinein – wenn Sie wissen, wen Sie da aufgegabelt haben – erfahren. Darum: lassen Sie sich dort als Verkäuferin einstellen. Oder als Änderungsschneiderin. So lernen Sie die Stammkunden bzw. deren Stammbäume kennen;

- teure Sportarten, die Sie natürlich keineswegs selbst betreiben müssen, bringen Sie ebenfalls mit betuchten Männern in Verbindung. Sie treffen sie:
  * in Jachtclubs,
  * in Flugschulen,
  * in Reitställen.
  Alles, was Sie tun müssen, ist dort herumzulungern;

- Verleger (nicht meiner, der ist glücklich verheiratet!) und Großfirmenbesitzer aller Art sind ebenfalls geeignetes Wild. Damit Sie nicht unnötig Zeit verschwenden, lassen Sie sich kurz vor der alljährlichen Betriebsfeier einstellen. Da treffen Sie ihn spätestens – sollte er nicht einmal täglich oder wöchentlich durch seine geheiligten Hallen schreiten, um den Lauf der Dinge zu betrachten;

- Schlösser in Privatbesitz sind auch einen Besuch wert. Manchmal. Nämlich dann, wenn
  * es einen Schloßherrn, aber keine dazugehörige Schloßdame mehr gibt;
  * der stolze Besitzer nicht seinen letzten Pfennig hineinstecken muß, um die Ruine zu erhalten.
  Bitten Sie ihn um eine Audienz. Er wird sich freuen, Ihnen seinen Besitz zeigen zu dürfen. Und Sie haben Gelegenheit festzustellen, ob der alte Knabe Ihrer Mühe wert ist.

Ach ja! Beinahe hätte ich das Wichtigste vergessen. Nämlich die Goldene Lebensregel, ohne die Johanna (auch) keine ihrer Klientinnen entläßt: Merken Sie sich also bitte:

- Geld allein macht nicht glücklich!!!

Wie angel ich mir einen Star?

Bevor wir von ›Stars‹ zu reden beginnen, sollten wir ganz kurz
klarstellen, um welche Größenordnung es hier geht. Bestimmt
nicht um die kleinen.

Es mag zwar durchaus sein, daß Sie sich in den Gitarristen,
der am Wochenende in der Kneipe nebenan sein Geld verdient,
verschossen haben. Oder daß Sie den Knaben, der in der
nächstliegendsten Kleinstadt den Romeo spielt, heiß verehren.
Aber die aufzureißen ist nun wirklich kaum der Rede wert. Alles, was Sie tun müssen, ist:

- darauf achten, was besagter Gitarrist in den Pausen trinkt.
  Und ihm bei der nächstbesten Gelegenheit eben diesen
  Drink mit einem Spruch wie »Sie müssen sicher durstig sein«
  zu offerieren;
- Sie können ihn auch *vor* der nächsten Veranstaltung – wenn
  die Band gerade ihre kleine Anlage aufbaut – packen. Da erzählen Sie ihm dann ganz einfach, daß Sie sich schon riesig
  auf seine Musik freuen. Und daß Sie ihm stundenlang zuhören könnten. Länger jedenfalls, als der Kneipen-Gig dauert.
  Wenn Sie ihm das glaubhaft genug versichern, gibt er Ihnen
  wahrscheinlich eine Sondervorstellung;
- Sie können ihn auch ganz frech fragen, ob er Ihnen Gitarren-
  unterricht geben würde. Daß es dabei, wenn er ja sagt, nicht
  bleibt, wissen Sie beide;
- sollte die Band, in der *er* spielt, ihre eigenen Songs komponie-
  ren, fragen Sie, wie ihre Platte heißt. Auch wenn Sie längst
  wissen, daß es (noch) keine gibt, würden Sie sie gern kaufen;
- sollten die Jungen anderer Leute Hits runterspielen, starten
  Sie einfach ein ›special request‹. Das heißt, Sie bitten *ihn*
  (gleichgültig, ob's der Schlagzeuger oder Sänger ist!) darum,
  ein bestimmtes Lied für Sie zu spielen. Ein romantisches ...
  und dann bieten Sie der Band eine Runde Drinks an;

- Romeo hingegen kriegen Sie ganz leicht zu fassen, indem Sie sich am Bühneneingang des Theaters plazieren – und dort auf ihn warten. Sobald Sie ihn sichten, gehen Sie auf ihn zu, loben sein Talent über alle Maßen – und bitten ihn um ein Autogramm;
- Sie können ihn auch gleich fragen, ob er nicht hungrig ist und mit Ihnen einen Happen essen würde;
- oder Sie halten ihn einfach fest und fragen ihn, ob er Ihnen behilflich sein könnte. Sie würden gern zur Schauspielschule gehen, welche er denn besucht habe – und wie Sie das alles in die Wege leiten sollten.

Sie finden diese Art von Anmache ziemlich seicht? Tut mir leid, aber so geht's in solchen Fällen nun mal am schnellsten und effektivsten. Vor allem dann, wenn Sie nicht wissen, wo der Musiker oder Schauspieler, auf den Sie scharf sind, wohnt. Oder in welchen Kneipen er verkehrt. Sollten Sie allerdings im Besitz dieser außerordentlich wertvollen Informationen sein, behandeln Sie ihn vor seinem Haus, in seinem Stammlokal, in seinem Supermarkt wie jeden anderen Mann, den Sie sich greifen wollen.

Wieso? Weil er dann (nicht so schnell jedenfalls) nicht mitkriegt, daß Sie sich hauptsächlich deshalb in ihn verguckt haben, weil er dieser oder jener ist. Nur bei besonders Eitlen müssen Sie eine Ausnahme machen: die fühlen sich nämlich geschmeichelt, wenn Sie sie ohne die Gitarre, ohne die Theaterschminke und das dazugehörige Kostüm erkennen.

Für alle anderen – mittleren, großen und überlebensgroßen – Stars gilt: Im Hotel sind sie einfacher zu erwischen als in der Konzerthalle oder auf dem Filmgelände. Da sind die Superstars zwar auch von (zumeist ihren persönlichen) Leibwächtern umgeben. Aber im Hotel wimmelt es nicht ganz so von Sicherheitsbeamten aller Art, wie man sie auf Filmgelänen, im Olympiastadion oder der Jahrhunderthalle überwinden muß. (Leute wie Frank Sinatra sind da allerdings eine Ausnahme. Vor seiner jeweiligen Hotel-Suite marschiert gleich ein ganzes Regiment von Bodyguards auf und ab!)

Welche Taktik Sie nun anwenden, um bei einem Star zu landen, hängt von mehreren Faktoren ab. Klären wir Ihr Vorgehen also am besten anhand von Fallbeispielen:

– wenn Sie ganz generell wild auf Stars sind, also keinen insbesondere bevorzugen, haben Sie das Zeug zum Groupie. Da tun Sie am besten folgendes:

* Sie freunden sich mit einem (oder gleich zwei, drei) Sicherheitsbeamten der Dortmunder Westfalenhalle, oder wo immer Ihre Sorte Star auftritt, an. Das wiederum tun Sie, indem Sie dann und wann nachmittags (sobald die Jungen ihren Dienst angetreten haben) dort aufkreuzen und den, die Sicherheitsbeamten Ihrer Wahl in ein nettes, fröhliches Gespräch verwickeln. (Bieten Sie ihm 'ne Cola, ein Pfefferminz, sonstwas an, um ins Reden zu kommen.)
Sobald Sie in ihm einen Freund gewonnen haben, wird er Ihnen helfen, hinter die Bühne zu kommen. Er wird verstehen, daß Sie Mr. Rock'n'Roll einmal persönlich die Hand schütteln wollen – und sich freuen, einem so lieben Mädel bei der Verwirklichung seines Wunschtraums helfen zu können;

* finden Sie heraus, wer die Konzerte der Musiker, die Sie kennenlernen möchten, auf die Beine stellt. Sollte die Konzertagentur sich in der Stadt, in der Sie wohnen, befinden, haben Sie ein relativ leichtes Spiel. Nur ein bißchen zeitraubend ist es:
Erkunden Sie, wo die Sekretärin, der Bote oder sonst ein Angestellter der Agentur nach Feierabend ein Bier oder einen Wein trinkt. Arrangieren Sie ein Zufallstreffen, freunden Sie sich mit ihr oder ihm an. Alles weitere ergibt sich dann – siehe letzten oder folgenden Punkt – von selbst. Entweder hilft Ihre neue Freundin Ihnen, in die Garderobe zu gelangen, oder Sie erfahren von ihr, in welchem Hotel der Star wohnt;

* befreunden Sie sich mit den Portiers, Empfangschefs, Kellnern, Zimmermädchen, Pagen der Hotels, in denen die Stars normalerweise absteigen. Von ihnen können Sie dann erfahren, wer zur Zeit im Hotel wohnt. Und wann er

sein Frühstück in der Halle einnimmt. Oder besser: den ersten Drink;

*   ansonsten kann ich Ihnen nur raten, in einem Antiquariat nach einem *Handbuch für Groupies* zu suchen. In den Sixties muß sowas sicherlich geschrieben worden sein. Das besorgen Sie sich dann und lernen es auswendig. Denn da stehen dann noch alle die Tips drin, die Sie hier nicht finden;

– wenn Sie es auf einen ganz speziellen Star abgesehen und gerade erst erfahren haben, daß er in Ihrer Stadt ist, müssen Sie improvisieren:

*   versuchen Sie – über die örtliche Zeitung (wo Sie nach dem Show-Ressort-Leiter fragen) herauszubekommen, in welchem Hotel Ihr Liebling wohnt. Da tauchen Sie dann auf und warten so lange in der Halle, bis der Mann Ihrer schlaflosen Träume auftaucht.

Achtung

Viele Stars sehen im wahren Leben bedeutend mickriger aus, als sie es im Fernsehen oder auf Fotos tun. Halten Sie also Ihre Äuglein gut offen, damit er Ihnen nicht unbemerkt entwischt!

Haben Sie ihn gesichtet, bitten Sie ihn um ein Autogramm. Oder sagen einfach »Hi« (bei Engländern und Amerikanern) oder »Hallo« (deutschsprachige Stars). An seiner Reaktion werden Sie schon erkennen, ob er willig ist, mit Ihnen zu plaudern.

Ist er in Eile, prägen Sie sich das Gesicht seines Bodyguards und überhaupt die Gesichter seiner gesamten Entourage gut ein.

Nach dem Konzert, das Sie selbstverständlich besuchen, begeben Sie sich wieder in *sein* Hotel und passen auf, ob Sie irgendeinen seiner nachmittäglichen Begleiter erspähen.

Sobald das der Fall ist – nichts wie drauflos. Auch wenn er nicht das Endziel Ihrer Bemühungen ist, können Sie ihm sagen, wie toll das Konzert war. Und ihn fragen, was er dort zu tun hatte. (Sollte er zur Band gehören, müssen Sie allerdings schon vorher wissen, daß er Baß oder Trompete gespielt hat!) Dann loben Sie den Sound, die Beleuchtung, was immer es war, was Ihr Mittelsmann tat, über den grünen Klee.

Und so trinken Sie mit ihm ein Glas nach dem anderen (er wahrscheinlich Whisky und Bier – *Sie* Mineralwasser oder ähnliches) und harren der Dinge, die da kommen werden.

Einer von ihnen ist dann sicherlich Herr Superstar. Da haben Sie ihn dann endlich.

Taucht er nicht auf – finden Sie heraus, zu welcher Fete er gegangen ist. Und versuchen Sie, Ihren Mittelsmann davon zu überzeugen, daß er und Sie dort auch hingehen sollten.

Wenn das alles nix hilft – vergessen Sie's;

– vor Ort – also in der Konzerthalle selbst – können Sie natürlich auch Stars aufreißen. Allzu spaßig ist das zwar nicht, aber wenn Ihre Seligkeit davon abhängt, hier ist, was Sie tun müssen:

* begeben Sie sich gegen Mittag zum Bühneneingang der Halle. Sollten Sie sehen, wie da bereits die Anlage aus Bussen gezerrt und in die Halle gehievt wird, hatten Sie sofort Glück. (Sonst müssen Sie – am Tag des Konzerts, versteht sich – alle ein, zwei Stunden nachsehen, ob schon wer von der Crew eingetrudelt ist.)

Sobald das der Fall ist, wählen Sie einen der Roadies als Mittelsmann aus. Mit ihm ratschen Sie ein wenig, folgen ihm schließlich in die Halle – und damit sind Sie schon ganz nah an der Garderobe des Superstars.

Und jetzt halten Sie sich fest: Eh Sie sich versehen, steht er auch schon vor Ihnen, Ihr Lieblingssänger oder Bassist. Er hat sich nämlich – mitsamt allen anderen Bandmitgliedern, zum sogenannten Soundcheck eingefunden. (Das ist eine Art ›Generalprobe‹, ob der Klang, ob die Beleuchtung stimmt.)

Und was tun Sie? Sie bleiben ganz ruhig und gelassen und lassen die Jungen erst mal ihren Job machen. Wenn Sie dann merken, daß die Band im Begriff ist, vor dem Konzert noch ein Bier trinken zu gehen, schließen Sie sich einfach an. Lassen Sie nicht locker! Wenn sie in den Bus steigen – steigen Sie mit ein! In den meisten Fällen kommen Sie mit solcher Dreistigkeit weiter.

Achtung

Wenn Sie Schwierigkeiten wittern, halten Sie sich nicht sofort nur ungeniert in der unmittelbaren Nähe Ihres Zielobjekts auf. Statt dessen ›freunden‹ Sie sich erst einmal mit seinen Mitarbeitern (Road-Crew und Musikern) an. Sie ahnen gar nicht, wie schnell Sie ›Mitglied‹ der Band werden.

Achtung, Achtung

Sie müssen nur aufpassen, daß Sie sich nicht zum Allgemeingut machen lassen. Was Shel Silverstein (einleitend zu diesem Kapitel) gesagt hat, stimmt nämlich: Roland der Roadie liebt Gertrude das Groupie und Gertrude das Groupie liebt Bands;

- Schauspieler behandeln Sie im Prinzip wie Musiker. Was Hotels und ihre Agentur betrifft (Welche Agentur wen vertritt, können Sie auch vom Show-Redakteur jeder größeren Tageszeitung oder Illustrierten mit einem einzigen Anruf erfahren.);
- auf dem Filmgelände wird's ebenso gehandhabt, wie unter Punkt Eins (für Groupies) beschrieben: freunden Sie sich mit jemandem an, der Ihnen Zutritt zu besagten Studios ermöglichen kann:
  * den Star selbst packen Sie sich in den Drehpausen. Außenaufnahmen sind günstiger als Innenaufnahmen. Da läuft Ihr Liebling nämlich, während er nichts zu tun hat, (ziemlich) frei herum:
  * Sie erzählen ihm, wie toll er ist. Auch wenn er das nicht ist und den Job nur wegen seiner griechischen Nase und seinem Zahnpasta-Reklame-Lächeln bekommen hat;
  * Sie können ihm auch gestehen, daß Sie nun, da er leibhaftig vor Ihnen steht, gar nicht mehr wissen, was Sie ihm alles Liebes sagen wollten;
  * Sie können ihm ein Bonbon offerieren. Von der Sorte, die er, wie kürzlich im Superstar-Magazin zu lesen war, am liebsten ißt;
  * Sie können ihm ein Buch über Hundeerziehung in die

Hand drücken. Vorausgesetzt, er ist derjenige, der vor ein paar Tagen bei einem Interview erzählt hat, daß Hasko nicht ›bei Fuß‹ will.

So oder so ähnlich geht's also. Die Frage ist nur: Lohnt sich der hier beschriebene Aufwand? Es gibt da nämlich noch ein paar Tatsachen, über die ich Sie nicht unaufgeklärt lassen möchte:

- was Sie sich normalerweise mit einem Superstar einhandeln, ist ein ›one-night-stand‹:
  heute schläft er mit Ihnen – morgen sind Sie ihm gleichgültig –, übermorgen hat er Sie vergessen;
- falls Sie es besonders schlau anfangen wollen und sich von ihm schwängern lassen, müssen Sie mit folgendem rechnen:
  * (selbst wenn Sie die Vaterschaftsklage gewinnen) Kindergeburtstag und Weihnachten feiern Sie ohne Daddy;
  * falls Sie darauf hoffen, daß sein Talent sich vererbt – schauen Sie sich mal Paulchens Tochter (ja, Paulchen McCartney) oder Omar Sharifs Sohn an;
- bauen Sie auch nicht darauf, Ihre Geschichte (mit ihm) für teures Geld an eine Zeitung verkaufen zu können. Das mag früher mal der Fall gewesen sein. Heute müssen Sie – wie Britt Ekland – selbst ein Star sein, bevor Sie Ihre Affären mit Stars teuer verkaufen können;
- last not least: Wollen Sie es wirklich riskieren, daß Ihre Illusionen über Mr. Rock'n'Roll an der Realität zerschellen?
  Was Traummänner angeht, hat mal wer gesagt, sollte man es beim Träumen über sie belassen.

13.
Und überhaupt: Männer,
Männer, Männer...

»Before you meet any handsome prince,
you have to kiss a lot of toads.«

The Beautiful Princess LAW

Denn:

»Alles Wissen stammt aus der Erfahrung.«

IMMANUEL KANT

Trösten Sie sich: Sie sind nicht die einzige, die einen Frosch, der sich in einen Märchenprinzen verwandelt, nicht auf Anhieb von gewöhnlichen Kröten unterscheiden kann! Und sich dann wundert, daß noch so viele Küsse den vermeintlichen Frosch nicht wundersam verwandeln.

Um Ihnen ab sofort wenigstens die gröbsten Ärgernisse zu ersparen, geben Ihnen die folgenden Kurz-Charakteristiken einen kleinen Überblick über die verschiedensten Typen von Mann, die Ihnen ins Netz gehen könnten. Fangen Sie also einen, den sich nicht lohnt festzuhalten: schwupp – zurück in die große Menschenmenge mit ihm.

Typen, auf die Sie pfeifen können

»Schafft mir diesen aus den Augen.«

SCHILLER

Die nachfolgenden Männertypen haben eins gemein: Komplexe bis über beide Ohren. In sich zu gehen, wagen sie nicht – aus Angst davor, was sie da alles (nicht) entdecken könnten. Also gehen Sie aus sich heraus. Und was tun Sie, wenn Sie einem von ihnen begegnen? Sie gehen ihm aus dem Weg! Und das, versteht sich, möglichst schnell!

Der Grapscher

»Männer sind diese Geschöpfe mit zwei
Beinen und acht Händen.«

JAYNE MANSFIELD

Ihn erkennen Sie schon, bevor er auch nur den Mund auf-
macht. Den hält er nämlich, weil er sowieso nix zu sagen hat.
Statt dessen bedient er sich der Körpersprache. Nur: Selbst die
ist vulgär.

Das Beste an ihm: Sie können ihn schon auf einen knappen
Meter Entfernung erkennen. Sobald Sie nämlich in seine
Reichweite gelangt sind, streckt er seine Arme nach Ihnen aus
und zieht Sie nicht nur zu, sondern gleich an sich heran. Er um-
klammert Ihre Taille mit der einen und grapscht Ihren Po oder
Ihre Oberschenkel mit der anderen Hand.

Sollten Sie ihm zu nah gekommen sein: Winden Sie sich so
schnell wie möglich aus seiner Umklammerung und rennen Sie
ihm davon. Er ist sowieso zu nichts zu gebrauchen. Zum Liebhaber am allerwenigsten.

Der Weichling

»Daran, daß er ein Mann war, erinnerte ihn
nur ein Schildchen: ›Für Männer‹.«

WIESLAW BRUDZIŃSKI

Er ist das Gegenstück zur weiblichen Heulsuse. Wehleidig,
schnell eingeschnappt, lebens- und liebesunfähig.

Nicht, daß wir uns mißverstehen: Ein Mann darf schon mal
weinen. Nur: Wenn das Tränenfließen, so wie beim Weichling,
chronisch wird – dann ist das eben zuviel für jeden Menschen in
seiner Umgebung: er braucht pausenlos jemanden – vorzugsweise Frauen, weil sie verständnisvoller sind –, der ihn aus seinen diversen Tiefs hochzieht. Nur: Er will sich im Grunde gar
nicht aus seiner Seelenmisere helfen lassen. Es gefällt ihm, umhegt und verpäppelt zu werden.

So richtig hat er sich von Mamis Rockzipfel nie gelöst.

Und was tun Sie? Sie retten Ihre Nerven, indem Sie sich eiligst davonmachen.

Der Muskelprotz

>Die Ahnen klettern im Urwald –
Er ist der Affe im Kulturwald.«

ERICH KÄSTNER

Er ist Arnold Schwarzenegger und Johnny Weissmüller (plus jeder andere Tarzan, den es je gab) in einem. Er ist in zwei Ausgaben vorhanden: einmal als Mister Super-Muskel-Mann persönlich. Da macht er auf Macho und läßt seine Muskeln spielen.

Dann gibt's ihn als Rocker. So mit Lederjacke und Riesenmotorrad. Das soll, so hab' ich mal gelesen, irgend etwas mit sexuellen Verstörungen zu tun haben. Pack den Tiger in den Tank oder so ähnlich.

Als Lover ist er eine Null. Auch wenn er sonst der Größte ist – das wichtigste Geschlechtsorgan ist und bleibt, wie Sie ja bereits wissen, das Gehirn. Und da tut sich bei ihm wenig oder gar nix. Auch ein Muskelprotz kann schließlich nicht Arm-, Bein-, Brust-, Bauch- *und* Gehirnmuskeln gleichzeitig trainieren ...

Der Kannibale

>Ich werde dich zum Abendessen essen.
Du wirst vielleicht erstaunt sein, aber ich
will dich auf keinen Fall mit falschem
Maß bemessen.
So sagt man doch: Vor lauter Liebe freß
ich dich.«

KONSTANTIN WECKER

Retten Sie Ihre Haut, wenn er Ihnen begegnet! Er will Sie nämlich nicht nur mit Haut und Haaren, er gibt keine Ruhe, bis er

Ihre Seele nicht auch noch hat. Er saugt Sie aus. Er laugt Sie aus. Er macht Sie zum Zombie.

Anfangs mag es ja ganz erfrischend sein, einen Mann getroffen zu haben, den man so richtig mit Zärtlichkeiten und Liebe überschütten darf. Nur: Bald ist es nicht mehr ein Dürfen – sondern ein Müssen.

Dazu kommt, daß man ihm jede freie Minute widmen soll. Ihm alles erzählen, was man tut – und nicht vergessen zu erwähnen, was man läßt. Von persönlichem Freiraum keine Rede mehr. Ist auch nicht mehr nötig: weil er einen – vor lauter Liebe gefressen hat.

Der Macho-Mann

> »Er hatte keine Musik in der Seele; nur ein eitles Herbarium von Methaphern und Spitzfindigkeiten.«
>
> JORGE LUIS BORGES

Auf Ihre Initiative hin werden Sie ihn kaum näher kennenlernen. Macho-Mann läßt sich nicht aufreißen, Macho-Mann reißt auf. Er ist eben ein ganzer Mann. Ein tausendprozentiger – und das ist leider mehr als Mann genug: wenn einer das Sagen hat, dann Macho-Mann. Wenn einer meint, ohne ihn drehe sich die Welt nicht mehr – dann natürlich auch er. Er duldet keinen Widerspruch. Er weiß, wo's langgeht. Er zeigt Ihnen die Ecke, in die Sie hineingehören. Wenn Sie nicht, ja, wenn Sie ihm nicht ganz schnell eine Abfuhr erteilen, wenn er Sie mit einem – zumeist selten dummen Spruch – anmacht.

Der Selbstgefällige

»er hat schon einen hängebauch
und meint sogar der stünd ihm auch
figur verlangt er nur von mir
ganz schöne scheiße sag ich dir.«

GISELA MEUSSLING

Und:

»So schön, wie sich jeder Mann beim Frisör
vorkommt, möchte ich einmal sonntags
sein.«

KURT TUCHOLSKY

Er gehört auch zu denen, die eher Sie anmachen, als daß Sie ihn anmachen müssen. Er ist so schamlos eitel, daß er einfach voraussetzt, daß jede Frau nur so auf ihn fliegt. Gleichgültig, wie er in Wirklichkeit aussieht: wenn er vorm Spiegel steht, blickt ihm Marlon Brando (als er noch blendend aussah!) entgegen.

Weil er so sehr mit sich selbst beschäftigt ist, hat er natürlich herzlich wenig Zeit, sich mit Ihnen zu befassen. Sie sollten sich einfach froh und glücklich schätzen, die Luft, die er ausatmet, einatmen zu dürfen. Sich in seinem Glanz zu sonnen.

Ansonsten ist er der Typ von Mann, der Sie zum Essen einlädt und Ihnen gleich sagt: »Sie müssen sich deshalb aber nicht verpflichtet fühlen.«

Weil er es als selbstverständlich betrachtet, daß Sie ihm nun eben doch verpflichtet sind. Er will nur klarstellen, daß Sie das, was Sie hinterher mit ihm tun, aus freien Stücken tun. Daß Sie ›es‹ nicht ›tun‹ könnten, kommt ihm nicht in den Sinn. Ihnen aber. Dann spielt er die beleidigte Leberwurst, und Sie sehen ihn nie wieder. Und das ist auch besser so.

Drei Wilde und drei Sanfte

»Männer sind von Natur bloß heiß und
kalt; zu Wärme müssen Sie erst gebildet
werden. Die Frauen aber sind von Natur
aus geistig und sinnlich warm und haben
Sinn für Wärme jeder Art.«

FRIEDRICH VON SCHLEGEL

Neben den Typen von Mann, denen Sie am geschicktesten so
schnell wie möglich aus dem Weg gehen, gibt es auch noch solche, denen Sie schon eine Chance geben dürfen, Sie kennenzulernen. Hauptsächlich natürlich deshalb, damit Sie Zeit und
Muße haben, sie näher zu betrachten. Daß Sie dabei größtmögliche Vorsicht walten lassen, versteht sich, glaube ich, mittlerweile von selbst.

Der Frechdachs

»Der Kerl versteht nichts von Frauen.
Den feinen Damen bietet er Geld an,
und auf die Huren macht er Gedichte.
Und damit hat er auch noch Erfolg!«

KURT TUCHOLSKY

Was er so an Sprüchen auf Lager hat, das kann wirklich nur *er*
bringen. Weil er ein so lustiges Lachen, eine so offenherzige Art
hat, weil er ein solch liebenswerter Frechdachs ist. Während Sie
anderen Männern, die nicht seinen (Lebens-)Stil haben, sofort
eine Ohrfeige versetzen würden, sind Sie von seiner Direktheit
fasziniert.

Aber nicht nur von dem, *was* er sagt, sondern *wie* er es sagt.
Zum Beispiel leistet er sich als Begrüßung einen Satz wie
»Könntest du mich lieben?« und strahlt Sie an. Und wenn Sie
»nein« sagen, hakt er gleich nach: »Bist du sicher?« Und schon
sind Sie es – nicht mehr. Oder er bietet Ihnen nach nicht allzu
langer erster Unterhaltung folgende Möglichkeiten an: »Wir
könnten jetzt eine Bootsfahrt machen, oder essen gehen, oder

gleich zu mir. Und später einen Happen essen ...« Und wenn
Sie schon mit ihm diniert haben, ist er der Typ, der es fertig-
bringt, Sie so charmant in seine Wohnung zu locken, daß Sie
sich alles andere – nur nicht abgeschleppt vorkommen. Das
macht er – gegen Mitternacht – so: »Ich würde Sie ja gern noch
auf einen Drink zu mir einladen – aber ich wohne auf dem
Land.« Daß Sie nach ein paar Gläsern Wein und besagtem
Drink wohl kaum mehr in den frühen Morgenstunden vierzig
Kilometer zurück in die Stadt fahren, versteht sich von alleine.
(Macht aber nix: er hat eine original verpackte Zahnbürste und
Make-up-Remover!)

In den meisten Fällen ist der Frechdachs ein hervorragender
Liebhaber. Und ein amüsanter Gesprächspartner. Im Gegen-
satz zum Märchenerzähler ist er beinahe schon ›überehrlich‹.
Aber er kleidet auch triste Wahrheiten in Charme.

Schade ist nur, daß er sich oft nur zum Fling und selten zu
einer festen Beziehung eignet. Aber ein netter Fling ist schließlich auch was wert. Und überhaupt ist alles so verrückt-roman-
tisch, man kann ja nie wissen ...

Der Märchenerzähler

> »Unmöglich ist's, darum eben glaubens-
> wert.«
>
> GOETHE

Eins gleich vorweg: Er meint's nicht böse! Er glaubt nämlich den
Unsinn, den er Ihnen erzählt, allen Ernstes selber! Ein Plus: Seine Märchen sind äußerst unterhaltsam!

Prinzipiell ist er mal weniger, mal mehr geistig verwirrt zu
haben. In seiner harmlosen Form beschränken sich die Lügen-
gespinste, die er Ihnen auftischt, auf Jägerlatein. All die tollen
Sachen, die er erlebt hat, entspringen seiner Fantasie. Aber
was soll's: seine Erzählungen bereiten Ihnen so manche ver-
gnüglichen Stunden mit ihm.

Hart wird's, wenn Sie an ein Exemplar geraten, das die
grundsätzlichsten Dinge seines Lebens nicht mehr von Wahr-

heit und Wunschtraum unterscheiden kann. Ich kenne da einen Kollegen, der bildet sich wirklich und wahrhaftig ein, er sei geschieden. Dabei ist er selbstverständlich noch – mit einer äußerst ›guten‹ Frau sogar! – verheiratet.

Typisch für ihn: Er erzählt Ihnen nicht nur, daß er ungebunden sei – er berichtet Ihnen gar noch klitzeklein (aus freien Stücken, ohne daß man ihn darum gebeten hätte!) von seiner Scheidung. Und wenn man ihm – zufällig – daraufkommt, erzählt er solch haarsträubende Geschichten darüber, warum, wieso und weshalb er mit seiner (angeblichen Ex-)Frau noch in einem Haus lebt, daß man sie einfach glauben *muß*. Solche Sachen, davon sind Sie überzeugt, kann keiner erfinden. Irrtum. *Er* kann.

Solange Sie ihn nicht zu ernst nehmen, ist er allerdings ein entzückender Gesellschafter. Und hervorragender Liebhaber. Denn er hat, wie Sie wissen, Fantasie. Die wirkt sich auch auf seinen sexuellen Bereich aus. Und da kann kein Mann zuviel Fantasie aufbringen.

Der Nonkonformist

> »Ein Kerl, den alle Menschen hassen, der muß was sein.«
> GOETHE

Er kommt in vielen Formen und Farben: mal ist er ganz einfach ›verrückt‹. Er kommt auf Ideen, auf die kein anderer kommt – und alle neiden's ihm. Dann wieder ist er Genie. Für seine Genialität zahlt er dann auch den handelsüblichen Preis: keiner versteht ihn. Er ist auch der Unberechenbare. Der Spießer, der gar keiner ist. Und auch das nimmt man ihm übel. Weil man es für eine Masche hält. Die dazu auch noch verdammt gut ankommt. Aber es ist keine. Er ist wirklich so.

Kurzum: Er ist ganz anders, als man es einmal vom ›Normalbürger‹ (so es ihn gibt) und dann auch noch von ihm selbst oft erwartet. Er ist der Kerl, den alle Männer – bis auf seine zwei

Freunde, mehr hat er meistens nicht – hassen. Und den alle Frauen, inklusive Sie und ich, lieben.

Leben können Sie mit ihm natürlich nicht. Aber das muß ich Ihnen wohl nicht extra erzählen. Lieben dürfen Sie ihn – mit Vorbehalt. Meistens ist er nämlich dermaßen egozentrisch, daß Sie das Gefühl verspüren könnten, er habe Sie ›ausgenutzt‹.

Hat er aber nicht. Sie haben ihm schließlich alles, was Sie ihm gegeben haben, freiwillig gegeben. Und er hat sich – auf seine Art und Weise – revanchiert: Sie haben einmal einen Menschen getroffen, über den Sie noch mit achtzig oder neunzig Jahren, wenn Sie in Erinnerungen graben, schmunzeln können.

Der Schüchterne

›Stille Wasser sind tief.‹

Deutsches Sprichwort

Aber:

›Es gibt auch flache Pfützen.‹

ANDREA

Er ist derjenige, der, wenn Sie ihn in einem Kreis von Freunden finden, erst mal gar nichts sagt – wie Sie bereits wissen. Und dann zuschlägt.

Sollten Sie ihn allein erwischen, kann ihn aufzureißen unter Umständen in Arbeit ausarten. Dann nämlich, wenn er so schüchtern ist, daß er sich kaum ›zurückzuflirten‹ traut. Sie schauen ihn an – er schaut zu Boden. Oder sonstwohin. *Das* ist ja noch normal. Aber: Anstatt seinen Blick dann wieder auf Sie zu lenken, hält er ihn krampfhaft auf seine Hände – oder was auch immer – gerichtet. Dann endlich faßt er wieder Mut. Und schaut Sie wieder an. Bis Sie ihn erneut dabei ›ertappen‹.

Ihm müssen Sie also relativ schnell durch Lächeln zu verstehen geben, daß Sie ihn attraktiv finden. Dann taut er schneller auf. Ein Gesprächsthema müssen natürlich auch Sie zuerst parat haben. Nach Möglichkeit keines, wo er Gelegenheit hat, rot zu werden.

Im Endeffekt bleiben, wenn Sie ihn ›enteist‹ haben, zwei Möglichkeiten: Ihre Mühe hat sich gelohnt – oder sie hat sich nicht. Letzteres ist dann der Fall, wenn seine Schüchternheit darauf beruht, daß er ganz generell verklemmt ist. Dann nehmen Sie ganz schnell die Hände von ihm – sonst bekommen Sie am Ende auch noch eine Macke.

Wenn er aber nur schüchtern war, weil er sich prinzipiell immer erst – in Ruhe – so seine Gedanken macht, ist er in Ordnung. *Wenn* er aufgetaut ist und sich dazu entschlossen hat, sein Schutzschild abzulegen – lernen Sie ihn von seiner anderen Seite kennen. Und werden sich wundern, wie heißblütig er ist.

Der Schmeichler

> »Wenn wir auch der Schmeichelei keinen Glauben schenken, der Schmeichler gewinnt uns doch.«
>
> MARIE VON EBNER-ESCHENBACH

Im ersten Moment läuft er – speziell dann, wenn er aus Wien kommt – Gefahr, ein bißerl zu charmant, zu (ein)schmeichlerisch zu sein. Wenn er extrem dick aufträgt (»Küß die Hand, gnä' Frau!«), sollten Sie sich ihn allerdings wirklich gleich (er-)sparen. Ist er aber nur ein wenig übereifrig mit seinen Komplimenten, lohnt sich ein zweiter Blick: Will er Sie mit seinen Schmeicheleien und Komplimenten umgarnen – so wie die Spinne ihr Opfer –, um Sie dann in sein Bett zu zerren? Oder ist er nur unbeholfen und weiß nicht, wie er Ihnen das, was er Ihnen sagen möchte, anders als in Komplimente gewickelt beibringen soll? Oder ist er gar von Ihnen so gefesselt, daß er nur noch eine Lobrede nach der anderen auf Sie hauchen kann?

Sieht er Sie als Opfer oder sich als Ihres – Finger weg. Beide Arten von Schmeichlern sind es aus offensichtlichen Gründen nicht wert, daß Sie ihnen Ihre Zeit, geschweige denn irgend etwas anderes opfern.

Ist er im Umgang mit Frauen noch ein wenig unbedarft, helfen Sie ihm ruhig auf die Sprünge.

Das große Plus: Ihn können Sie noch so hinbiegen, daß er zwar nicht mehr nur noch Schmeicheleien von sich gibt, aber es nicht verlernt, Ihnen dann und wann mal wieder ein Kompliment zu machen. Und welche Frau mag das nicht gerne!

Der Beziehungsgeschädigte

> »Ich liebe
> und habe eine Freude
> und eine Angst,
> daß du Liebe
> verlangst.«

WOLF WONDRATSCHEK

Er ist mit besonderer Vorsicht zu behandeln. Der Arme hat nämlich gerade derart eins auf die Nase gekriegt, daß er genug davon hat, verletzt zu werden.

Dabei möchte er Sie ganz gerne lieben. Und liebt Sie wahrscheinlich auch. Nur: Zeigen will er es Ihnen nicht.

Noch vertrackter: Er versucht sich einzureden, daß er absolut nicht zu Ihnen paßt – oder Sie zu ihm – und daß er überhaupt nicht in Sie zu verliebt sein habe. Und es auch nicht ist. Weil er ja sonst wieder Wunden davontragen könnte.

Leicht werden Sie es nicht haben, mit ihm klarzukommen. Aber: Die Mühe lohnt sich. Denn er gehört zu den Exoten, die es fertigbringen, die Plexiglashülle von ihrem Herzen zu entfernen. Und verletzlich zu sein. Weil sie wissen, daß nur dann, wenn beide Partner sich mit Zu- oder Vertrauen entgegenkommen, eine wirkliche Beziehung möglich ist.

Gehen Sie sanft und mit kleinen Schritten auf ihn zu. Zeigen Sie ihm, daß er keine Angst vor Ihnen haben muß.

Zugegeben: Wenn das der Fall ist, sind Sie es, die verletzt wird. Weil Sie ihm entgegengekommen sind und Ihre Maske abgelegt haben. Da kann man dann leicht mal einen Kratzer abkriegen.

Aber dann: Sie haben es wenigstens versucht. Und es war den Versuch wert. Auch wenn nix daraus geworden ist.

14.
Keine Zeit für große Reden

»Weiter im Text.«

Neudeutsche Redensart

Da ist er. Der Mann, den Sie wahnsinnig gern kennenlernen würden. Nur: Zeit, ihn in diesem Moment in eine Konversation zu verwickeln, ist nicht. Entweder hat er es eilig – oder Sie. Davon, daß Sie erst einmal mit ihm zu flirten anfangen, kann auch keine Rede sein. Denn er wird so schnell wieder entschwinden, wie er aufgetaucht ist. Wenn Sie nicht, ja, wenn Sie sich nicht ganz schnell was einfallen lassen.

Kann auch sein, daß er vor Ihnen steht – und Sie trotz aller guten Ratschläge, die Sie in diesem Buch finden, kein Wort über Ihre sinnlichen Lippen bringen. Aber auch hier ist noch nicht alles verloren. Sie müssen ihm das, was Sie ihm mitteilen wollen, nicht unbedingt *sagen*. Sie können's ihm auch schriftlich geben.

Anbandeln zwischen Tür und Angel

»Jetzt oder nie!
Ich muß den teuren Augenblick ergreifen!«

SCHILLER

Und:

»Wo nicht die Zeit ist, fasse dich in Reden
kurz.«

SOPHOKLES

Daß Sie, um den Großteil der Sprüche, die Sie hier finden, schon ein wenig keß sein müssen, ist Ihnen gewiß klar. Wenn Sie zu der schüchternen Sorte von Frauen gehören, werden Sie nämlich wahrscheinlich schon beim Lesen dieser Tips die Hände überm Kopf zusammenschlagen. Geschweige denn den Nerv aufbringen, sie auszuprobieren.

Und doch: Mit einem charmanten Lächeln – das bei Ihren Aufreißtouren zu Ihrer Standardausrüstung gehört! – und ein bißchen Mut ist alles möglich! Also, fangen wir an. Unabhängig davon, wo Sie ihn treffen, können Sie sich folgende Dinge leisten:

- gehen Sie einfach auf ihn zu und erklären Sie ihm, daß Ihnen auf die Schnelle kein guter Spruch einfällt, mit dem Sie ihn anhalten – und schon mal kurz auf sich aufmerksam machen können. Aber wie dem auch sei, hier seien Sie nun mal. Und das sei Ihre Karte. Oder Telefonnummer;
- gehen Sie auf ihn zu, schauen Sie demonstrativ auf Ihre Uhr, zählen Sie laut ein paar Sekunden und erklären Sie ihm mit einem Strahlelächeln, er müsse wohl der Mann sein, den Ihr Horoskop Ihnen für heute um 14.00 Uhr versprochen hätte;
- wenn er nicht gerade aussieht, als befände er sich in Supereile, halten Sie ihn an und bitten Sie ihn, ob er mal schauen könnte, was Sie im Auge haben. Da findet er natürlich nichts. Aber Sie können ein Gespräch mit ihm anfangen – ein kurzes – und ihm Ihre Karte in die Hand drücken. Er sei so nett und hilfsbereit gewesen, nun würden Sie ihn gern zu einem Kaffee/Drink einladen;
- Sie können ihm auch ganz frech Ihre Karte in die Hand drücken und sagen: »Ich glaub', Sie haben die verloren.« Wenn Sie diesen Spruch mit einem Augenzwinkern garnieren, wird er begreifen, worauf Sie hinauswollen. Wenn nicht, ist er im Denken sowieso zu schwerfällig für eine Frau wie Sie;
- Sie können ihm auch einfach in die Arme stolpern und dann zugeben, daß Sie das nur getan haben, damit er Sie (endlich!) bemerkt;
- wenn Sie in Eile sind und er nicht – wenn er also in einem Café sitzt oder ähnliches –, können Sie auch auf ihn zugehen und sagen: »Sie sehen aus, als hätten Sie mehr Zeit als ich. Meinen Sie, Sie könnten mir ein bißchen davon abgeben? Das wär' schon nett.« Dann drücken Sie ihm Ihre Karte/Telefonnummer in die Hand, damit er Sie erreichen kann, um Ihnen was von seiner Zeit zu schenken;
- Sie können auch auf ihn zugehen und ihn einfach fragen:

»Sind Sie verheiratet?« Wenn er nein sagt, sagen Sie: »Dann
sind Sie der richtige Mann für mich. Wie wär's, wenn wir uns
dann und wann zu einem Kaffee/Drink treffen könnten?«
Wenn er ja sagt – und Sie es auf einen Ehemann abgesehen
haben –, läuft die Sache wie oben weiter;
– Sie können ihm natürlich auch sagen, Sie hätten gerade ein
Buch gelesen, in dem drinstehe, daß eine Frau selbst zwischen Tür und Angel mit einem Mann anbandeln könne.
Das wollten Sie nun testen – und überhaupt, was hielte er
von soviel Frechheit?

Sie sehen: Nichts ist unmöglich.

Aber: Sollte es Ihnen nun mal nicht liegen, einen Mann einfach anzusprechen, können Sie sich aufs Zettelschreiben ver-
legen!

Wenn Sie's nicht sagen wollen, schreiben Sie's auf!

> »Reden ist Silber, schreiben ist Gold.«
>
> (abgewandeltes) arabisches Sprichwort

Es gibt Situationen, da bringt man es einfach nicht fertig das,
was man im Sinn hat, zu sagen. Entweder, weil man den
Mumm nicht hat – oder weil der andere in just diesem Moment
›physisch‹ nicht verfügbar ist. Reden kann man also nicht mit
ihm, aber man kann ihm schreiben. Bevor Sie das allerdings
tun, gilt es Grundsätzliches zu klären:

Zur äußeren Form
Darf man tippen? Man darf! Wenn Ihnen noch einmal irgendwer erklärt, daß es unerhört sei, Privat- und gar Liebesbriefe
mit der Maschine zu schreiben, verweisen Sie ihn an Tucholsky.
Der hat sich nämlich vor bereits über 50 Jahren selbst zu diesem Thema Gedanken gemacht. Auszugsweise sieht das so
aus:
»Alle Maschinenschreiber werden mich verstehen: Eine Maschine kann einem so vertraut werden wie ein Federhalter. Das

Glöckchen zirpt; wir kennen jeden Hebel; wir wissen Bescheid, und wenn die Typenhebel rauschen, so ist das süße Musik zur Arbeit der Gedanken. Und wir wären sehr erstaunt, wenn uns jemand sagte: Wie unpersönlich –! Unpersönlich? Es ist doch unsere, unsere alte und treue Maschine. Und man kann alles lesen ...

... macht es denn für den Wert einer Dichtung etwas aus, ob sie mit der Rechten geschrieben ist oder mit acht Fingern? Nein, es macht nichts für den Wert aus. Tippt, tippt.«

Zum Inhalt
Seien Sie sich vor allem über eins im klaren: daß der Empfänger Ihres Anbandelzettels, Ihres Liebesbriefs (und auch Abschiedsbriefs, der in einem späteren Kapitel behandelt wird) in dem Moment, in dem er ihn liest, aller Wahrscheinlichkeit nach *nicht* in derselben geistigen Verfassung ist wie Sie, als Sie den Brief geschrieben haben:

- Sie fühlten sich übermütig – und haben ihm einen Anbandelzettel unter den Scheibenwischer seines Wagens geklemmt. Er hat gerade von seinem Boß eins auf die Nase bekommen – und ist in entsprechend mieser Verfassung, wenn er Ihren Zettel sieht;
- Sie geben einer romantischen Gefühlsanwandlung nach und verfassen einen Liebesbrief – den Sie auch noch abschicken. Er öffnet ihn, nachdem er gerade Post vom Finanzamt und seinem Anwalt gelesen hat. Das eine ist eine saftige Steuernachzahlung, das andere eine dicke Rechnung für einen Prozeß, den er sowieso verloren hat. Davon, daß ihm also ebenfalls romantisch zumute ist, kann keine Rede sein;
- Sie sind wütend – und schreiben einen Abschiedsbrief. Er ist sowieso mit seinen Nerven am Ende – und nimmt die Aufforderung zur Trennung nicht nur gelassen, sondern dankbar an. Obwohl Sie es sich mittlerweile anders überlegt haben.

Nachdem Sie nun wissen, daß eventuelle Pannen nichts mit der Aussage Ihrer Zeilen zu tun haben müssen – und eine unerwartet unerfreuliche Reaktion nicht gleich als persönliche Be-

leidigung oder Ablehnung betrachten –, können wir ja den Bleistift spitzen.

Der Anbandelzettel

»Ein Brief errötet nicht.«

CICERO

Eigentlich ist es mehr ein Zettel als ein Brief. Denn wenn Sie
ihn kennenlernen wollen, werden Sie kaum allzu viele Worte
machen wollen. Statt dessen geht es vielmehr darum, dafür zu
sorgen, daß dem Geschreibsel bald Taten folgen!

Welcher Art der Anbandelzettel ist, hängt selbstverständlich
von der mehr oder minder flüchtigen Beziehung, die Sie zu
dem Mann Ihrer Wahl bereits haben – oder auch nicht haben! –,
ab:

– *vollkommen Fremden können Sie:*
   * einen Zettel unter die Scheibenwischer des Wagens klem-
     men. Da können Sie dann Mitteilungen wie diese machen:
     »Hab' Sie vorhin gesehen. Sie haben so nett gelacht. Nun
     würd' ich Sie gern zu einem Drink/Kaffee einladen«; »Sie
     stehen in meiner Parklücke. Aber weil Sie so sympathisch
     aussehen, nehme ich Ihnen das nicht übel. Trotzdem: Viel-
     leicht könnten wir uns auf bestimmte Zeiten einigen und
     uns den Parkplatz teilen? Wir sollten das über einem Glas
     Wein besprechen«; »Heute abend läuft *Vom Winde verweht.*
     Hätten Sie Zeit und Lust, mit mir ins Kino zu gehen?
     Für Zu- und Absagen wählen Sie bitte folgende Telefon-
     nummer«;
   * einfach so – egal, wo Sie ihn treffen, einen Zettel in die
     Hand drücken. Beispiele: »Wenn Sie mal nichts Besseres
     vorhaben, rufen Sie mich doch mal an. Würde gern einen
     Kaffee/Wein mit Ihnen trinken.« »Wenn Sie mal ins Thea-
     ter (ins Kino) gehen wollen und niemanden haben, der Sie
     begleitet: Fragen Sie mich doch mal!«
– Nachbarn oder Männern, denen Sie mehr oder weniger häu-

fig oder regelmäßig begegnen, können Sie folgende Zettel zukommen lassen (notfalls dem netten Jungen im Supermarkt, wenn Sie seine Adresse nicht haben, in die Hand drücken!):

* »Gebe am ..., ab 21.00 Uhr eine Party. Sie sind herzlich dazu eingeladen.« »Dies ist eine Einladung nach dem Motto: Lerne neue Menschen kennen. Sie können mich unter der Telefonnummer 66 66 66 erreichen und mich wissen lassen, wann Sie Zeit auf einen Drink haben.«

Ansonsten: Wenn Sie selbst mal ein bißchen nachdenken, fallen Ihnen gewiß auch ein paar Sprüche ein. Hauptsache, Sie schaffen überhaupt erst einmal Kontakt!

Welches Papier sich als Anbandelzettel am besten eignet? Ganz einfach: Eine Visitenkarte. Und zwar nach Möglichkeit eine, die nur Ihren Namen gedruckt enthält. Die Telefonnummer schreiben Sie per Hand dazu.

Wieso das? Weil Sie jeden Mann, so nett er auch aussieht, erst einmal ein bißchen näher betrachten sollten, bevor Sie ihm Ihre Adresse geben. (Es sei denn, Sie laden ihn zu einer Party ein und sind nicht – ohne auch nur irgend etwas über ihn zu wissen – mit ihm alleine.)

Naja, und nur Name und Telefonnummer, das sieht ein bißchen nach ›Call-Girl‹, also Profi, aus. Und den Eindruck, darüber hatten wir uns ja bereits geeinigt, wollen Sie ihm selbstverständlich nicht vermitteln. Weil Sie kein Call-Girl sind.

Alle anderen Zettel tun's auch. Solange sie nicht schmuddelig sind, versteht sich! Ein Strafzettel, der sich gewaschen hat, erfüllt zur Not auch seinen Zweck. Und schade ist es auch nicht darum, weil Sie eh' eine Mahnung kriegen – und später zahlen können!

Der Liebesbrief

> »Schreib mir, was du anhast! Ist es warm?
> Schreib mir, wie du liegst! Liegst du auch
>   weich?
> Schreib mir, wie du aussiehst! Ist's noch
>   gleich?
> Schreib mir, was dir fehlt! Ist es mein
>   Arm?«
>   BRECHT

Hier glauben Sie hoffentlich nicht im Ernst, daß ich Ihnen nun Vorlagen für Ihre Liebesbriefe gebe! Was Sie dem Mann, den Sie lieben, schreiben wollen und sollen, das müssen Sie schon selbst wissen.

Das einzige, was ich an dieser Stelle tun kann und will, ist, Ihnen ein wenig auf die Sprünge zu helfen. Wie Sie einen Liebesbrief mal anders, mit ein wenig Pfiff gestalten. Da können Sie zum Beispiel folgende Dinge tun:

- ihm eine Kachel (muß keine aus Ihrem Ofen sein!) schenken. Sooo lieb haben Sie ihn, daß Sie das ohne Bedenken tun;
- ihm einen (Lippenstift-)Kuß schicken. Nur so. Sonst nichts;
- aus einem Foto von sich – je größer, desto besser – ein Puzzle-Spiel machen und es ihm schicken.
- ihm eine Kopfschmerz-Tablette schicken, falls Sie ihn versehentlich (oder absichtlich) gerade geärgert haben und es Ihnen leid tut;
- ihm einen ›Gutschein‹ oder gleich ein ganzes (selbstgebasteltes) Heftchen verschiedener Coupons zusenden. (Für ›ein Schaumbad zu zweit‹, ›einen Spaziergang im Regen‹, ›ein Kerzenlicht-Diner‹, ›eine Übernachtung‹, ›eine Sex-Fantasie austoben‹, ›einen Theaterbesuch‹, ›eine Überraschung‹ – und alles, wozu zwei gehören, natürlich *er* und Sie!);
- ein Gedicht – nach Möglichkeit auf Bütten! – aufschreiben. Muß ja keins von Ihnen sein! Geeignete Autoren: Tucholsky, e. e. cummings, Ringelnatz – und ›diverse‹, die Sie in den Buchläden, wenn Sie sich mal ein wenig Zeit zu stöbern nehmen, finden;

– in einer Karten-Boutique eine hübsche Karte aussuchen –
und die für Sie sprechen lassen.

Und überhaupt: Lassen Sie einfach Ihrer Fantasie freien Lauf
– und Sie werden sich wundern, was Ihnen alles an Liebesbriefen, die ›anders‹ sind, einfällt!

Was an dieser Stelle natürlich nicht fehlen darf, ist, daß Sie es
ihm auch durch die Blume sagen können.

Durch die Blume gesagt

> »Blumen sind an jedem Weg zu finden,
> doch nicht jeder weiß den Kranz zu
> winden.«
>
> ANASTASIUS GRÜN

Einst war es *sein* Privileg, der Dame seines Herzens Blumen zu
verehren. Heute kann auch eine Frau einem Mann Blumen
schenken, ohne daß sie fürchten muß, er fände sie ›komisch‹:
jeder dritte Blumenstrauß, so erklärte kürzlich Hans Hoffmann, Vorsitzender der Floristen-Vereinigung Bayern, wird
von einer Frau für einen Mann gekauft. Der ›Renner‹: Eine einzelne Baccara-Rose.

Und genau die ist es, die ich einem Mann zu schenken empfehlen würde. Wenn Sie sich schon dazu entschließen, es ihm
durch die Blume zu sagen. Weshalb gerade – und nur! – eine
einzelne Rose? Die Frage brauche ich Ihnen gewiß nicht zu beantworten:

Stellen Sie sich nur vor, wie eigenartig er ausschauen würde,
wenn Sie ihm einen bunten Blumenstrauß oder gar Maiglöckchen oder Vergißmeinnicht in die Hand drücken würden!

Und überhaupt: Weil Männer im allgemeinen ein bißchen
schwerer von Begriff sind als Frauen, würden sie einen bunten
Strauß sowieso nicht richtig deuten. Aber was eine rote Rose
heißt, das begreift wohl jeder – noch so begriffsstutzige –
Mann!

15.
Mal Freund – mal Feind

>»Die Zwillinge hüpften und schaukelten . . .
Er fand sie sehr hübsch. Sie kamen näher
und lachten ihn an, das machte ihn froh.
Als sie an ihm vorbeihüpften, wandte er
den Kopf, um sie auch weiter im Blick zu
behalten. Dabei hatte er schöne Gedanken.
Der Auffahrunfall war teuer. Verdammte
Erotik!«<

JENS HAGEN

Eine gute Freundin ist Gold wert. Sollten Sie bereits über dreißig sein, wissen Sie das höchstwahrscheinlich schon selber.
Sind Sie jünger – müssen Sie es mir einfach glauben (oder es
selbstverständlich bleiben lassen!).

Was eine gute Freundin so lieb und wert macht, ist, daß sie
flexibel ist:

– sie ist nicht nur für gute, sondern auch für schlechte Stunden die ideale Anlaufstelle:
  * man kann sich ausgezeichnet mit ihr unterhalten und
    amüsieren;
  * man kann sich, wenn's einen wirklich mal erwischt, bei ihr
    ausheulen und auf Trost und Rat hoffen;
  * man kann mit ihr auf Männerfang gehen;
  * sie fungiert unter Umständen gar als Blitzableiter oder
    Vermittler, wenn man Ärger mit einem Mann hat.

Und was passiert, wollen Sie jetzt wissen, wenn einem die ach
so gute Freundin den Mann, auf den man es abgesehen hat, vor
der Nase wegschnappt?

Nun, da Sie offensichtlich keine einzige Eventualität außer
acht lassen, kann ich das auch schlecht tun. Darum erfahren Sie
auf den folgenden Seiten alles, was Ihre Freundin als Ihre Verbündete – und auch als Ihre Rivalin – angeht.

Mit der Freundin auf Männerfang

»Vier Augen sehen mehr als zwei.«

Ergo:

»Die eine klopft auf den Busch, die andere
fängt den Vogel.«

Deutsche Redensarten

Allein auf Männerfang zu gehen ist für eine Frau, wie Sie bereits wissen, wahrlich kein Problem. Aber wenn Sie gemeinsam mit Ihrer Freundin losziehen, kann das auch durchaus seine Vorteile haben. Diese zum Beispiel:

- Sie haben von Anfang an jemanden bei sich, mit dem Sie sich unterhalten und amüsieren können;
- einige Männer glauben, daß zwei Frauen ihnen ›weniger gefährlich‹ werden können als eine:
  weil er als Mann es zwei Frauen kaum zutraut, ›gemeinsame Sache‹ zu machen, kriegt er nicht ganz so schnell mit, daß eine von Ihnen es ganz gezielt auf ihn abgesehen haben könnte. Doch schwupp – bevor er sich versieht – haben Sie ihn schon in Ihrem Netz;
- wenn Sie mit Ihrer Freundin unterwegs sind und *er* sich in einer Clique befindet, können es ruhig ein paar Männer mehr sein, mit denen Sie es aufnehmen dürfen, um *ihn* loszueisen.

Und wo wir gerade bei dem Stichwort Clique sind, hier gleich ein guter Rat:

- Ziehen Sie nie mit mehr als noch zwei anderen Frauen – also zu dritt – auf Männerfang!

Warum, wieso, weshalb nicht? Ganz einfach:

- sollten Sie allesamt noch relativ jung an Jahren sein, laufen Sie – wenn Sie geballt auftreten – schnell Gefahr, als ein Häuflein schnatternder, alberner Gänse betrachtet zu werden;
- sollten Sie alle relativ reif an Jahren sein, erweckt eine größe-

re Gruppe von Frauen schnell den Eindruck, der Alleinste-
hende-Damen-Club mache seinen alljährlichen Ausflug;
– sollten Sie altersmäßig allesamt so in etwa in der ›Mitte‹
(zwischen 30 und 45) liegen, wird sich auch kaum ein Mann
an Ihre Gruppe herantrauen:
* erstens ist es für ihn höchstwahrscheinlich sowieso eine
neue Erfahrung, aufgerissen zu werden. Daran hat er also
schon mal ein bißchen zu knabbern;
* zweitens ist es für ihn wahrscheinlich schon schwierig genug, bei einer Frau den guten Eindruck, den er machen
will, zu hinterlassen. Bei vier, fünf oder gar einem halben
Dutzend Frauen weiß er überhaupt nicht mehr, wie er sich
– als einzelner Mann – verhalten soll.

Ansonsten, wie gesagt, ist das Aufreißen zu dritt zwar möglich
– wenn Sie alle drei einen wirklich guten Draht zueinander haben –, aber im Idealfall sind Sie zu zweit.

Der Mann, den eine von Ihnen entdeckt, wird Ihnen – alldieweil Sie sehr gute Freundinnen sind und daher in etwa den gleichen Geschmack haben – beiden sympathisch sein. Was wiederum nicht heißt, daß Sie beide scharf auf ihn sein müssen. So
nahe beieinander liegt Ihr Geschmack, was Männer betrifft,
nun doch wieder nicht. (Sonst wären Sie schon lange keine
Freundinnen mehr!)

Nun passiert folgendes: Sie flirten behutsam mit dem Mann,
den Sie sich angeln wollen. Behutsam heißt: Sie lächeln ihn er-
munternd an. Wenn er darauf reagiert, aber nicht den Nerv
aufbringt, zu Ihnen und Ihrer Freundin zu kommen, können
Sie ihn natürlich fragen, ob er sich nicht zu Ihnen gesellen will.
Etwa so:

– »Sie stehen so mutterseelenallein hier, wollen Sie nicht lieber
zu uns kommen?«
– »Wir haben uns gerade überlegt, daß es sicherlich ganz nett
wär', Sie kennenzulernen. Was halten Sie davon?«
– »Wenn Sie Ihren Wein lieber in Ruhe alleine trinken, können
Sie natürlich hier stehen (sitzen) bleiben. Ansonsten würden
wir uns freuen, wenn Sie uns Gesellschaft leisten würden.«

Nehmen wir an, er hat angebissen. Wie geht's dann weiter? Die Möglichkeiten sind relativ begrenzt:

- Sie und Ihre Freundin sind beide der Ansicht, daß er auf den zweiten Blick nicht hält, was er auf den ersten verspricht;
- er findet Sie zwar beide recht nett. Aber so ganz auf seiner Wellenlänge liegt keine von Ihnen;
- diejenige von Ihnen beiden, die es auf ihn abgesehen hatte, ist genau sein Typ. Alles klar;
- er wendet seine Aufmerksamkeit nicht derjenigen von Ihnen beiden zu, die ihn sich von vornherein angeln wollte, sondern der anderen. Das sieht dann so aus:
  * er ist zwar an ihr, aber sie nicht an ihm interessiert;
  * es hat nicht nur bei ihm gefunkt, sondern – auf den zweiten Blick – eben auch bei ihr.

Was dann? Da können Sie, selbst wenn Sie diejenige, die, alldieweil sie ihn entdeckt hat, ›Erstrechte‹ zu haben glaubt, gar nichts machen. Es wär ziemlich albern – und zudem extrem sinnlos –, ihn nun mit aller Gewalt zu sich zerren zu wollen.

Trotzdem sind Sie eins: Sauer auf Ihre Freundin. Nur: Auch das müssen Sie nicht sein. Schließlich hat Sie Ihnen niemanden ›weggenommen‹. Vergessen Sie nicht, daß Sie ihn gerade eben erst kennengelernt haben!

Und überhaupt: Vielleicht hat er ja ein paar nette Freunde, von denen Ihnen einer sogar besser gefällt als er selbst. So eng dürfen Sie das also alles nicht sehen.

Anders liegt die Sache allerdings, wenn Sie *ihn* schon eine Weile kennen – und er plötzlich mit fliegenden Fahnen zu Ihrer besten Freundin überläuft.

Wenn die Freundin zur Rivalin wird

»Wenn zwei dasselbe tun, ist es nicht dasselbe.«

TERENZ

Oder:

»With friends like you, who needs enemies?«

Englische Redewendung

Fangen wir am besten gleich mit der Grundlektion an. Und die geht so:

- es war nie, ist nie und wird nie einem (oder einer!) Dritten möglich sein, in eine vollkommen intakte Zweierbeziehung einzubrechen;
- für Ihre beste Freundin ist Ihr Herzallerliebster grundsätzlich tabu. Ebenso wie Sie bei dem Auserkorenen Ihrer besten Freundin (so faszinierend Sie ihn auch finden mögen) von vornherein ganz automatisch auf Distanz bleiben;
- wenn der Freund Ihrer Freundin – oder auch der Ihre – wirklich der tolle Mann ist, für den er gehalten wird, darf man auch voraussetzen, daß er seine Finger von der jeweiligen besten Freundin seiner Freundin läßt.

Trotz alledem können sich natürlich Komplikationen ergeben. Was die ›beste‹ Freundin als ›Rivalin‹ anbetrifft, sehen sie so aus:

- falls Ihr Freund den Nerv besitzt, Ihre beste Freundin anzumachen, besitzt sie hoffentlich – und normalerweise ist das so! - genug Stil, ihm auf die Finger zu klopfen;
- falls Ihre beste Freundin sich sexuell zu Ihrem Freund hingezogen fühlt (was sie im ›Normalfall‹ von vornherein nicht tut, weil er Ihre große Liebe und darum für Ihre Freundin als ›Neutrum‹ zu behandeln ist), wird sie sich beherrschen. Denn sie weiß: Ein neuer Liebhaber ist leichter zu finden als eine gute Freundin.

Summa summarum: Ihre beste Freundin läßt ganz von alleine ihre Hände von Ihrem Freund – ebenso wie Sie Ihre Hände von dem Freund Ihrer Freundin lassen. Selbst dann, wenn *er* einen Versuch am ›falschen‹ Landeplatz unternimmt. Was er, wenn er Stil hat, wie gesagt, unterläßt.

Frauen, die allerdings durchaus in der Lage sind, Ihnen einen Mann wegzuschnappen, sind keine Freundinnen, sondern Bekannte! Mit anderen Worten: Frauen, zu denen Sie keine wirklich enge und innige freundschaftliche Beziehung haben. Und auch hier gibt's wieder zwei Möglichkeiten:

– sie schafft es nicht. Weil er *Sie* liebt;
– sie schafft es. Und dann? Dann ist er Ihrer Tränen sowieso nicht wert, weil Ihre Beziehung zueinander so ideal nun auch nicht gewesen sein kann.

Achtung

Ganz vereinzelt gibt es natürlich Ausnahmefälle, in denen Ihre beste Freundin und Ihr Freund tatsächlich ihre große Liebe für- und zueinander entdecken.

Das passiert dann allerdings nicht von heute auf morgen: weil zumindest Ihre Freundin weiß, daß ›Liebe auf den ersten Blick‹ eine trügerische Angelegenheit ist und ihre Hormone ihr einen Streich spielen. Für ein solches Unterfangen wird sie Ihre Freundschaft also kaum riskieren.

Entsteht die Liebe der beiden langsam und sind sie sicher, daß es Liebe ist, werden sie Sie natürlich eines Tages mit den Tatsachen konfrontieren. (So viel Stil, ihre Affäre nicht hinter Ihrem Rücken auszutragen, besitzen die beiden hoffentlich. Und Sie auch – falls Sie es sind, die entdeckt, daß der Mann der Freundin die Liebe Ihres Lebens ist!)

Und dann? Dann können Sie den beiden nur Glück wünschen. Auch wenn Sie traurig, wütend, enttäuscht, verletzt sind.

Mag sein, daß Sie die beiden auch in der nächsten Zeit nicht in Ihrer Nähe sehen wollen. Das ist verständlich. Aber wenn Sie über den ersten Schmerz hinweg sind, bringen Sie es vielleicht doch fertig, sich mit beiden wieder anzufreunden:

– wenn's wirklich Liebe ist, und die beiden zusammenbleiben, war's halt Schicksal. Und dagegen konnten weder die beiden – noch Sie – sich wehren;

- wenn's wirklich Ihre beste Freundin war, wäre es auf Dauer gesehen schade, sie zu verlieren.

Wenn's bei den beiden letztlich doch nur eine kurze Affäre war, ist eines auch gewiß: Darum, daß Sie *ihn* ›verloren‹ haben, ist's nicht schade. Denn früher oder später wäre er doch auf und davon. Oder hätte Sie nach Strich und Faden betrogen.

Und was Ihre Freundin anbetrifft, so renkt sich die Freundschaft vielleicht auch wieder ein. Es sei denn, Sie sind mittlerweile davon überzeugt, daß Ihnen diese Freundschaft doch nicht so wichtig war.

Und bevor Sie mir jetzt vorwerfen, daß all diese Dinge theoretisch wesentlich leichter zu bewältigen sind als in der Praxis: Sie haben recht.

Trotzdem lohnt es sich, die Theorie zu kennen. Weil sie im Ernstfall eben doch den Anfang dazu bilden kann, mit Problemen wie Eifersucht klarzukommen.

Eifersucht – die Angst vor dem Vergleich

›Stolzen Frauen kann die Eifersucht gefallen, weil sie ihnen auf eine neue Art ihre Macht zeigt.‹

STENDHAL

Aber:

›Eifersucht ist eine Leidenschaft,
die mit Eifer sucht, was Leiden schafft.‹

FRIEDRICH SCHLEIERMACHER

Eifersucht ist zwar immer mal wieder ein Thema, das Leute dazu reizt, ganze Bücher und stundenlange Theaterstücke über sie zu schreiben – aber das Thema läßt sich auch kurz und bündig abhandeln. Grundsätzlich gibt's darüber folgendes zu sagen:

- Eifersucht ist, wie Psychologen erklären, kein ›Charakterfehler‹, sondern – solange sie nicht ausufert – ein ›natürlicher Zustand‹;

- vor diesem ›natürlichen Zustand‹ sind weder Männlein noch
  Weiblein gefeit;
- im Idealfall einer Beziehung ist keiner von beiden eifersüchtig;
  * nicht eifersüchtig sein bedeutet allerdings nicht, gleich-
    gültig zu sein:
    wenn es dem Mann, der Sie zu lieben vorgibt, gleichgültig
    ist, mit wem – außer ihm – Sie sich noch im Bett vergnü-
    gen, kann's mit seiner Liebe nicht allzuweit her sein.
    Wenn es Ihnen gleichgültig ist, mit wem – außer Ihnen – er
    sich noch in den Federn tummelt, lieben Sie diesen Mann
    wohl auch nicht sonderlich;
  * nicht eifersüchtig sein bedeutet vielmehr: in sich selbst
    und in den Partner zu vertrauen. Zu wissen, daß man sich
    genug ist.
- Eifersucht hat also immer mit geringer Selbsteinschätzung
  zu tun:
  * wenn Sie einen Mann eifersüchtig machen, wollen Sie da-
    mit sein Ego ankratzen: er soll merken, daß er Ihnen nicht
    unbedingt ›alles‹ ist. Daß da noch andere sind, die Ihnen
    das geben könnten, was er Ihnen nicht geben kann – oder
    gibt. Sie lassen ihn wissen, daß er es eigentlich gar nicht
    ›wert‹ ist, als einziger von Ihnen geliebt zu werden.
    Wenn die Rechnung aufgeht, wird er Ihnen dankbar dafür
    sein, daß Sie einen Wurm wie ihn überhaupt lieben – und
    Ihnen aus der Hand fressen;
  * wenn Sie selbst eifersüchtig sind, weil er noch andere
    Frauen haben könnte oder hat, demolieren Sie damit sy-
    stematisch Ihr eigenes Ego: Sie erachten sich selbst als so
    gering, daß Sie immer fürchten müssen, *er* werde jeman-
    den treffen, der ›mehr wert‹ ist, als Sie es sind.
    Wenn Sie *ihm* Ihre Eifersucht offenkundig zeigen, wird er
    sich bald selbst fragen, ob Sie es wirklich ›wert‹ sind, ge-
    liebt zu werden. (Schließlich halten Sie von sich selbst nix
    – und *Sie* müssen es ja wissen . . .!)
- Eifersucht ist immer eine negative, destruktive, sinnlose
  Emotion:
  * Sie setzen ihn – oder sich – im Selbstwert herab;

* Sie zerstören sein oder Ihr Ego – und letztlich die Beziehung (Es sei denn, einer von beiden wird zum Seelenkrüppel, den der andere dominiert. Dann kann die Beziehung halten.);
* unabhängig davon, ob Sie sich vor Eifersucht zerfressen oder nicht – wenn er wirklich fremdgeht, ändern Sie sein Verhalten durch Ihre Eifersucht nicht. Sie machen sich nur selbst kaputt;

– sollte er wirklich mit einer anderen eine Affäre haben oder gar auf und davon rennen, so heißt das nicht: diese Frau ist ›mehr wert‹. Sie ist lediglich *anders* – und liegt somit vielleicht mehr auf seiner Wellenlänge.

So wie der Mann, den eine Frau für einen anderen verläßt, nicht ›weniger wert‹ ist als der neue. Letzterer paßt nur zu *ihr* ganz einfach besser.

Wenn Sie sich zur Abwechslung mal nicht mit Ihren eigenen Eifersuchtsgefühlen herumquälen, sondern die Eifersucht anderer beobachten, werden Sie feststellen, wie lächerlich und sinnlos die ganze Angelegenheit ist:

– die Frau, die ›ihrem‹ Mann in aller Öffentlichkeit eine Eifersuchtsszene macht – und ihm zu allem Überfluß noch eine Ohrfeige versetzt;
– die Frau, die nachts in ihrem Auto vor Ihrer Haustür sitzt und darauf lauert, ob ›ihr‹ Mann bei Ihnen ist – oder nicht;
– die Frau, die bei ›ihrem‹ Mann anruft, um zu sehen, ob Sie den Hörer abnehmen;
– die Frau, die bei Ihnen anruft und Ihnen vorschreiben will, die Finger von ›ihrem‹ Mann zu lassen.

Na, was denken Sie, wenn Ihnen all diese Dinge passieren? Wahrscheinlich dasselbe wie ich: nämlich, daß ihr all diese Fisematenten gar nichts nützen. Denn durch ihre Eifersucht kann sie ihn nicht dazu zwingen, sie zu lieben. (Und wenn sie es – wegen der Kinder oder sonstwas – doch kann, welch trauriger Triumph: sie hat gesiegt – und ihn trotzdem verloren.)

Und überhaupt: Wenn er seine Zeit lieber mit Ihnen als mit ihr verbringt, dann ist das seine eigene freie Wahl und Entscheidung. *Sie* haben ihn nicht dazu überreden müssen, Sie zu lieben.

Ergo: Es nützt ihr gar nichts, sich darüber aufzuregen, daß er sich mit Ihnen – und nicht mit ihr – vergnügt. Und nicht nur er, sondern auch Sie finden ihre Eifersuchtsdramen lächerlich. Sympathie und Liebe erzeugt sie damit keine. Höchstens Mitleid.

Also: Hüten Sie sich das nächstemal davor, vor Eifersucht zu toben, wenn Sie es sind, die plötzlich ohne ihn dasteht. Auch wenn Sie sich noch so rasend gebärden – es bringt Ihnen im Endeffekt doch nichts. Oder zumindest nicht das, was Sie sich wünschen. Was haben Sie schon von einem Mann, den Sie in Ketten legen müssen, um ihn zu halten?

Mag sein, daß Sie das Leben ziemlich ungerecht finden. Weil *Sie* bisher immer so anständig waren, keiner anderen Frau den Mann auszuspannen.

Wenn das so ist, kann ich nur eines sagen: Mit ›Anständigkeit‹ hat das herzlich wenig zu tun. Viel wahrscheinlicher ist es nämlich, daß Sie es bislang nur noch nie versucht haben, weil Sie nicht wußten, wie so etwas geht!

16.
Alle guten Männer sind vergeben

»Was geschehen soll, wird geschehen,
was mißlingen soll, mißlingen.
Was im Plan nicht vorgesehen,
kann der Stärkste nicht erzwingen.«

MASCHA KALÉKO

Manchmal geht's wirklich wie mit dem Teufel zu: Jeder, aber auch absolut jeder ›gute‹ Mann, den Sie kennenlernen, ›gehört‹ schon einer anderen.

Was tun?

Einmal haben Sie natürlich die Möglichkeit, sich zurückzuziehen und zu resignieren. Aber das muß nicht sein. Unter bestimmten Umständen können Sie einer anderen Frau den Mann durchaus ausspannen. Nur:

Wenn Sie das tun, sollten Sie sich absolut sicher sein, daß Sie ihn wirklich haben wollen. Und nicht nur Ihre Anziehungskraft ausprobieren und ihn dann – flopp – wieder fallenlassen wollen.

Und überhaupt: Sie müssen ihn ja nicht unbedingt ganz allein für sich beanspruchen müssen. Statt dessen können Sie ihn mit seiner Ehefrau schwesterlich teilen. Die Vorteile, die Sie bei einem solchen Arrangement haben, sind nämlich keineswegs zu verachten.

Wie Sie einer anderen Frau den Mann ausspannen

> »If it is worth fighting for,
> it is worth fighting dirty for.«
>
> BERT'S BULWARK

Doch:

> »Denn wahrlich, ich bin nicht schlechter als
> andere beste Freunde.«
>
> MASCHA KALÉKO

Damit Sie nicht auf die Idee kommen, sich ›falschen Hoffnungen‹ hinzugeben, eins gleich noch einmal vorweg: Die einzigen Zweierbeziehungen, in die Sie eindringen können, sind von vornherein

– non-existent (und bestehen nur auf dem Papier);
– sowieso nicht vollkommen in Ordnung.

Denn, wie Sie bereits wissen: Solange eine Beziehung wirklich in allen Lebensbereichen funktioniert, kann keine dritte Person dazwischenfunken. (Sie können ihn maximal zu einem one-night-stand überreden – aber was soll das?) Ein Mann, der seine Frau heiß und innig liebt, würde nämlich prinzipiell selbst mit der Monroe nur einen Kaffee trinken, wenn er sie noch treffen könnte. Mehr nicht. Daraus folgt:

– testen Sie mit einem Flirt – den Sie ja mittlerweile spielend beherrschen – erst einmal aus, wieweit der ›gebundene‹ Mann, für den Sie sich interessieren, mitspielt;
– spielt er mit, verwickeln Sie ihn in ein Gespräch:
  * Ihre Telefonnummer sollten Sie ihm nur dann heimlich zustecken, wenn Sie absolut sicher sein können, daß ›seine Frau‹, in deren Begleitung er sich befindet, es nicht sieht;
  * das Risiko, ihm Ihre Nummer im Beisein ›seiner Frau‹ zuzustecken, ist ebenfalls zu hoch. *Er* würde sie sich zwar sofort in seine Gehirnzellen ritzen können – aber *sie* würde augenblicklich mißtrauisch werden. Und nicht nur an diesem Tag, sondern allen folgenden Tagen und Wochen besonders gut auf ihn aufpassen.

Folglich packen Sie die Sache so trickreich und geschickt wie möglich an. Und da bleibt Ihnen, so leid's mir tut, nur eines:

– Sie müssen sich mit ›seiner Frau‹ – die wohl in den meisten Fällen seine Ehefrau sein wird – anfreunden. So schlagen Sie nämlich mehrere Fliegen mit einer Klappe:

* wenn Sie mit ihr – oder besser ihr *und* ihm – befreundet sind, kann sie nichts dagegen haben, daß er Ihnen mal ein Regal in die Wand dübelt. (Das tut er selbstverständlich *nicht*! Dafür haben Sie Ihren Bastler. Der liebe Ehemann weiß Besseres in Ihrer Wohnung anzustellen!)

* wenn Sie mit *ihr* befreundet sind, wird sie kaum auf die Idee kommen, daß ausgerechnet *Sie* an ihrem Göttergatten interessiert sind;

* wenn sie allein in Urlaub fährt, wird sie nichts dagegen haben, daß Sie ihn während dieser Zeit dann und wann bekochen. Ergo: Selbst wenn die Nachbarn es ihr erzählen, wird sie nur milde lächeln. Und sich freuen, daß Sie sich um ihren Strohwitwer gekümmert haben – damit er nicht verkümmert (Daß Sie ihm das Diner bei Kerzenlicht servieren, davon ahnt die Gute selbstverständlich *nichts*!);

* sollte sie auf die Idee kommen, daß ihr Mann sie betrügt, werden Sie die erste sein, die von ihren Sorgen erfährt. Auch hier schlagen Sie zwei Fliegen mit einer Klappe:

  * Sie wissen, daß Sie ab sofort vorsichtiger sein müssen, wenn Sie ihn heimlich treffen. Ihre Affäre soll schließlich nicht auffliegen;

  * Sie haben Gelegenheit, ihre Zweifel an seiner Treue zu zerstreuen (»*Er* doch nicht«, können Sie sagen. »Jedem andern würd' ich das zutrauen – aber doch nicht *ihm* ...«);

* sollte sie den brillanten Vorschlag machen, die Abende, die er offiziell beim Kegeln ist, mit Ihnen verbringen zu wollen, müssen Sie schnell schalten (Denn er ist ja nicht beim Kegeln, sondern bei Ihnen. Folglich können Sie nicht bei ihr sein!):

  * erzählen Sie ihr was von einem Fortbildungskursus, den Sie als alleinstehende und berufstätige Frau an diesem Mittwoch oder Donnerstag machen. Wählen Sie ein

Thema, das sie absolut nicht interessiert. Und überhaupt: Sie findet eh keinen Babysitter;

* erfinden Sie eine Therapie beim Psychiater. Eine Gruppentherapie für Singles – oder sonstwas in der Richtung. Auf jeden Fall eine Therapie, in der sie nichts zu suchen hat!

Achtung
Treiben Sie Ihre Affäre mit ihm nicht zu weit. Er soll sich schließlich nicht scheiden lassen. Sonst haben Sie ihn nämlich nicht nur für Schäferstündchen, sondern 24 Stunden rund um die Uhr am Bein.

Wieso und weshalb Sie sich das nicht unbedingt antun sollten, erfahren Sie auf den folgenden Seiten.

Ehemänner: Liebhaber auf Pump

>»Wehe, wenn sie losgelassen!«
> SCHILLER

Er ist ein äußerst ergiebiges Thema: Der verheiratete Mann. Es gibt so viele von ihnen! Und nicht nur das: Im allgemeinen sind verheiratete Männer auch noch die besten Liebhaber! Das zumindest ergab eine Untersuchung der Amerikanerin Marion Zola, die dazu 20 000 Frauen befragte.

Ledige Frauen, wohlgemerkt. Denn wer von den Kunstgriffen des verheirateten Mannes profitiert, ist weniger seine Ehefrau als vielmehr seine Geliebte!

Ehemänner (anderer Frauen) zeichnen sich jedoch nicht nur als gute Liebhaber aus. Sie haben noch andere, nicht zu unterschätzende Vorteile: sie sind absolut pflegeleicht!

Mit anderen Worten: Wer ihn bekocht, seine Socken wäscht, seine Hemden bügelt, sein Heim in Ordnung hält, seine Kinder erzieht, das Unkraut im Garten jätet, ist seine Frau. Sie ist es auch, die ihn mürrisch erlebt. Weil auch der liebste Mann nicht nur aus immerwährender Heiterkeit bestehen kann. Seine

Ehefrau ist es auch, bei der er seinen Ärger, den er aus dem Büro mit nach Hause bringt, ablädt. Und bei der er sich die Fußballweltmeisterschaft im Fernsehen anschaut und sie ihn nicht stören darf. Kurzum: Seine Ehefrau ist es, bei der er sein Alltagsgesicht trägt.

Bei Ihnen, seiner Geliebten allerdings, strahlt er permanent Sonne aus. Sie sind für schöne, unbeschwerte Stunden – und nur für die! – zuständig. Ergo:

Kein Gemaule, daß er Gulasch nicht mag. Keine Wutausbrüche darüber, daß die Kinder seine Geschäftsunterlagen in Papierschiffchen umfunktioniert haben. Kein Gejammere, daß an den schönen Rosen Läuse sitzen, kein Geschrei nach einem frischen Hemd.

Damit Sie mir jetzt nicht vorwerfen, ich würde alle verheirateten Männer über einen Kamm scheren: es gibt sie natürlich in verschiedenen Nuancen. Und nicht alle sind als Liebhaber unbedingt empfehlenswert. Damit Sie also schnell und schmerzlos überblicken können, welcher verheiratete Mann sich für welche Art von Zeitvertreib eignet, werfen wir mal einen kurzen Blick auf sechs verschiedene Typen, denen Sie am häufigsten begegnen werden.

Typ I – Eine Hand wäscht die andere

>Ich lieb dich nicht, du liebst mich nicht.<
TRIO

Seine besonderen Kennzeichen sind: er ist im Alter von etwa 45 Jahren aufwärts und beruflich extrem erfolgreich. Ersteres versieht ihn oft mit grauen Schläfen, letzteres mit einer Menge Geld.

Verheiratet ist er bereits seit Jahrzehnten – so konnte er sich auf seine Karriere konzentrieren, während seine Frau (später mit Hilfe von Dienstboten) Heim und Kinder versorgte. Ansonsten sah und sieht er von seiner Familie – außer an Feiertagen – herzlich wenig. Aber das stört seine liebe Frau nicht, denn er bietet ihr allen Komfort, den sie sich nur wünschen kann. So gelingt es ihr, seine Abwesenheit – falls sie ihr überhaupt noch bewußt wird – zu kompensieren.

Und was tut er?

Nun, zunächst einmal arbeitet er – erst für, dann in der Führungsposition – hart, gern und viel. Der einzige Luxus, den er sich (neben so alltäglichen Dingen wie seidenen Anzügen, schnittigen Wagen und Wochenendhäusern in diversen sonnigen Ländern) leistet, sind Sie.

Daraus folgt, daß er Ihre Wohnung finanziert, Ihren Sportwagen, Ihre Garderobe – kurzum: Ihren gesamten Lebensunterhalt. Alles, was Sie dafür als Gegenleistung zu erbringen haben ist: Für ihn dazusein, wenn er mal da ist. Allzu häufig kommt das allerdings nicht vor, denn er hat eine Menge beruflicher Verpflichtungen. Zu denen ihn, wenn überhaupt, seine Sekretärin begleitet. (Wenn *Sie* natürlich seine Sekretärin sind, sehen Sie relativ viel von ihm!)

Wenn er jedoch repräsentieren muß, nimmt er seine Ehefrau mit. Mit Ihnen schmückt er sich nur dann, wenn's keiner sieht, der ihn verraten könnte. Seine Angetraute ahnt zwar, daß es Sie gibt – aber so genau will sie das gar nicht wissen. Für ihn wiederum ist vollkommene Diskretion Ehrensache – und für Sie selbstverständlich auch.

Diese Art von Verhältnis hat mit Liebe wenig, oft gar nichts zu tun. Weder für Sie – noch für ihn. Hier wäscht vielmehr eine Hand die andere: er bereitet Ihnen ein sorgloses Leben. Sie schenken ihm, zumindest stundenweise, die Illusion (noch oder wieder), jung zu sein und alles (erobern) zu können.

Bei diesem Typ von Ehemann laufen Sie nie Gefahr, daß er sich für Sie scheiden lassen und Sie heiraten möchte. Einen Skandal kann er sich auch gar nicht leisten. Ihr (Liebes-)Leben füllt er allein natürlich nicht aus. Doch solange Sie es nicht direkt vor seiner Nase tun, wird er akzeptieren, daß es in Ihrem Leben noch andere Männer gibt.

Typ II – Gelegenheit macht Diebe

»I wanna rock you, Baby,
all night long bis morgens
um drei, dann hau ich ab ...
... du hörst von mir, sei lieb,
nerv mich nicht wieder und
frag bloß nie mehr: wann?«

RENATE WICHERS

Er ist in allen Altersgruppen vorrätig. Sein Kennzeichen: er möchte seinen Kuchen behalten – und ihn essen. Darum hat er zu Hause ein Heimchen am Herd, das für ihn kochen, waschen, bügeln, die Socken stopfen darf. Im Schlafzimmer macht er daheim meistens das Licht aus. Einmal, weil eine anständige Frau, wie die seine, Sex zwar nicht ablehnt, aber auch nicht unbedingt scharf darauf ist. Zweitens, weil er sich – insgeheim – nicht gerade für den größten Liebhaber auf Gottes Erdboden hält.

Daß er sich an Sie heranmacht – oder sich von Ihnen aufreißen läßt –, ist eine Frage seiner Selbstbestätigung. Er verwechselt Quantität mit Qualität. Auch hier gibt's zwei Gründe: einmal sonnt er sich in dem Bewußtsein, wieder mal ein Kreuzchen mehr auf die lange Liste seiner Verführungskünste setzen zu können. Und jede Frau ›glücklich‹ zu machen. Zweitens bleibt er überall nur eine Nacht und ist wieder verschwunden, bevor Sie feststellen könnten, daß er nur ein ganz durchschnittlicher Liebhaber ist. In der ersten (und einzigen) Nacht macht er nämlich (nicht zuletzt, weil der Reiz des Neuen eine große Rolle spielt) einen recht passablen Eindruck.

Wenn Ihnen also mal nach reinem Sex zumute ist, haben Sie in ihm einen dankbaren Partner gefunden. Aber hüten Sie sich, mehr in ihn hineinzusehen, als er ist: Ein amüsanter Mann für eine Nacht. Nicht weniger – und nicht mehr.

Typ III – Seine Sorgen sollen Ihre Sorgen sein

»Du gräbst mir das Wasser ab
du schnürst mir die Kehle zu
du streust mir Sand in die Augen
sag:
liebst du mich?«

ECKARD DIETZE

Gleich vorab: Lassen Sie bloß Ihre Hände von ihm weg! Er braucht nämlich keine Geliebte, sondern einen seelischen Mülleimer: bei Ihnen lädt er alle Probleme ab, die er in seiner Ehe hat. Wann immer er Zeit findet, zu Ihnen zu kommen, dürfen Sie ihn trösten.

Sie sind, das erzählt er Ihnen im Brustton der Überzeugung, die einzige Frau, die ihn wirklich versteht. Wie gern würde er mit Ihnen den Rest seines Lebens verbringen. Wenn da nicht, ja, wenn da nicht seine Ehefrau wäre.

Er würde sich ja gerne von ihr trennen, aber das schafft er nicht. Er ist schließlich kein Schuft. Und sie hat ihm nie etwas getan – oder nicht getan –, was er ihr vorwerfen könnte. Im Gegenteil. Er ist es, der ihr Leben verdorben hat. Nun fühlt er sich schuldig, weil er sie ja eigentlich nicht liebt. Nie geliebt – aber eben doch an sich gebunden – hat. Und so muß es auch bleiben. Weil seine Ehefrau, das weiß er (und in diesem Wissen sonnt er sich!), ohne ihn nicht (über-)leben könnte.

Irgendwie gelingt es ihm sogar, Ihnen Schuldgefühle einzuimpfen. Weil Sie ihm dabei behilflich sind, seine liebe, gute, treue, fürsorgliche Ehefrau, die ihm ihr ganzes Leben gewidmet hat, zu betrügen. Das hat sie nun wahrlich nicht verdient.

Letztlich heult er sich bei Ihnen darüber aus, daß er – mit Ihnen, versteht sich – fremdgeht. Dann nimmt er sich ein Herz und verläßt Sie. Bis zum nächsten Mal, wo er wieder vor Ihrer Tür steht. Weil er ohne Sie, das weiß er nun, eben auch nicht leben kann. Dann packt ihn erneut die große Reue – und weg ist er wieder. Bis zum nächsten Mal ...

Wenn Sie also nicht irgendwann als seelisches Wrack enden wollen, trennen Sie sich von ihm, sobald Sie ihn als Ehemann, Typ III, erkennen!

Typ IV – Er liebt alle, nur nie die, die er hat

»Es kommt nicht darauf an, was eine Frau
ist! Was der Geliebte in sie hineindichtet,
darauf kommt es an!«

CURT GOETZ

Normalerweise ist er ab 30 Jahre aufwärts. Geheiratet hat er
mit zwanzig. Oder so um den Dreh. Warum, wieso, weshalb er
mit ihr auf dem Standesamt gelandet ist? Wie soll *er* das wissen,
er war doch noch sooo jung!

Großartige Hochs und Tiefs gab es in seiner Ehe nie. Darum
hatte er auch bisher keinen Grund, aus seiner bequemen Ehe
auszubrechen. Seine Frau ist ja auch ganz nett. Eine gute Hausfrau und Mutter eben. Ein bißchen langweilig – aber man kann
ja nicht alles haben. Und das, was ihm in seiner Ehe an Erotik
fehlte, das holte er sich in kurzen Affären. Bislang jedenfalls.

Jetzt aber hat er *Sie* getroffen. Nun ist es um ihn geschehen.
Er will sich lieber heute als morgen für Sie scheiden lassen,
denn nun weiß er, was er in seinem Leben alles verpaßt hat.
Das Vertrackte an dieser Sache ist, daß er es ernst meint: weil
ihm so etwas Quirliges, Lebenslustiges, Interessantes und
Selbständiges bisher noch nicht untergekommen ist. Sie haben
ihn verzaubert!

Über eines ist er sich allerdings nicht bewußt: daß er und Sie
nie zusammen leben könnten. Er erwartet nämlich Wunder
von Ihnen. Einerseits sollen Sie die flotte, unabhängige Frau,
die Sie sind, bleiben. Andererseits verlangt er, daß Sie – als die
perfekte Frau, die er in Ihnen sieht – zugleich auch Hausmütter-
chen sind. Und sein Leben weiterhin angenehm und reibungs-
los gestalten.

Sollten Sie den gravierenden Fehler begehen, ihn tatsächlich
zu heiraten, haben Sie bald die Hölle auf Erden. Denn so perfekt, wie er es von Ihnen verlangt, ist nun mal kein Mensch.
Damit die arme Seele schließlich ihre Ruhe hat, verwandeln Sie
sich dann über kurz oder lang in das zahme, brave Frauchen,
das er sein Leben lang um sich gewöhnt war.

Und dann? Dann wird er eines Tages von Ihnen die Scheidung verlangen. (Er ist der Prototyp der Männer, die zwei-, drei-, vier-, fünfmal heiraten.) Weil ihm nämlich eine über den Weg gelaufen ist, die ihn über alle Maßen fasziniert. Sowas Quirliges, Lebendiges, Aufregendes – eben ein ganz anderer Typ als Sie!

Typ V – Der Seitensprung rettet seine Ehe

> »Verschiedentlich faßte er Fluchtgedanken.
> (Er dachte speziell an Amerika.)
> Aber aus Angst, seine Frau könnte zanken,
> blieb er dann doch immer wieder da.«
>
> ERICH KÄSTNER

Er ist eine sonderbare Mischung. Kuschelig, charmant, lustig, galant – nur leider hat er auch ein bißchen was von Ehemann Typ III. Nämlich die Schuldgefühle, seine fürsorgliche, langweilige Gattin zu betrügen.

Zu Anfang Ihrer Affäre bekommen Sie von letzterem allerdings nichts mit. Sie merken es erst eine Weile später: daß seine Besuche bei Ihnen immer unregelmäßiger, kürzer und seltener werden. Bis er eines Tages für immer fortbleibt.

Das allerdings erst, nachdem er Ihnen, wie es sich für einen Mann von Welt gehört, ade gesagt hat. Meistens wählt er ein exklusives Diner in einem romantischen Restaurant, um Ihnen bei Kerzenlicht und sanfter Musik zu erklären, daß er Sie nicht mehr sehen darf, kann und will.

Ihre Affäre mit ihm hat nämlich seine Ehe gerettet. Weil er Schuldgefühle hatte, war er plötzlich zu seiner Frau viel netter, als er es in den letzten Jahren gewesen war. Sein Verhalten resultierte dann darin, daß auch *sie* sich wieder so richtig lieb und nett und nicht zuletzt sexy zeigte. Und so fanden die beiden langsam, aber sicher wieder zusammen.

Dieser Typ von Ehemann ist übrigens besonders häufig vertreten. Wenn Sie ihm begegnet sind und er Sie schließlich verläßt, seien Sie nicht traurig: freuen Sie sich, daß Sie – indirekt – ein gutes Werk getan haben! Und auch darüber, daß Sie nicht in der Haut seiner Ehefrau stecken. Was ist das schon für ein Triumph, wenn ein Mann sich nur deshalb für eine Frau entscheidet, weil er sich ihr gegenüber schuldig und verpflichtet fühlt?

Typ VI – Der ideale, verheiratete Geliebte

»Tröste dich.
Jedes Glück hat einen kleinen Stich.«
KURT TUCHOLSKY

Ihn gibt's in allen Altersgruppen. Er ist beruflich einigermaßen bis sehr erfolgreich – aber er denkt nicht im Traum daran, Ihr Leben zu finanzieren. Was er jedoch tut (und das tut er gern), ist, Sie hie und da mit kleinen Aufmerksamkeiten zu bedenken. Ob es sich hierbei um ein Parfüm oder einen Diamantring handelt, hängt von seinem Geldbeutel ab.

Was ihn ansonsten auszeichnet, ist: Er führt eine ›normale‹ bis gute Ehe. Das allerdings schon seit einigen Jahren. Er mag seine Frau immer noch gern – und es würde ihm nie in den Sinn kommen, sich von ihr scheiden zu lassen. Weil er klug ist. Weil er weiß, daß in jeder Beziehung der erste Lack irgendwann mal ab ist. Und daß andere Werte anstelle der himmelhochjauchzenden, permanent physischen Liebe treten. Und überhaupt: Sex mit seiner Frau macht ihm auch noch Spaß. Auch wenn es nicht mehr ganz so hoch hergeht.

Was er dann bei Ihnen überhaupt zu suchen hat? Er mag Sie gern. Und bei Ihnen findet er das Quentchen Erotik mehr, das sich im Laufe seiner Ehejahre daheim abgeschliffen hat. Er unterhält sich auch gern mit Ihnen, und irgendwie hat er Sie sogar ein wenig lieb. Er ist Ihr Freund. Und ein überaus sensitiver, hervorragender Liebhaber zugleich.

Sie haben beide ganz einfach Spaß aneinander. Nur: Wenn Sie ein solch seltenes Exemplar treffen, seien Sie auf der Hut, sich Ihnen und ihm den Spaß nicht zu verderben. Was Sie nämlich nicht tun dürfen, ist: sich ernsthaft in ihn zu verlieben. Oder ihn gar für sich allein ›besitzen‹ zu wollen. Da spielt er nämlich nicht mehr mit. (Und ich kann es ihm auch gar nicht verdenken!)

Wenn Sie sich also den Spaß an diesem idealen Geliebten erhalten wollen, müssen Sie sich an die Spielregeln halten.

Spielregeln für ›die andere Frau‹

> »Ha, Frau, das ist wider die Abrede!«
>
> LESSING
>
> Denn:
>
> »Nie sollst du ihn befragen ...«
>
> (fast) RICHARD WAGNER

Das oberste Gebot heißt: Betrachten Sie Ihren verheirateten Geliebten als das, was er ist: Eine erfreuliche *Bereicherung*, nicht der *Inhalt* Ihres Lebens! Alle anderen Gebote ergeben sich daraus eigentlich von selbst:

- treffen Sie ihn zu Ihren Bedingungen. Das heißt: Er hat seine freie Zeit so einzuteilen, daß er sich Ihrem Lebensstil anpaßt. Nicht Sie sich dem seinen;
- behalten Sie den Kontakt zu Ihrem Freundeskreis bei. Merke: Ihre guten Freundinnen und Freunde können Sie Ihr Leben lang begleiten. Ihr verheirateter Geliebter nicht;
- nutzen Sie eventuelle berufliche Aufstiegschancen, auch wenn Sie dadurch gezwungen wären, in eine andere Stadt zu ziehen und Ihr Verhältnis mit ›ihm‹ aufgeben müßten. *Sie* sind die Hauptperson in Ihrem Leben. Nicht er.

Wie in fast jeder Liebes- und Lebenslage, gibt es auch hier nicht nur Ge-, sondern auch Verbote. Dazu gehören:

- nörgeln Sie nicht, wenn er zuwenig Zeit für Sie hat. Schließlich muß er sich nicht allein um Sie, sondern auch um seinen Beruf und seine Familie kümmern. Und überhaupt: Seine Frau meckert wahrscheinlich schon genug an ihm herum. Da müssen Sie nicht noch in dieselbe Kerbe hauen;
- degradieren Sie ihn nicht zum Handwerker. Es langt, wenn

234

er zu Hause tropfende Wasserhähne reparieren und nachsehen muß, weshalb das Auto tuckert. *Sie* haben dafür Ihren Bastler (Sie erinnern sich?) oder Sie sind selbständig genug, einen Klempner oder den ADAC zu rufen, wenn Sie fachmännische Hilfe brauchen;

- sitzen Sie nicht zu Hause herum, um auf seinen Anruf zu warten. Sie können Ihre Zeit besser nutzen;
- rufen Sie ihn nie zu Hause an. (Auch dann nicht, wenn Sie sich, um ihn zu kriegen, mit seiner Frau angefreundet haben. Da rufen Sie höchstens *sie* an!) Wenn's wirklich brennt – benachrichtigen Sie die Feuerwehr. Es gibt absolut keinen Grund, weshalb Sie ihn so dringend erreichen müßten, daß Sie in sein Familienleben eindringen;
- schicken Sie die Liebesbriefe, die Sie ihm schreiben, nicht an seine Privatadresse. Senden Sie sie statt dessen, mit einem dicken Vermerk *persönlich*, an seine Arbeitsstelle;
- schimpfen Sie nie über seine Frau. Selbst wenn er sich dazu herablassen sollte, enthalten Sie sich jeden Kommentars. Er hat sie schließlich einmal geheiratet. So ein Scheusal kann sie also nicht gewesen sein. Selbst wenn sie heute eines ist, sobald Sie ihm das klarmachen wollen, wird er sich befleißigt fühlen, seine Ehefrau gegen Sie zu verteidigen;
- erpressen Sie ihn nicht mit Liebes-, sprich Sexentzug. Die Nummer kennt er von zu Hause. Um abgewiesen zu werden, braucht er wirklich nicht zu Ihnen zu kommen;
- verbringen Sie Wochenenden und Feiertage – vor allem Weihnachten! – nicht deprimiert in Ihren vier Wänden. Anstatt darüber nachzudenken, was er in diesem Augenblick im trauten Kreise der Familie tun oder lassen könnte, unternehmen Sie Dinge, die Ihnen Spaß machen. Es gibt mehr als genügend Beschäftigungen, denen Sie – auch ohne ihn – nachgehen können;
- plaudern Sie nie mit gemeinsamen Bekannten über Ihr Verhältnis zu ihm. Sie wollen doch nicht, daß seine Frau davon erfährt – und Sie ihn entweder in Nullkommanix los sind, oder ihn gar für immer und ewig am Hals haben;
- hinterlassen Sie aus denselben Gründen keine Schrammen an seinem Rücken, kein Make-up an seinem Hemd, keine

Lippenstiftspuren an seinem Kragen und keine Parfümwolke an seinem Anzug;
– hüten Sie sich, seine Kinder kennenlernen zu wollen. Also:
Keine gemeinsamen Besuche im Zoo und der Eisdiele. Sie
wollen schließlich nicht riskieren, daß die kleinen Fratzen
daheim von der ›netten Tante‹ (die Papis Hand gehalten
hat!) erzählen;
– schenken Sie ihm keine allzu persönlichen Dinge wie Hals-
kettchen, Ringe oder – Herpes.

Wenn Sie sich brav an diese Spielregeln halten, können Sie sich
Ihres verheirateten Geliebten über lange Zeit hinweg erfreuen.
Sollten Sie – trotz aller Vorsicht – dennoch von seiner Frau in
flagranti ertappt werden, müssen Sie blitzschnell schalten. Am
besten: Sie bereiten sich innerlich auf eine derartige Notfall-
situation vor. Dann wird es Ihnen – sollte sie je eintreten – nicht
schwerfallen, das Richtige zu tun.

17.
Die Kunst, fremdzugehen

»Blamier mich nicht, mein schönes Kind,
und grüß mich nicht unter den Linden;
wenn wir nachher zu Hause sind,
wird sich schon alles finden.«

HEINE

Machen wir uns nix vor: Jeder zweite Ehemann, so die Statistik, ist im Verlauf seiner Ehe schon mal fremdgegangen. Ebenso würde jede zweite deutsche Frau zwischen 25 und 45 Jahren einen Seitensprung wagen – und jede vierte hat ihn schon gewagt.

Mit anderen Worten: Nicht mehr diejenigen, die fremdgehen, sondern diejenigen, die es nicht tun, werden bald die Ausnahme sein.

Daß sich mit zunehmendem Fremdgehen die Chancen, ertappt zu werden, vergrößern, ist wohl auch allen Leuten klar. Darum finden Sie hier gleich ein paar Tips, wie Sie einer solch unangenehmen Situation mit Eleganz begegnen. Gleichgültig, ob Sie es sind, die Ihren Göttergatten (oder Freund) dabei erwischt – oder ob Sie es sind, die in flagranti ertappt wird.

Wenn Sie ihn erwischen

»Aus jeder Situation gibt es mehrere Ausgänge – nur auf verschiedenen Etagen.«
WIESLAW BRUDZIŃSKI

Wie in allen anderen Situationen, die dazu geeignet sind, unkontrollierte Gefühlsausbrüche hervorzurufen, heißt auch hier das oberste Gebot:

– Egal, was passiert: Bleiben Sie Dame!

Das wiederum bedeutet schlicht und ergreifend, daß Sie sich zu folgenden Reaktionen *nicht* hinreißen lassen:

- ihm und ihr eine Szene zu machen;
- ihn und sie nackt aus dem Haus zu jagen;
- sich selbst aus dem Fenster zu stürzen;
- ihn und sich zu erschießen, erstechen oder erschlagen;
- Ihren bissigen Schäferhund auf ›sie‹ zu hetzen;
- sich den Postboten oder den Milchmann zu schnappen und sich auf der Stelle – mit Hilfe des zu Recht wohl äußerst verwirrten Post- oder Molkereiangestellten – an ihm und ihr zu rächen.

Wenn Sie die beiden in flagranti erwischen, bleibt Ihnen vielmehr nur eine Waffe: Höflichkeit.

Zugegeben, was ich Ihnen hier empfehle, mag Sie zwar einige Selbstbeherrschung kosten – aber der Super-Effekt, den Sie damit erzielen, ist der Mühe wert. Denn: Anstatt sich selbst lächerlich zu machen, werden Sie ihn und sie damit gewaltig beschämen. Wenn Sie also die beiden im Bett überraschen, tun Sie folgendes:

- Sie verlassen das Zimmer wieder unbemerkt;
- Sie werfen die Kaffeemaschine an;
- Sie decken den Frühstücks- oder Kaffeetisch;
- Sie lassen ein Schaumbad ein (Und opfern ein paar Tropfen des Luxus-Badezusatzes! Wenn schon, denn schon!);
- Sie legen eine schöne LP auf (Mozart oder Bach machen sich besonders gut);
- Sie holen tief Luft;
- Sie spielen den fröhlichen Wecker:
  * Sie betreten den Sündenpfuhl mit Ihrem strahlendsten Lächeln;
  * Sie erklären den beiden, sie seien – verständlicherweise! – gewiß hungrig. Und Sie hätten den Essenstisch schon gedeckt;
  * Sie bieten ›ihr‹ an, sich vorher frisch zu machen: Ein Bad hätten Sie schon eingelassen, frische Handtücher lägen auch bereit und ansonsten stünden ihr die originalver-

packte Zahnbürste und Ihre gesamten Kosmetika – vom Body Lotion bis zum Rouge – gern zur Verfügung;
* dann – und das ist taktisch äußerst wichtig! – bleiben Sie erst einmal eine Weile plaudernd in der Tür oder im Zimmer stehen. (Sie können ruhig die Vorhänge aufziehen, wenn Ihnen danach ist!) Denn: Nun können Sie sich schon mal ausgiebig daran weiden, wie perplex die beiden sind:
  * er wagt sich nicht nackt aus dem Bett;
  * sie wagt sich nicht nackt aus dem Bett;
  * im Bett bleiben können die beiden aber auch kaum.
– Wenn Sie diese Situation genügend ausgekostet haben, werfen Sie den Toaster an. Oder rösten die Brötchen auf. Und dann? Dann
* frühstücken Sie entweder mit beiden – wobei Sie Ihren freundlichen Plauderton beibehalten und ›sie‹ mit Komplimenten überschütten;
  Merke: Je freundlicher Sie sind, desto mieser fühlen sich die beiden.
* Frühstücken Sie mit ihm allein – weil ›sie‹ nicht den Nerv hat, ein Frühstück mit Ihnen gemeinsam durchzustehen. Auch hier: Bleiben Sie gelassen, auch wenn es Sie fast übermenschliche Kräfte kostet.
  Merke: Je weniger Vorwürfe Sie ihm machen – und je mehr Verständnis Sie ihm gegenüber aufbringen –, desto mehr wird er sich wundern, ob er Ihnen gleichgültig geworden ist. Und schon ist er derjenige, der eifersüchtig wird. (In diesem Fall ist es durchaus berechtigt, ihn auf diese Art und Weise wissen zu lassen, daß er so toll auch nicht ist.)

Sie glauben, das hält niemand durch? Da sind Sie im Irrtum! Ich kenne Frauen und Männer, die sich so verhalten haben, als sie ihre jeweiligen festen Partner in flagranti erwischten. Es erübrigt sich wohl zu sagen, daß die ›Ertappten‹ dann wieder ganz schnell treu und brav waren. Aus freien Stücken, versteht sich. Weil sie die Eselei, die sie begangen hatten, von ganz alleine als solche erkannten.

Bevor ich es vergesse: Wenn Sie ihn und sie ›nur so‹, zwar miteinander, aber nicht ineinander verknäult, erwischen, bleiben Sie natürlich auch Dame. Und superfreundlich und donnern sie damit in Grund und Boden:

– Sie loben das Kleid, das sie trägt und das mindestens drei Monatsgehälter gekostet haben muß (und das sie sich darum eigentlich nicht leisten kann), oder
– Sie erklären ihr, wie hübsch die neue C & A-Kollektion angezogen aussieht;
– Sie bewundern Ihr Make-up (woraus ersichtlich wird, daß sie Massen davon trägt) oder
– Sie erklären ihr, wie erfrischend es sei, endlich mal eine Frau zu treffen, die auf Make-up verzichtet (auch das wird ihr zu denken geben);
– Sie erklären ihr, wie rührend und gastfreundlich Sie es finden, daß sie sich solche Mühe mit dem kalten Büffet gegeben hat. (Vorausgesetzt, ›Ihr‹ Mann schmust mit der Gastgeberin einer Party.) Dafür muß sie sicherlich den ganzen Tag – aufgelöst, versteht sich, aber das lassen Sie nur durchblicken! – in der Küche gestanden haben;
– Sie bewundern, wie ordentlich und sauber es ist. Nirgendwo auch nur ein Flusen zu entdecken. Und schon stellt *er* sich vor, wie *sie,* kurz bevor die ersten Gäste kommen, mit Staubtuch und Staubsauger durchs Haus rast.

Sie sehen, alle auch noch so peinlichen Situationen lassen sich durchaus mit Eleganz regeln. Und damit gewinnen Sie im Endeffekt mehr, als wenn Sie sich in Ihrer ersten Wut dazu hinreißen lassen, ihm mit Mord oder Selbstmord zu drohen. Damit rechnet er wahrscheinlich.

Wenn Sie ihn – und sie – also verblüffen und total verwirren, haben Sie die Oberhand. Und die sollten Sie in jedem Fall behalten!

Diesmal hat es Sie erwischt

»Ach! Die Gattin ist's, die teure!«
»Des Lebens ungemischte Freude
ward keinem Irdischen zuteil.«

SCHILLER

Je nachdem, wie ›Ihre Verhältnisse‹ sind, können Sie als Frau gleich zweimal ertappt werden:

– von der Frau oder Freundin Ihres Geliebten;
– von Ihrem eigenen Freund oder Ehemann.

So grundverschieden diese Situationen auch sein mögen, so sind sie doch teilweise denselben Verhaltensregeln unterworfen:

– wenn Sie in neutraler Umgebung – und nicht im Clinch mit Ihrem Liebhaber! – erwischt und des ›Ehebruchs‹ bezichtigt werden, können Sie nur eines tun:
  * leugnen, leugnen, leugnen;
– wenn Sie in flagranti ertappt werden und ›Ihr Mann‹ – oder seine Frau – so reagiert, wie ich es im letzten Kapitel als das einzig Wahre beschrieben habe, wählen Sie das kleinere Übel:
  * machen Sie sich so schnell wie möglich aus dem Staub. Je länger Sie bleiben – desto mehr werden Sie (wenn er oder sie klug und geschickt ist!) schön fein säuberlich und scheibchenweise um Ihre Haltung oder zumindest Ihre Nerven gebracht.

Nerven und Haltung gilt es aber immer und überall zu bewahren! Wenn sie – oder er – (die Sie ertappen) es nicht tun, bewahren *Sie* wenigstens Eleganz:

– wenn er oder sie eine Szene macht:
  * lassen Sie sich nicht dazu herab, zurückzuschreien oder diskutieren zu wollen;
– wenn sie oder er mit Selbstmord droht:
  * drücken Sie ihr oder ihm zwei Beruhigungspillen in die Hand – oder rufen Sie schon mal die Ambulanz;

- wenn sie oder er mit dem Messer oder einer sonstigen Waffe auf Sie zukommt, drücken Sie sich nicht in eine Ecke (aus der kommen Sie niemals lebend raus), sondern immer in Richtung Tür.

Achtung
Wenn Sie sich mit *ihm* schon an einen Ort begeben, wo Sie, wenn Sie Pech haben, erwischt werden könnten, sind folgende Vorsichtsmaßnahmen unerläßlich:

- sondieren Sie eventuelle Fluchtmöglichkeiten aus, bevor Sie sich in Ihrem Liebesspiel verlieren. Im Notfall müssen Sie blitzschnell reagieren können;
- finden Sie heraus, ob *er* einen bissigen Hund hat, den *sie* auf Sie hetzen könnte. Und machen Sie ihm vorher klar, daß er die Bestie beruhigen muß, falls sie auftaucht. Die meisten Männer sind nämlich, wenn sie von ihrer Frau erwischt werden, zu keinem einzigen klaren Gedanken mehr fähig;
- verstreuen Sie Ihre Kleidungsstücke nicht überall im Spielzimmer – und verteilen Sie sie schon gar nicht übers ganze Haus. Im Ernstfall müssen Sie sie blitzschnell greifen können, um nicht nackt auf der Straße zu landen.

Ansonsten gilt:

- wenn Sie von seiner Frau überrascht werden, bewahren Sie Ruhe. Ziehen Sie sich – möglichst schnell – an – und verlassen Sie die nunmehr ungemütliche Stätte. Verkneifen Sie sich Abschiedsküsse und Abschiedsworte wie »bis morgen« oder »ich ruf' dich an«. Wenn Sie unbedingt meinen, etwas sagen zu müssen, können Sie sich ja für die Störung entschuldigen. Auch wenn *sie* es war, die *Sie* gestört hat;
- wenn Sie von Ihrem Mann überrascht werden, sollte Ihr Geliebter sich elegant auf den Heimweg begeben. (Ausnahme: Ihr Mann neigt zu Gewalttaten. Dann verlassen Sie die Wohnung gemeinsam mit Ihrem Geliebten und steuern die nächste Rechtsanwaltskanzlei an, wo Sie die Scheidung einreichen. Falls Sie, versteht sich, verheiratet sind.)

Wie Sie sich dann mit Ihrem Mann verbal auseinandersetzen, kann ich Ihnen leider nicht verraten. Wie so ein Gespräch verläuft, kommt auf zu viele Dinge an, die ich von meinem Schreibtisch aus nicht alle in Betracht ziehen kann. Grundsätzlich gilt nur:

- wenn Sie ihn betrügen, weil Sie ihn sowieso nicht mehr lieben, sollten Sie sich lieber früher als später von ihm trennen;
- wenn Sie selbst nicht wissen, welcher Hormonteufel Sie erwischt hat, muß Ihr Mann eben begreifen, daß auch einer Frau so ein Ausrutscher durchaus mal passieren kann. Und damit fertigwerden;
- wenn Sie ihn – vor seinen Augen – betrogen haben, um sich dafür zu rächen, daß *er* Sie betrügt, haben Sie dieses Buch bisher nicht aufmerksam gelesen. Fangen Sie noch einmal von vorn an.

Wenn Sie allerdings fremdgegangen sind, weil Sie zwei Männer lieben – oder zu lieben glauben –, dann ist das ein Kapitel für sich.

Was tun, wenn Sie zwei Männer lieben?

»Er hat gesagt, ohne dich
Kann er nicht leben. Rechne also damit,
   wenn du ihn wieder triffst
Erkennt er dich wieder.
Tue mir also den Gefallen und liebe mich
   nicht zu sehr.«

BRECHT

Es ist eine vertrackte Situation, aber sie passiert nun mal im Leben: Eine Frau steht plötzlich zwischen zwei Männern – und weiß nicht, für welchen sie sich entscheiden soll. Ein Patentrezept, nach welchen Kriterien Sie Ihre endgültige Auswahl treffen sollen, kann ich Ihnen leider auch nicht geben. Aber es gibt immerhin ein paar grundsätzliche Dinge, die Sie in Betracht ziehen sollten:

- hüten Sie sich vor übertriebener Ehrlichkeit: die beiden Betroffenen mit Ihrem Problem zu konfrontieren, bringt überhaupt nichts. Weil letztlich nicht einer der Männer, sondern Sie allein die Entscheidung, zu welchem Sie nun wollen, treffen. Ersparen Sie den beiden also unnötigen Kummer;
- falls es sich bei einem von den beiden Männern, zwischen denen Sie stehen, um einen Ex-Liebhaber, der aus heiterem Himmel wieder aufgetaucht ist, handelt, überlegen Sie genau, welches Motiv Sie haben könnten, zu ihm zurückzukehren. Oder ihn zurückzunehmen. Oft ist hier weniger die große Liebe als das (momentan) befriedigende Gefühl ›Er kann ohne mich *doch* nicht leben‹ das Ausschlaggebende;
- wenn Ihr Doppelspiel aufgeflogen ist, und einer der beiden – oder gar beide – um den ›Rivalen‹ wissen, will man(n) Sie vielleicht zu einer Entscheidung drängen:
  * lassen Sie sich nicht hetzen;
  * lassen Sie sich nicht erpressen (»wenn du dich noch mal mit ihm triffst, verlierst du mich«);
  * erbitten Sie sich notfalls von beiden das Verständnis – und die Zeit –, Ihre Entscheidung in Ruhe treffen zu können. Dazu gehört auch, daß Sie den einen – mit dem Sie vielleicht zusammenleben – erst einmal für ein paar Monate ›verlassen‹:
    * diese Zeit verbringen Sie entweder alleine, um sich über Ihre Gefühle klarzuwerden, oder
    * Sie verbringen Sie mit dem ›anderen‹. Um zu sehen, wie Sie mit ihm nicht nur sonntags, sondern auch im Alltag klarkommen.
- Am allerbesten: Bis Sie wissen, was Sie wollen, lieben Sie beide. Vielleicht ist das ja sogar, *was* Sie wollen. Da heißt es dann nur:
  * lassen Sie sich nicht dabei erwischen;
  * machen Sie weder dem einen noch dem anderen falsche Hoffnungen. Das wäre gemein.

Und wenn Sie ›glücklich verheiratet‹ sind und auf Affären nicht verzichten wollen? Nun, dann müssen Sie sich auch an die Spielregeln, die es für solche Fälle gibt, halten.

Die Katze läßt das Mausen nicht:
Spielregeln für die verheiratete Frau

> »Abwechslung ist immer angenehm.«
>
> EURIPIDES
>
> Aber:
>
> »Die erste Gunst ist Gunst, die zweite schon Verpflichtung.«
>
> Chinesisches Sprichwort

Das gibt es natürlich auch: daß Sie verheiratet sind und in den Männern, die Sie aufreißen, nur ein kleines Abenteuer suchen. Um Sie – und alle anderen Beteiligten – vor Herzeleid zu bewahren, gibt es für solche Situationen ein paar Grundregeln, an die Sie sich als Frau von Welt halten sollten:

– lassen Sie sich nicht von Ihrem Mann erwischen;
– lassen Sie sich nicht von Ihren Kindern mit Ihrem Liebhaber erwischen;
– lassen Sie Ihren Hund bei derlei Ausflügen daheim – auch wenn er eine noch so treue Seele ist: er könnte Sie eines Tages unabsichtlich verraten. Dann nämlich, wenn er Ihrem Liebhaber, den Sie ›offiziell‹ nicht so gut kennen, daß Ihr Waldi ihn kennen könnte, seine Wiedersehensfreude mit ihm offensichtlich kundtut;
– lieben Sie Ihren Lover, wo Sie wollen – nur nicht da, wo Sie mit Ihrem Mann oder Ihrer Familie daheim sind:
  * es wäre Ihrem Mann gegenüber taktlos;
  * es wäre Ihrem Liebhaber gegenüber taktlos;
  * Ihr Zuhause geht Ihren Liebhaber nichts an;
– erzählen Sie nach Möglichkeit niemandem – außer Ihrer wirklich allerbesten Freundin – von Ihrer Affäre. Sie wissen selbst, wie schnell all die Dinge, die unter dem Siegel der Verschwiegenheit ausgeplaudert werden, die Runde machen.

Das wäre das Wichtigste, was Ihr Zuhause anbetrifft. Ihr Liebhaber hat natürlich auch einen Anspruch auf Fairneß:

– wenn es sich nicht gerade um einen one-night-stand handelt, lügen Sie ihn, was Ihren Familienstand betrifft, nicht an;

- verlangen Sie von ihm nicht, daß er sich immer gerade dann Zeit für Sie nimmt, wenn Sie sich günstig von zu Hause fortschleichen können;
- heulen Sie sich bei ihm nicht über die Macken Ihres lieben Angetrauten aus;
- loben Sie Ihren Göttergatten nicht in der Gegenwart Ihres Geliebten über den grünen Klee;
- machen Sie Ihrem Geliebten, falls es ihn erwischt hat und er Sie heiß liebt, keine falschen Hoffnungen;
- lassen Sie Ihr schlechtes Gewissen zu Hause – oder bleiben *Sie* es, wenn Sie eins kriegen.

Dann können Sie sich nach Herzenslust amüsieren. Bleibt nur noch zu klären, wie Sie dafür vorsorgen können, nicht von Ihrem Ehemann erwischt zu werden. Er könnte nämlich, wenn Sie gerade von Ihrem Geliebten kommen, Lunte riechen.

Also bleibt Ihnen gar nichts anderes übrig, als immer schön frisch geduscht daheim aufzutauchen. Darüber könnte Ihr Mann sich natürlich auch wieder wundern. Und so müssen Sie, wenn Sie ihn Ihre Untreue nicht wittern lassen wollen, zu einem Uralt-Trick greifen. Nämlich dem, den Männer seit Menschengedenken benutzen:

Erzählen Sie, Sie seien einem Tennisverein, Gymnastik-Club oder ähnlichem beigetreten. Wenn Sie nun von dort frisch geduscht nach Hause gehen, wird er nicht auf die Idee kommen, Sie mit unangenehmen Fragen zu belästigen.

18.
Daheim und unterwegs

»Als ich dich gesehen, war's um mein Herz
geschehen!«

Poesiealbumspruch

Wenn Sie nicht gerade in einem Kloster beschäftigt sind, werden Sie an Ihrem Arbeitsplatz mehr als genug Gelegenheit haben, Männer zu treffen und kennenzulernen. *Er,* auf den Sie's abgesehen haben, muß nicht einmal in derselben Firma oder demselben Büro arbeiten: vielleicht steht er nur jeden Tag mit Ihnen um dieselbe Uhrzeit vor demselben Lift, der ihn in das dritte und Sie in das fünfte Stockwerk eines Bürohochhauses fährt. Na also!

Und falls Sie es auf einen Mann mit einem bestimmten Beruf abgesehen haben, müssen Sie nichts weiter tun, als ihn an seinem Arbeitsplatz aufzusuchen.

Und Ihren Urlaub – den müssen Sie schon gar nicht allein verbringen. Direkt am Urlaubsziel gibt es haufenweise Männer, die auch allein verreist sind. Und der Frauen harren, die das Schicksal ihnen zuspielt. Sie können ihn sogar schon im Flugzeug, das Sie zu Ihrem Urlaubsort bringt, kennenlernen. Und sich ein paar Wochen lang blendend amüsieren.

Ob und wie's nach dem Urlaub weitergehen kann, lesen Sie in diesem Kapitel selbstverständlich auch.

Liebesfalle Arbeitsplatz

»Das Nützliche mit dem Angenehmen
verbinden.«

HORAZ

Aber:

»In dumme Situationen gerät man meistens leichter hinein, als man aus ihnen
herauskommt.«

BERGER'S LAW

Fangen wir am besten gleich mit den Männern, mit denen Sie
jeden Tag direkt zu tun haben, an. Sie sind scharf auf Ihren
Boß? Einen Kollegen? Nun denn:

Das erste, was Sie tun, ist, behutsam mit dem Mann Ihrer
Wahl zu flirten. Behutsam heißt: Vermeiden Sie es, aufdring-
lich zu wirken. Prüfen Sie erst einmal, ob er auf Sie reagiert.
Wie Sie das machen? Ganz einfach. Es gibt da nämlich gewisse
Verhaltensformen, die Ihnen unmißverständlich zu erkennen
geben, daß Ihr Chef oder Ihr Kollege Sie auch als Frau – nicht
nur vor sich hin schuftendes Neutrum – betrachtet:

- Sie besprechen mit ihm was Geschäftliches – Ihre Blicke
  kreuzen sich. Er hört zu reden auf. Er schaut in Ihre Augen,
  dann auf Ihr Haar, wieder in Ihre Augen. Dann spricht er,
  nachdem er sich wieder gefangen hat, weiter;
- er führt, wenn Sie in seiner Nähe sind, bestimmte Objekte –
  Kugelschreiber, Pfeifenmundstück, den Bügel seiner Brille –
  an seine Lippen (Psychologen bezeichnen das als Zeichen
  ›oraler Aggression!‹);
- er streckt Ihnen seine flach geöffnete Hand entgegen und
  bittet Sie um Streichhölzer oder sonstwas. Damit zeigt er
  Ihnen, daß er zu haben ist;
- lockert er gar seine Krawatte, öffnete den obersten Hemd-
  knopf oder rollt die Hemdsärmel hoch, gibt er Ihnen damit zu
  erkennen, daß er ein Mann ist;
- wirft er Ihnen einen Kugelschreiber oder ein Lineal über den
  Schreibtisch zu, wird er – anhand des Phallus-Symbols – besonders deutlich.

Und was tun Sie? Wenn Sie an ihm interessiert sind, spielen Sie mit – oder fangen selbst mit dem Spielchen an. Um seine Reaktionen zu testen. Anfangs brauchen Sie gar nicht einmal ›direkt‹ zu werden. Sein Unterbewußtsein wird die Signale, die Sie ihm geben, schon aufschnappen – und auswerten:

- Sie nehmen – während er Sie beobachtet! – eine Zigarette aus der Schachtel, führen sie langsam an Ihre Lippen – und warten ab, ob er Ihnen Feuer gibt;
- Sie halten ihm einen Kuli – oder sonst irgend etwas – auf flacher Hand entgegen – und lassen sich davon überraschen, ob er bei der ›Übergabe‹ Ihre Hand berührt – oder nicht;
- Sie stellen sich, wenn er Ihnen etwas erklärt – während er in seinem Sessel sitzt – neben ihn. Und zwar so, daß Ihre Hüften sich in etwa auf gleicher Höhe mit seinen Augen befinden. Sie beugen sich zu ihm – der Ärmel Ihrer Bluse berührt ihn fast oder ein wenig. Gleichzeitig können Sie, wenn Sie besonders deutlich werden wollen, die Ferse aus einem Ihrer Schuhe heben. Denn nicht nur Sie, sondern auch er weiß es: Bevor man ins Bett geht, zieht man seine Schuhe aus;
- Sie tragen möglichst lange Ketten – und spielen damit, wenn er mit Ihnen redet. Oder Sie mit ihm. Mal berühren Sie die Kette(n) in Brusthöhe nur mit den Fingern einer Hand, dann führen Sie die Perlen (oder was immer Sie tragen) an Ihre Lippen;
- Sie spielen mit den Knöpfen Ihrer Bluse. Ohne sie zu öffnen, versteht sich! Darauf darf er – vorerst zumindest! – nur hoffen;
- Sie spielen mit Ihrem Haar;
- Sie schauen ihm mal in die Augen, mal auf die Lippen, wenn er spricht. Nicht nur mit Ihnen, sondern auch mit anderen. Sie lächeln ihm freundlich zu. So weiß er, daß Sie ihm nicht nur gern zuhören, sondern eben auch, daß er in Ihnen eine Stütze hat. Einen Menschen, der mit dem, was er sagt, übereinstimmt. Schon sind Sie und er – Verbündete;
- Sie sind aufmerksam: schließen das Fenster, wenn er friert. Öffnen es, wenn ihm heiß ist. Bringen ihm mal einen Kaffee – ohne daß er erst lange darum bitten muß.

Wie's dann weitergeht, wenn bis hierher alles stimmt? Nun, wenn er Ihr Boß ist, wird er wohl den ersten Schritt tun. Oder sagen wir besser: Die erste Einladung aussprechen. Denn daß Sie direkt auf ihn zugehen, wird er kaum von Ihnen erwarten.

Wenn *Sie* sein Boß sind, müssen Sie selbstverständlich den ersten Schritt tun. Und ihn ansprechen – zum Essen einladen oder zu einem Drink. Er will schließlich nicht riskieren, daß Sie glauben könnten, er wolle sich bei Ihnen einschmeicheln – nur weil Sie seine Chefin sind.

Was in etwa gleichgestellte Kollegen betrifft, so ist es gleichgültig, wer wen einlädt. Bringt *er* den Nerv nicht auf, tun *Sie* es:

- »Sie sehen ganz so aus, als könnten Sie einen Drink brauchen. Kommen Sie, ich lad' Sie dazu ein«;
- »Der Tag heute war so schrecklich, daß ich dringend einen Drink brauche. Kommen Sie mit?«;
- »Heut' war ein so schöner Tag, den sollte man auch fröhlich beenden. Wie wär's, wenn wir zusammen essen (ins Kino) gingen?«;
- »Finden Sie's nicht auch ein bißchen traurig, daß man den ganzen Tag zusammen arbeitet – und sich sonst so überhaupt nicht kennt? Wie wär's, wenn wir das ändern würden?«;
- stellen Sie ihm ein paar Blumen (diesmal aber keine Rosen!) auf den Tisch. Dazu einen Zettel: »Sie schauen immer so ernst. Ich hoffe doch, daß die Blumen Sie ein wenig aufheitern«;
- schnappen Sie ihn sich vorm Mittagessen: »Sie müssen doch sicher was essen. Ich auch. Weshalb tun wir das nicht zusammen?«

All diese Sprüche können Sie nicht nur bei Männern, die direkt in Ihrem Büro arbeiten, anwenden, sondern Sie können sie auch bei dem Mann, den Sie morgens oder abends im Lift treffen, benutzen. Sollte er Sie bisher nur grimmig angeschaut haben – oder gar nicht –, können Sie ihn ja fragen, ob Sie ihn aufheitern können. Und überhaupt: Was *er* denn so den ganzen Tag in seinem Büro im dritten Stock macht. Oder ob er krank war – oder verreist –, weil Sie ihn so lange nicht gesehen haben.

Oder ob er nie Urlaub macht, weil er jeden Tag, den Sie da sind, auch am Arbeitsplatz ist.

Affären mit Männern am Arbeitsplatz haben – wie könnte es anders sein – ihre Vor- und Nachteile:

– die Vorteile – wenn Sie ein Verhältnis mit Ihrem Chef haben:
  * sollte er verheiratet sein, können Sie, wann immer Ihnen und ihm danach ist, zusammensein: den lieben langen Tag, abends zu einer Geschäftsbesprechung, als seine Assistentin, wenn er auf Reisen geht;
  * Sie lernen ihn in- und auswendig kennen. Mit anderen Worten: Sie müssen nicht die Katze im Sack kaufen;
  * Sie können sich unentbehrlich machen;
  * er wird Ihnen, wenn Sie ihn und die Firma verlassen wollen, ein gutes Zeugnis ausstellen;
  * er wird Ihnen – vorausgesetzt, Sie sind nicht nur im Bett, sondern auch im Beruf gut! – gern von alleine eine Gehaltserhöhung geben;
– die Nachteile – wenn Sie ein Verhältnis mit Ihrem Chef haben:
  * Sie könnten nicht mehr viel Freiraum haben – weil er Sie Tag und Nacht um sich haben will;
  * Sie könnten eifersüchtig und traurig werden, wenn er plötzlich seine Liebe zu einer anderen entdeckt. Und Sie ›nur noch‹ eine berufliche Beziehung zu ihm haben;
  * er könnte sich als Miesling entpuppen. Und Sie, falls Sie ihn verlassen wollen, beruflich schikanieren.

Was ›normale‹ Kollegen betrifft, sieht es ähnlich aus.

– Vorteile – wenn Sie eine Affäre mit einem Kollegen an ein und demselben Arbeitsplatz haben:
  * Sie können sich Tag und Nacht sehen;
  * Sie können sich gegenseitig in Ihrer Arbeit helfen;
  * Sie haben – durch den Beruf bedingt – offensichtlich gleiche oder ähnliche Interessen;
– die Nachteile – wenn Sie eine Affäre mit einem Kollegen an ein und demselben Arbeitsplatz haben:
  * Sie müssen sich Tag und Nacht sehen (zumindest – bis aufs Wochenende! – jeden Tag!);

* Sie könnten sich beruflich in die Quere kommen – wenn Sie beide auf dieselbe Beförderung aus sind;
* Sie können sich – selbst wenn einem von Ihnen daran gelegen ist – nie ganz wieder loswerden. Zumindest nicht, ohne daß einer von Ihnen die Arbeitsstelle wechselt.

Was Sie also bei Affären am Arbeitsplatz besonders beachten müssen, ist:

– Gehen Sie nie im Streit mit Ihrem Boß oder Kollegen auseinander;
– nehmen Sie den Ärger, den Sie privat mit ihm haben könnten, nie mit an den Arbeitsplatz;
– stellen Sie ihm – wenn die Affäre beendet ist – beruflich kein Bein!

Und wie sieht's aus mit Männern, die zwar einen anderen Beruf haben als Sie, die Sie aber unbedingt näher kennenlernen möchten – nachdem Sie ihnen an ihrem Arbeitsplatz begegnet sind? Auch das ist gar nicht so schwierig. Spielen wir mal ein paar Möglichkeiten durch:

– Ihr Zahnarzt:
  * lassen Sie sich alle zwei Wochen die Zähne nachsehen. Wenn er sich dann darüber wundert – und das wird er bald tun! –, strahlen Sie ihn mit Ihrem Zahnpastareklamelächeln (zu dem er Ihnen verholfen hat!) an und sagen Sie: »Ich dachte schon, Sie fragen mich nie. Nun gut. Ich bin gern in Ihrer Nähe ...«;
– Ihr praktischer Arzt:
  * fragen Sie ihn, ob er Ihnen einen guten Kollegen empfehlen kann. Wenn er sich darüber wundert – er fürchtet vielleicht, daß Sie mit ihm nicht ganz zufrieden sind! –, erklären Sie ihm, daß Sie ihn zu einem Drink einladen wollen. Und als Ihr Arzt sei es ihm sicherlich schlecht möglich, die Einladung anzunehmen;
– Ihr Anwalt:
  * erzählen Sie ihm, Sie wollten einen Krimi schreiben. Und was die Rechtslage angeht, würden Sie ihn gern um seinen Rat bitten. Ob er wohl mit Ihnen essen gehen würde;

* fragen Sie ihn, wie die Rechtslage ist, wenn eine Klientin – nämlich Sie! – ihren Anwalt nach Büroschluß in ein Restaurant entführt;
* bieten Sie ihm an, ihn aufzuheitern. Er bekäme sicherlich den lieben langen Tag über nur grausige Probleme zu hören;
- Ihr Versicherungsvertreter:
  * fragen Sie ihn, ob Sie Ihr Auto erst in den Graben fahren müssen, damit er Ihnen einen Hausbesuch abstattet – oder ob er lieber, ohne sich den Arbeitsaufwand an den Hals zu hängen, zu Ihnen zum Kaffee / auf einen Drink kommen möchte;
  * fragen Sie ihn, ob er Ihnen eine Versicherung gegen gebrochene Herzen anbieten kann;
- Ihr Psychiater:
  * fallen Sie ihm einfach um den Hals. Es hat Sie eben so überkommen. Er wird das verstehen;
  * berichten Sie von Ihren Ängsten, überall auf Ablehnung zu stoßen. Die will er dann heilen. Und schon haben Sie ihn – wenn Sie ihn nun einladen, ist er der letzte, der ›nein danke‹ sagen darf;
- Ihr Professor:
  * fragen Sie, ob er Ihnen Privatstunden gibt;
  * fragen Sie ihn, ob Sie ihm ein Experiment vorführen dürfen (Ihren selbstgebackenen Kuchen – aber das ahnt er nicht. Besonders dann nicht, wenn er Professor für Physik oder Chemie oder etwas in der Richtung ist!);
- Ihr Gesangslehrer:
  * bringen Sie die Eliza-Doolittle-Nummer. Und hoffen Sie, daß er ein Higgins ist;
- Ihr Postbote:
  * bitten Sie ihn zum Frühstückskaffee und fragen Sie ihn, ob er sich seinen Job nicht aufregender vorgestellt hat. Eben so, wie man es immer liest;
- Ihr Bankdirektor:
  * laden Sie ihn zum Essen ein, um sonstwas mit ihm zu besprechen. Aktienkäufe, Wertpapiere – Ihren Kredit.

Wie Sie sehen, können Sie nicht nur dutzendweise auf irgendwelche Männer – sondern auch ganz gezielt auf bestimmte Be-
rufsgruppen von Männern – losgehen. Denn: Wenn *er*, der Ihnen gefällt, noch nicht Ihr Zahnarzt ist, machen Sie ihn dazu.
Wenn Ihnen Ihr derzeitiger Bankdirektor nicht gefällt – wechseln Sie die Bank! So einfach ist das. Man muß nur ein paar
Ideen haben!

Die Urlaubsromanze

> »Erwarte nichts. Heute: das ist dein Leben.«
> KURT TUCHOLSKY

Wie bitte? Sie haben von vornherein keine Lust dazu, alleine in
Urlaub zu fahren?

Nun denn. Müssen Sie auch nicht! Wenn Sie einen Begleiter
suchen und noch keinen haben, schauen Sie sich mal die Annoncen in den verschiedenen Tages- und Wochenzeitungen an.
Da gibt's massig Männer, die auch nicht gern allein losziehen
wollen.

Notfalls setzen Sie eben selbst eine Anzeige in die Zeitung.
»Wer fährt mit mir in den Süden?«, »Wer fliegt mit mir nach
Amerika?«. Oder ähnliches in der Richtung. Die Männer, die
Sie per Annonce kennenlernen, schauen Sie sich selbstverständlich *vor* dem Urlaub an. Wie Sie das tun, haben Sie ja bereits in dem Kapitel *Wie Sie Treffen mit bislang Fremden arrangieren* gelesen.

Dann gibt's da noch Clubreisen, wo Sie schon vor Urlaubsan-
tritt sicher sein können, nicht allein zu bleiben – wenn Ihnen
nicht daran gelegen ist, in Ruhe auszuspannen! Damit meine
ich allerdings nicht die angebotenen ›Sex-Reisen‹, sondern
Clubs, die in erster Linie andere sportliche Betätigungen als Ur-
laubsunterhaltung anbieten!

Im Flugzeug können Sie – falls Sie sich, nachdem Sie dieses
Kapitel gelesen haben, doch dazu entschließen sollten, erst einmal alleine in den Urlaub zu starten – damit anfangen, Be-
kanntschaften zu schließen. Wenn Ihnen daran gelegen ist, daß

er auch in Nizza aussteigt und dort bleibt, wählen Sie einen Direktflug. So erhöhen Sie die Chancen, daß er und Sie das gleiche Urlaubsziel haben.

Sitzt er im Flieger neben Ihnen, ist es alles andere als problematisch, ein Gespräch mit ihm zu beginnen:

- bieten Sie ihm ein Kaugummi – gegen Ohrensausen – an;
- wenn das Essen serviert wird, raten Sie ihm, abzulehnen. Am Ziel würden Sie dafür mit ihm was Vernünftiges essen gehen;
- fragen Sie ihn, ob er mit Ihnen Stadt, Land, Fluß – oder was ähnliches – spielt. Ihnen sei so fad;
- kriegen Sie raus, ob er an die Macht des Schicksals glaubt. Und unabhängig davon, ob er das tut oder nicht: Sie haben es im Gefühl, daß das Schicksal Ihnen zwei nebeneinanderliegende Sitze zugeschustert hat.

Sitzt er woanders, müssen Sie – auf die allernetteste Weise, versteht sich – ein bißchen keck werden. Bitten Sie einfach, wen immer *er* neben sich sitzen hat, den Platz mit Ihnen zu tauschen. Weil Sie sich mit besagtem Herrn unterhalten möchten. (Achtung: Seine Ehefrau können Sie natürlich nicht von seiner Seite verscheuchen. Seine Freundin auch nicht. Aber: Der feiste Geschäftsmann, der da neben *ihm* Platz genommen hat, der hat da nun wirklich nichts zu suchen! – Wenn er nicht mit Ihrem potentiellen Flirt in eine Unterhaltung vertieft ist, bevor der Flieger sich vom Fleck bewegt!)

Auch in anderen öffentlichen Verkehrsmitteln – Bahn und Schiff – bieten sich -zig Gelegenheiten, mit dem Mann Ihrer Wahl ins Gespräch zu kommen. Wenn Ihnen partout nichts anderes einfällt, reden Sie über besagte Bahn, besagten Linienkreuzer. Oder das Wetter (ob gut oder durchwachsen oder schlecht – wie gut, daß es eins gibt!).

Am Urlaubsort selbst können Sie dann richtig zuschlagen. Welches Reiseziel Sie wählen, hängt natürlich davon ab, welchen Typ von Mann Sie kennenlernen wollen. Wenn man dem Hamburger Psychologen E. A. Näther glauben darf, so haben Sie die Auswahl zwischen folgenden Urlaubspartnern:

– dem Land-und-Leute-Typ:

ihn finden Sie überall im Herzen eines Landes – nur nicht da, wo es Touristen gibt. Er möchte nämlich – daher seine Bezeichnung – Land und Leute kennenlernen. Wenn Sie auf so einen Knaben aus sind, schnallen Sie sich am besten einen Rucksack um. Und besorgen Sie sich Sprachführer und Landkarten – damit Sie nicht verlorengehen;

– dem Ferienfürsten:

er ist überall da, wo sein Reisebüro ihn hinschickt. Und wo es Hotels gibt, die ihm allen erdenklichen Luxus bieten. Er läßt sich nämlich gern verwöhnen. Sie auch? Dann lassen Sie sich schnell eine Reise in ein Massentourismus-Paradies buchen;

– dem Nesthocker:

gleichgültig, wo er ist, eigentlich wär er lieber zu Hause. Und wenn er sein Eisbein mit Sauerkraut nicht kriegt, ißt er lieber gar nix. Oder eben das Wiener Schnitzel, das mittlerweile in jedem Land zu haben ist. Fühlen Sie mit ihm? Dann finden Sie ihn – wo immer Sie sind – im einzigen deutschen Restaurant am (Urlaubs-)Platze!;

– dem Individualisten:

er möchte im Urlaub lieber allein sein, als schon wieder -zig Menschen um sich zu haben. Zu zweit allein? Allein zu zweit? Wenn Sie so einen suchen, geben Sie am besten eine Kleinanzeige auf;

– der Bildungstyp:

ihn finden Sie überall da, wo Sie Kultur finden. Oder Ruinen. Oder Pyramiden. Oder Museen. Er will nämlich in seinem Urlaub was dazulernen. Sie auch? Dann suchen Sie ihn im Louvre, bei den Pyramiden, im Kolosseum;

– dem Abenteurer-Typ:

falsch gedacht! Er sucht keine sexuellen Abenteuer, sondern solche, wo er mal richtig Held sein kann. Er geht auf eine Safari, er macht einen Überlebenskurs im Dschungel. Und da – da stören Sie leider nur. Es sei denn, Sie freunden sich mit einem Abenteurer-Urlaub-Unternehmer an;

– dem Urlaubs-Casanova:

er ist überall zu haben – am häufigsten ist er in Touristen-

Mekkas vertreten. Er braucht keine große Aufforderung dazu, Ihnen die Urlaubsnächte zu versüßen. Denn genau das hat er vor. Nur: Er liebt zumeist nicht nur eine – sondern alle Frauen. Und das sollten Sie sich klarmachen, bevor Sie sich mit ihm einlassen!

Diese Auswahl von Männern langt Ihnen noch nicht? Nun gut. Wenn Sie noch mehr über die gegebenen Möglichkeiten wissen wollen, machen wir weiter. Sie können nämlich auch noch zwischen verschiedenen Nationalitäten wählen! Über alle kann ich hier zwar nicht berichten, aber hier ist eine kleine Auswahl:

– Franzosen:
ihr Ruf, gute oder vielmehr exzellente Liebhaber zu sein, eilt ihnen voraus. Nur: Irgendwann haben die Franzosen, scheint's, die Puste verloren – und können mit ihrem Ruf nicht mehr mithalten. Lange Rede, kurzer Sinn: Im allgemeinen sind sie lausige Liebhaber. Dafür verstehen sie aber was von Haute Cuisine – und das ist ja auch was wert;
– Griechen:
um einen Griechen einzufangen, sollten Sie schon ein wenig Make-up auflegen. Nur: Wenn Sie ihn dann haben, lassen Sie die Schminke für den Rest des Urlaubs im Koffer. Griechen lieben's nämlich natürlich. Nicht zuletzt wohl deshalb, damit Make-up-Flecken ihrer Ehefrau nicht verraten können, daß sie mal wieder fremdgegangen sind;
– Engländer:
wenn Sie zu den Frauen gehören, die immer dann lachen, wo es nix zu lachen gibt – dann sind Sie bei einem Engländer richtig aufgehoben. Er hat nämlich einen höchst eigenwilligen, trockenen Humor. Nur: Lachen Sie nicht zu laut! Das kann er nicht vertragen. Er ist ›Stil‹ und ›leise Eleganz‹ gewöhnt. Von gutem Essen versteht er nichts und von Frauen noch weniger. Er ist blaß und langweilig – oder aber blaß und pervers. Letzteres ist auch kein Wunder: Was sollte er auf einer Insel letztlich anderes betreiben als Inzucht? Und doch hat er einen Vorzug, der nicht unterzubewerten ist: wenn Sie ein paar Wochen mit ihm verbringen, haben Sie Ihre Englischkenntnisse wieder auf Hochglanz gebracht;

– Amerikaner:
solange Sie sie in Amerika treffen, nur zu! Sie sind schon ein
witziger Menschenschlag. Nur: Wehe, wenn Sie ihnen im
Ausland begegnen. Da sind sie – wie die Deutschen – laut,
grell, ungehobelt. Und durchrasen die Welt in sieben Tagen.
Hauptsache, die Kamera funktioniert. Ergo: Tun Sie sich die
Amerikaner nicht auf Ibiza an. Aber in Los Angeles oder
New York sind sie reizende, aufmerksame Gesellschafter.
Ob sie gute Liebhaber abgeben, hängt davon ab, ob sie den
Kinsey-Report auswendig kennen oder nicht. Ist ersteres der
Fall – vergessen Sie sie. Am besten (aber leider am unwahr-
scheinlichsten): Sie wissen gar nicht, wer Kinsey ist;
– Australier:
für Sonnenauf- und -untergänge können sie sich nicht begei-
stern. Warum auch – die gibt's schließlich jeden Tag! Anson-
sten: Kneipen finden sie definitiv interessanter als Frauen.
Wenn es sich nicht gerade um die Bardame handelt, die die
Drinks ausschenkt;
Also: Vor allem im eigenen Land können Sie Australier vergessen. Nur die Känguruhs sind dort gesellig. Und die Deutschen, die in den letzten Monaten nach Australien ausge-
wandert sind.

Wie Sie den Mann Ihrer Wahl ansprechen, wird Sie sicher auch
noch interessieren. Die gute Nachricht: Im Urlaub sind die
meisten Männer frei genug, Frauen anzusprechen. Da können
Sie schon mal schauen, ob Ihnen einer, der Sie aufreißen möchte, gefällt.

Ansonsten: Ermuntern Sie durch Flirten. Wenn er darauf
reagiert – aber mal wieder zu schüchtern ist –, können Sie sich
jeden Spruch leisten, um ins Gespräch zu kommen. Glauben
Sie nicht, daß er nicht versteht, worauf Sie hinauswollen:

– im Restaurant:
  * fragen Sie ihn, welche der Spezialitäten des Landes oder
    des Hauses empfehlenswert ist. Sie kennen die schwedi-
    sche Küche nicht;
  * fragen Sie ihn, ob er Spaß daran hätte, mit Ihnen die Ge-
    gend zu erkunden. Allein verlaufen Sie sich immer;

- am Strand:
  * bieten Sie ihm was von Ihrem Sonnenöl an. Und reiben Sie ihm den Rücken damit ein;
  * fragen Sie, ob er mit Ihnen um die Wette schwimmt. Gegen sich selbst zu schwimmen, ist auf die Dauer zu langweilig;
  * fragen Sie ihn, ob er Lust dazu hätte, mit Ihnen in eine Sandburg zu ziehen. Und was für eine ihm gefallen würde;
  * bieten Sie ihm ein Eis – oder einen kühlen Drink, den Sie schon für ihn mitgekauft haben – an;
- im Hotel:
  * fragen Sie ihn – der auch allein dort wohnt! –, ob er mit Ihnen ins Theater / ins Museum / zum Kurkonzert geht;
  * sagen Sie ihm, er sei der Mann, den Ihre Wahrsagerin Ihnen für den Urlaub vorausgesagt hätte;
  * vertauschen Sie – wenn er mit Ihnen an der Bar sitzt und seinen Zimmerschlüssel bei sich hat – seinen Schlüssel mit dem Ihren. Wenn er das mitkriegt, wird er schon vor Ihrer Zimmertür landen.

Und dann: Viel Spaß, bis der Urlaub zu Ende ist!

Aus den Augen, aus dem Sinn?

»Ich grüß dich durchs Telephon,
guten Morgen, du Gutes!
Ich sauge deiner Stimme Ton
in die Wurzeln meines Mutes.«

RINGELNATZ

Aber:

»Erinnerungen sind wie viele Konserven, ein bißchen schön gefärbt und deshalb nicht ganz unschädlich.«

MAURICE CHEVALIER

Eins gleich vorweg: Auch wenn die Urlaubsromanze noch so traumhaft war, vergessen Sie Ihren Ferienmann, wenn Sie wieder nach Hause kommen. Vor allem dann, wenn er in dem Land, in dem Sie Urlaub gemacht haben, lebt.

Klar hat der nette Italiener Ihnen erzählt, daß Sie für ihn identisch mit Amore sind. Aber das dürfen Sie nicht so eng sehen: die nächste Reisegruppe landet bestimmt in dem Urlaubsort, in dem Sie so glücklich waren. Und da findet Franco wieder eine Dame, die ihn über Sie hinwegtröstet.

Wenn er aus Kassel kommt und Sie aus Hamburg, sollten Sie es normalerweise auch bei den netten Stunden, Tagen, Wochen, die Sie gemeinsam auf Korsika verbracht haben, belassen. Sie würden ihn nämlich, wenn Sie ihn besuchen würden, kaum wiedererkennen: das hat der Alltag nun mal so an sich, daß er die Menschen wieder blitzschnell in den Griff kriegt.

Ob sie *ihm* mal schreiben dürfen? Natürlich dürfen Sie das. Sie werden schon wieder von allein damit aufhören, wenn seine Antwortbriefe oder Telefonate immer länger auf sich warten lassen. Kurz und bündig: All die nachstehenden Dinge können Sie sich sparen:

- wahnsinnig hohe Telefonrechnungen von München nach Chicago;
- die Umzugskosten von Erlangen nach Köln;
- das Übersetzer-Honorar für Ihre Liebesbriefe an Tonio.

Sollte es wirklich und wahrhaftig bei Ihnen beiden geschnakkelt haben, ergibt sich ein Wiedersehen sowieso von allein: wenn *er* an Ihnen interessiert ist, kann er sich schließlich aufraffen, mal von Hamburg nach Nürnberg zu fliegen, um Sie über ein (verlängertes?) Wochenende zu besuchen. Oder Sie – ausdrücklich!!!, nicht in einem Nebensatz! – zu sich einladen.

Achtung
Sollte er eine definitive Einladung aussprechen – dann aber immer wieder um eine Woche verschieben – streichen Sie ihn aus Herz und Gedanken! Dasselbe tun Sie auch, wenn er immer wieder einen Besuch verspricht, der sich immer wieder verzögert.

Ansonsten: Sollte es Liebe sein – die große, wahre, echte! –, dann ist's eh' Schicksal. Und dem können Sie dann sowieso nicht entkommen. Auch dann nicht, wenn Sie die ganze Angelegenheit langsam angehen lassen und nichts überstürzen!

19.
Sechs Männertypen, die eine spezielle Gebrauchsanweisung erfordern

»Es lebt ein andersdenkendes Geschlecht.«
SCHILLER

Neben den Männertypen, die Sie in diesem Buch bereits kennengelernt haben, gibt es noch welche, die eine ganz spezielle ›Gebrauchsanweisung‹ erfordern. Es sind diejenigen, die viele Frauen am meisten reizen. Weil sie – entweder so gut wie gar nicht – oder scheinbar am leichtesten – zu erobern sind. Wenn Sie sich also Enttäuschungen weitestmöglich ersparen wollen, sollten Sie diesem Kapitel Ihre besondere Aufmerksamkeit widmen.

Der Homosexuelle

»Max und Moritz ihrerseits
fanden darin keinen Reiz.«   BUSCH

Auch wenn es Ihnen unbegreiflich erscheinen mag: Es gibt tatsächlich Männer, die der gleichgeschlechtlichen Liebe nicht nur frönen, sondern sie auch im tiefsten Innern ihres Herzens genießen.

Sollten Sie also zu denjenigen Frauen gehören, die es als ihre missionarische Aufgabe betrachten, einen homosexuellen Mann in einen heterosexuellen zu verwandeln: Vergessen Sie Ihre Mission!

Er will sich weder ›helfen‹ lassen, noch müßte ihm geholfen werden. Er ist nicht anomal – er ist lediglich anders. Und es ist keinesfalls gesagt, daß er ›schlechte Erfahrungen mit Frauen‹ gemacht haben muß, um ›so‹ zu werden. Ersparen Sie ihm also bitte, doch noch welche zu machen. Mit Ihnen.

Der Junge für eine Nacht

»Einmal ist keinmal, aber zweimal ist einmal zuviel.«

SOMERSET MAUGHAM

Denn:

»Ich wußte erst, als du dich zum Gehen
  wandtest,
daß du den vollkommenen Arsch hast.
Vergib mir, daß ich mich nicht
in dein Gesicht oder in deine Konversation
  verliebt habe.«

LEONARD COHEN

Sie erkennen ihn auf Anhieb: Sobald Sie ihm begegnen, bimmeln bei Ihnen sämtliche Alarmglocken, die überhaupt nur läuten können, Sturm:

Er ist einfach ein Schnuckeljunge. Er strahlt so viel Frohsinn und Optimismus aus, daß Sie ihn einfach lieben *müssen*. Mehr noch: Er weiß mit Frauen umzugehen. Er hat Charme, Benimm und dumm ist er auch nicht. Sein weiteres Markenzeichen:

Er liebt Frauen. Und genau das wird, wenn Sie nicht aufpassen, zu Ihrem Problem. Er liebt nämlich nicht nur *Sie*, er liebt uns alle! Das gibt er sogar – mit einem seiner Lausbubenlächeln – zu. Aber: Verleugnen könnte er es sowieso nicht. Seine Faszination für Frauen strahlt aus jeder seiner Poren.

Ist natürlich klar, daß Sie gleich am ersten Tag mit ihm im Bett landen. Das kapiert er sogar – denn er ist einer der wenigen Männer, die begriffen haben, daß auch ›anständige‹ Frauen ihre guten Gründe dafür haben können, sofort mit einem Mann ins Bett zu hüpfen. Und wenn Sie ihn drei Tage lang warten lassen – weil Sie sich erst vergewissern wollen, daß Sie aus der Geschichte ohne Herzeleid herauskommen –, versteht er das auch. Er hat's nicht eilig. Er hat Sie wissen lassen, daß er Sie begehrt – und sein Angebot steht.

Als Liebhaber ist er, wie könnte es anders sein, sensationell. Es macht ihm Freude, Ihnen Freude zu bereiten. Es ist, als hätte ihn Eros höchstpersönlich unter seine Fittiche genommen, angelernt und auf die Erde herniedergeschickt. Der Morgen danach: Auch ein Gedicht. Und der ganze Tag, der folgt.

Dann: Das erste, dumme Gefühl. Wenn Sie mit ihm in einen Biergarten (oder sonstwohin) gehen und er Sie auf ein hübsches Mädchen nach dem anderen aufmerksam macht. Sie reden sich natürlich ein, daß er das *nie* täte, wenn er an irgendeiner der Damen wirklich interessiert sei.

Ist er aber. Und dann fängt er an, eine von ihnen vor Ihren Augen anzumachen. Nicht unbedingt so, daß Sie sich schäbig vorkommen, aber doch so, daß Sie wissen: Sie wird auch in seiner Sammlung landen. Vorwürfe können Sie ihm natürlich keine machen. Daß Sie dachten, bei Ihnen würde er hängenbleiben – das ist *Ihr* Problem. Nicht seins.

Er bleibt nirgendwo hängen. Selbst wenn er irgendwo eine Alibi-Freundin hat. Zu der er immer wieder zurückkehren und sich von seinen Ausflügen erholen kann. (Der Posten ist allerdings auch nicht erstrebenswert!)

Langer Rede kurzer Sinn: Genießen Sie den Jungen für eine Nacht ausgiebig. Aber nur eine Nacht. Sonst bereitet er Ihnen – ohne anwesend zu sein – zu viele schlaflose Nächte.

Übrigens: Sollten Sie ihm im Urlaub begegnen, schlafen Sie – aus Gründen, die Sie nun kennen! – erst am letzten Tag Ihres Aufenthalts mit ihm!

Der eiserne Junggeselle

> »Ein Mann, der hartnäckig allein bleibt, macht sich zu einer dauernden öffentlichen Versuchung.«
>
> OSCAR WILDE
>
> Aber:
>
> »An dem ist Eure Gunst verloren!«
>
> SCHILLER

Richtig auffallen tut es einem erst, wenn er die Vierzig überschritten hat. Aber es gibt ihn schon ab Anfang, Mitte dreißig *nicht* zu haben:

Er liebt seine Freiheit, sagt er. Dabei ist er einer Emotion wie Liebe gar nicht fähig. So hat er denn – aus Angst, emotionell gefordert zu werden – entweder eine Handvoll Freundinnen gleichzeitig oder eine Affäre nach der anderen.

Und: Er muß nicht einmal drunter leiden, niemanden richtig lieben zu können. Denn alle seine Damen lieben ihn. Ohne viel geben zu müssen, bekommt der eiserne Junggeselle alles, was sein Herz begehrt:

Zuneigung, Aufmerksamkeit, selbstgestrickte Schals und Pullover. Er wird verhätschelt, geliebt, umhegt, verwöhnt. Folglich denkt er auch nicht im Traum daran, diesen Zustand zu ändern. Weshalb sollte er das auch?

Nicht nur deshalb, weil er befürchtet, eine einzige Frau könne ihm weniger geben als seine vielen Frauen alle zusammen. So eng muß er das gar nicht sehen. Was ihn vielmehr davon abhält, sich nur einer zu widmen, ist die Tatsache, daß er dann eben auch Gefühl investieren müßte. Und das kann er nicht – und will er nicht.

Ergo: Genießen Sie seine Gesellschaft, wenn es Ihnen Spaß macht. Aber bleiben Sie gefühlsmäßig auf Distanz. Ganz so, wie er das tut.

Der frisch Geschiedene

> »So fühlt man Absicht, und man ist verstimmt.«
>
> GOETHE

Von ihm gibt's zwei Versionen. Beide haben einen starken psychischen Knacks weg, der sich auf unterschiedliche Art und Weise bemerkbar macht:

Der eine frisch Geschiedene, mehr oder minder froh, seine ›Freiheit‹ wiederzuhaben, sublimiert sein Gefühl, doch irgendwie ›versagt‹ zu haben, damit, daß er sich erst einmal austobt. Er packt sich alles, was nicht schnell genug den Baum raufklettert – und dann ist er wieder weg. So, nun hat er sich an den Frauen, vornehmlich seiner Ex, gerächt.

Sollten Sie ihm begegnen, können Sie ihn gern in Ihre Wohnung – nicht aber in Ihr Herz lassen. Während er sich in ersterer als angenehm domestiziert zeigt (er macht auch mal den Abwasch oder das Frühstück!), sorgt er in letzterem für Chaos. – Er mäht alles gnadenlos nieder. Seien Sie also vor ihm auf der Hut!

Der andere frisch Geschiedene dreht auf eine – für Sie jedenfalls! – ebenso ungesunde Art durch: er kann den Verlust seines Heims – inklusive Frauchen – nicht verwinden und sucht ganz schnell einen Ersatz. Er will lieber heute als morgen wieder heiraten. Einmal, um nicht alleine leben zu müssen (dazu ist er vollkommen unfähig), und zweitens, um seiner Ehemaligen (sie war es, die ihn verlassen hat) eins auszuwischen: »Ätsch, das hast du nun davon!«

Freuen Sie sich also nicht zu früh, wenn er Ihnen einen Heiratsantrag machen sollte: Sie kriegen Ihr Fett nämlich auch noch ab. Weil er sowas von verunsichert ist, müssen Sie stark genug für zwei sein. Mehr noch: Alles, was Sie mit ihm und für ihn tun, völlig anders handhaben als seine Ex-Frau (damit er nicht an sie erinnert wird!) oder ebenso wie sie (so ist er's nun mal gewöhnt).

Wenn er unbedingt meint, sofort wieder heiraten zu müssen – soll er. Aber nicht *Sie*!

Der potentielle Ehemann

> »Viele verlieren den Verstand nicht, weil sie keinen haben.«
>
> GRACIAN
>
> Aber:
>
> »Langweilig ist noch nicht ernsthaft.«
>
> KURT TUCHOLSKY

Er ist was richtig Solides, und sein Lebenslauf spielt sich nach festen Regeln ab: die Schule zu Ende machen, einen Beruf erlernen, genug Geld verdienen, um eine Frau ernähren zu können. Dann: Heiraten, Kinder kriegen (nicht umgekehrt!). Dann

und wann heiratet er auch schon während seiner Ausbildung –
aber das kommt weniger häufig vor.

Eins ist allerdings sicher: Spontaneität ist für ihn ein Fremdwort. Ansonsten hält er ziemlich an der alten Rollenverteilung
fest. Er kauft Ihnen zwar eine Spülmaschine, damit Sie keine
runzeligen Hände kriegen (falls Sie das falsche Geschirrspülmittel benutzen!) – aber selbst faßt er nicht im Haushalt mit an.

Dafür arbeitet er. Und macht seinem Potential gemäß Karriere. Nach der Drei-Zimmer-Wohnung haben Sie dann irgendwann mal das Häuschen im Grünen. Und drei herzallerliebste
Kinderchen und einen Hund und eine Katze dazu.

Wenn Sie ein so überaus vorausberechenbares, geordnetes
Leben anstreben – greifen Sie zu. Die Verbindung kann wahrscheinlich gutgehen. Solange Sie – wenn ihm klar wird, daß er
›sein Leben‹ verpaßt hat – so tun, als merkten Sie nicht, daß er
eine Freundin (oder mehrere davon) hat.

Schließlich und endlich steht es Ihnen ja dann auch frei, sich
selbst einen Geliebten zu angeln. Nur: Wenn Sie in diese Situation kommen, beschweren Sie sich bitte nicht bei mir. Ich habe
Sie rechtzeitig vor dem potentiellen Ehemann gewarnt!

Der Gigolo

> »Ich kann allem widerstehen, außer der
> Versuchung.«
>
> OSCAR WILDE

Ebenso wie bei seinem weiblichen Äquivalent – der Hosteß
oder dem Call-Girl – gibt es Gigolos in zwei verschiedenen
Grundausführungen: einmal als Amateure und dann als Profis.

Mit den Profis dürften Sie, nachdem Sie dieses Buch gelesen
haben, wohl kaum in Berührung kommen. Ein Amateur
könnte Ihnen aber durchaus mal unvermutet über den Weg
laufen. Vor allem dann, wenn Sie eine ›reife‹ Frau sind: weil er
ein grüner Junge ist, bildet er sich ein, Sie hätten sich für seine
›Liebesdienste‹ dankbar zu erweisen. So schleppt er Sie zu
einem Stadtbummel – und was entdecken seine Kinderaugen?

Einen Cardin-Anzug. Den hätte er nur allzu gern – nur leider, leider fehlt ihm das nötige Kleingeld. Aber *Sie* haben es. Und Sie werden es auch behalten.

Soweit kommt's grad' noch, daß Sie sich dazu hinreißen lassen, den Knaben auszuhalten. Es gibt schließlich mehr als genug junge, attraktive, unterhaltsame Männer, die sich glücklich preisen würden, in Ihren Armen zu liegen. Und nicht zuletzt von Ihrer Lebens- und Liebeserfahrung profitieren!

Wenn Ihr Amateur-Gigolo das nicht begreift, erzählen Sie ihm mal von diesem hübschen Cartoon:

Ein kleiner Junge zeigt einem kleinen Mädchen, was er Tolles hat, was die Kleine nicht hat. Aber anstatt daß die Kleine vor Penisneid erblaßt, schaut sie ihn nur an und meint: »Meine Mami hat gesagt, wenn ich erst groß bin, kann ich so viele davon haben, wie ich will!«

Und die Moral von der Geschichte: Sie sind wahrlich mittlerweile groß genug, um sie sich aussuchen zu können. Und auf Gigolos fällt es Ihnen dabei hoffentlich nicht schwer, zu verzichten.

20.
Frauen mit Erfahrung

»Die mit den weiteren Horizonten haben
meistens schlechtere Aussichten.«

STANISLAW LEC

Noch ist es leider so, daß die ›besten‹ Frauen es oft am schwersten haben, an den Mann zu kommen. Weil sie, man lese und staune, *zu gut* sind!

Sobald es ersichtlich ist, daß eine Frau einen Mann nicht als ›Versorger‹ oder ›Beschützer‹ braucht (was er, wie Sie vielleicht schon mitbekommen haben, sowieso nicht ist!), folgert er daraus, daß sie ihn *gar nicht* braucht. Was natürlich Unsinn ist. Denn auch selbständige, selbstbewußte Frauen sehnen sich nach Streicheleinheiten.

Allein der Mann kapiert nicht, daß ›Emanzipation‹ (im weitesten Sinne) die Sehnsucht nach Zärtlichkeit nicht ausschließt. Und so zieht er ganz schnell seine Antennen wieder ein und verkriecht sich.

Kluge Frauen lassen sich durch solch infantiles männliches Verhalten allerdings nicht verwirren oder verunsichern, sondern schütteln nur staunend den Kopf. Trotzdem: Drei solche ›Pleiten‹ hintereinander können einer Frau schon an die Nieren gehen. Einige von ihnen spielen gar manchmal mit dem Gedanken, ob sie ihre Ansprüche nicht herunterschrauben sollen.

Halt! Tun Sie das bloß nicht! Denn im Endeffekt haben Sie sowieso nichts davon. Überlegen Sie statt dessen lieber, welche Typen von Mann es fertigbringen, damit klarzukommen, an eine selbstbewußte Frau geraten zu sein. An eine Frau, die nicht nur unbedingt reif an Jahren, sondern auch reif an Erfahrung ist.

Die frisch geschiedene Frau

»Es muß ja nicht gleich sein – es hat ja noch
Zeit.«

NESTROY

Denn:

»Experience is what you get
when you didn't get what you wanted.«

LENZ'S LAW

Nun ja. Den ersten großen Reinfall haben Sie hinter sich. Und momentan legen Sie nur Wert auf eines: Denselben Fehler nicht noch einmal zu machen. Nicht sofort jedenfalls – und nach Möglichkeit auch nicht mit allem ›Drum und Dran‹ (wie erst Hochzeit – und dann Scheidung).

Das bedeutet natürlich nicht, daß Sie keinen Mann mehr um sich haben wollen. Nur: So Hals über Kopf stürzen Sie sich – wenn Sie aus Erfahrung klug geworden sind – nicht in eine neue Beziehung. Statt dessen geben Sie ein wenig acht, daß Sie sich nicht gleich wieder neue Wunden holen – nachdem Sie lange genug damit beschäftigt waren, die alten Wunden zu lecken.

Und was passiert?

Die Männer, auf die Sie treffen, verstehen Sie nicht. Und so erwarten sie von Ihnen zumeist, daß Sie sich vor Begeisterung überschlagen,

– wenn sie Ihnen ein ›lockeres‹ Verhältnis – ›ohne jede Verpflichtung!‹, ›ohne groß Gefühle zu investieren!‹ – anbieten;
– wenn sie Ihnen eine neue feste Bindung – sprich eine neue Ehe – in Aussicht stellen.

Daß Ihnen weder nach dem einen noch nach dem anderen ist, will nicht in die Köpfe der jeweiligen Männer hinein.

Sie haben es aber hoffentlich begriffen, daß weder das eine noch das andere wohlgemeinte Angebot die Ideallösung ist. Und daß Sie erst einmal langsamtreten und in Ruhe auf sich zukommen lassen, wie sich eine neue Beziehung zu einem Mann *entwickelt*.

Lassen Sie sich also nicht verunsichern, wenn Sie hie und da ein paar dumme Sprüche zu hören kriegen. Und kommen Sie bloß nicht auf die Idee, den nächstbesten Mann vom Fleck weg heiraten zu wollen, damit Sie Ihrem Kind oder Ihren Kindern wieder ein ›Familienleben‹ bieten können.

Mami, wer ist der fremde Mann in deinem Bett?

»Ehrlichkeit ist fast immer die beste Politik.«
ANDREW'S TRUISM

Eins muß ich Ihnen wohl kaum erklären: denn daß Sie Ihren Nachwuchs nicht mit jeder Eintagsfliege oder jedem kurzen Fling, die Sie sich leisten, konfrontieren, versteht sich hoffentlich von allein.

Das wiederum heißt natürlich nicht, daß sich Ihr gesamtes Liebesleben außerhalb Ihrer eigenen vier Wände abspielen soll. Schließlich sind Sie nicht nur Mutter – sondern auch in erster Linie Frau. Kein geschlechtsloses Neutrum. Und das werden Ihre Kinder – je nachdem, wie alt sie sind – auch verstehen oder verstehen lernen. Grundsätzlich sollten Sie im Umgang mit Liebhabern im Zusammenhang mit Ihren Kindern folgendes beachten:

– *was Ihre Kinder betrifft:*
  * beantworten Sie Fragen, die Ihnen gestellt werden, ehrlich:
    * erzählen Sie nicht, Ihr Liebhaber sei ein entfernter Verwandter, der plötzlich aus der Versenkung aufgetaucht sei;
    * stellen Sie Ihren Liebhaber nicht als potentiellen neuen Vater vor;
– *was Ihren Lover betrifft:*
  * hüten Sie sich, ihm den Stellenwert eines ›Ersatzvaters‹ zu geben:
    * bringen Sie ihm bei, daß er an Ihren Kindern nicht herumzuerziehen hat;
    * machen Sie ihm klar, daß er nicht jedesmal, wenn er zu

Besuch kommt, Weihnachtsmann spielen muß, um sich in die Herzen der Kleinen einzuschmeicheln;

– *was Sie selbst betrifft:*

* lassen Sie sich von Ihren Kindern nicht in Ihre Beziehung zu Ihrem Liebhaber hineinreden:
    * heiraten Sie ihn nicht, nur weil Ihre Teenagertochter ihn gern zum Vater hätte;
    * lassen Sie ihn sich nicht vergraulen, nur weil Ihr Teenagersohn seinem Vater gegenüber Loyalität beweisen möchte.

Summa summarum:

Was Ihre Kinder angeht, so behandeln Sie Ihren Liebhaber wie jeden anderen guten Freund der Familie. Und als solcher sollte er Ihre Kinder sehen – und Ihre Kinder ihn. Ergo: Daß Sie mit ihm schlafen, ist Ihre persönliche Angelegenheit, die ihm weder Rechte noch Pflichten in bezug auf Ihre Kinder zuspricht. Und die Ihren Kindern ebensowenig Rechte und Pflichten Ihrem Liebhaber gegenüber abverlangt.

Die reife Frau

> »Alter schützt vor Liebe nicht, aber Liebe schützt bis zu einem gewissen Grade vor Alter.«
>
> JEANNE MOREAU
>
> Merke:
>
> »Jeder ist so alt, wie er sich fühlt.«
>
> Alte Binsenweisheit

Endlich hat es sich herumgesprochen, daß nicht nur Wein, sondern (für einen Mann mit erlesenem Geschmack!) eben auch Frauen mit zunehmender Reife erst richtig interessant werden.

Kein Wunder: Während eine Zwanzigjährige zu wissen *glaubt*, was Sache ist, *weiß* eine Dreißigjährige, wo es langgeht. Und die Zahl der Frauen, die behaupten, das Leben beginne erst mit vierzig oder gar fünfzig, wächst in unserer heutigen Zeit ständig.

Aber darauf, daß das Idealalter der Frau um etwa dreißig beginnt, können wir uns sicherlich einigen. Der Grund: Ab diesem Alter ist sie geistig reif genug, um zu wissen, was sie will – und körperlich dazu in der Lage, ihre Sexualität voll auszukosten und zu genießen.

Und trotzdem – oder vielmehr gerade deshalb – hat sie nicht selten ein Problem: Einen Mann zu finden, der, was Kopf und Sex betrifft, mit ihr ›mithalten‹ kann. Von Männern, die älter sind als sie, schaffen es die wenigsten: in dem Moment, in dem *sie* ihre Persönlichkeit entwickelt hat, verliert *er* die seine. Weil er plötzlich Angst vorm Alter kriegt.

Glücklicherweise gibt es aber auch noch jüngere Männer. Die sich aus verschiedenen Gründen, die Sie in einem der folgenden Kapitel erfahren werden, hervorragend zum Liebhaber der reiferen Frauen eignen.

Mit anderen Worten: wenn Sie zu den Frauen ab dreißig zählen, lassen Sie sich von keinem Mann weismachen, Sie würden an Attraktivität verlieren. Wenn Sie nicht gerade zu den verbiesterten Exemplaren der weiblichen Gattung gehören, ist vielmehr das Gegenteil der Fall. Sie beginnen erst, so richtig interessant zu werden!

21.
Lichtjahre voneinander entfernt –
und doch auf einer Wellenlänge

»Was der einen ihr Uhl, das ist der anderen
ihre Nachtigall.«

Altbekannte Binsenweisheit

Sie ahnen es schon: Dieses Kapitel ist gleichen und ungleichen Paaren gewidmet. Schließlich wollen Sie nicht nur wissen, wie man Männer aufreißt, sondern mit welchen man die besten Chancen für eine engere Beziehung hat. Nun gut, schauen wir uns mal die verschiedenen Möglichkeiten an.

Er ist nicht zu verkennen: der Altersunterschied

»Ist der Ruf erst ruiniert,
lebt es sich ganz ungeniert!«

Altbekannte Tatsache

Obwohl es mittlerweile kein seltenes Bild mehr ist, meinen manche Menschen immer noch, mit dem Finger auf Paare zeigen zu müssen, die offensichtlich Generationen voneinander entfernt sind.

Sollten Sie sich dazu entschließen, sich einen wesentlich jüngeren – oder wesentlich älteren – Liebhaber zu angeln, lassen Sie sich durch das dumme Gerede der Mitmenschen nicht verwirren. Denn:

– Ihr Liebesleben geht nur Sie (und den dazugehörigen Mann!) etwas an.

Das einzige, was bleibt, ist nur noch die Grundsatzfrage, ob Sie mit einem jüngeren – oder einem älteren – Liebhaber ›besser dran‹ sind.

Ach ja, eins noch gleich vorab: Wenn man diversen ›Langzeituntersuchungen‹ glauben darf, sind ›Junger-Mann-reife-

Frau‹-Beziehungen auf die Dauer haltbarer, als ›Älterer-Mann-junges-Mädchen‹-Verbindungen es sind.

Der ältere Liebhaber

> »Es heißt: Das Alter soll man ehren ...
> Das ist mitunter, das ist mitunter,
> das ist mitunter furchtbar schwer.«
>
> ERICH KÄSTNER

Ganz allgemein betrachtet, würde ich Ihnen davon abraten, sich einen um Dekaden älteren Mann zu angeln. Die Gründe dafür sind einleuchtend:

– wenn Sie – um die dreißig – Ihre sexuelle Reife gerade erst erlangen, hat er, der vierzig oder fünfzig ist, schon längst wieder abgebaut;

– ältere Männer, die dazu neigen, sich jüngere Frauen oder Mädchen als Partnerin zu suchen, leiden nicht selten an einem Vaterkomplex;

– schlimmer noch: Sie wagen sich nicht an gleichaltrige Frauen (ein paar Jährchen rauf oder runter) heran, weil es sie verunsichert, daß diese Frauen eine eigene Persönlichkeit haben. Und sie als Mann sich überfordert fühlen;

– eine wesentlich jüngere Frau am Arm eines älteren Mannes ist oft sein ›lebendiger Beweis‹ dafür, daß er doch noch nicht zum alten Eisen gehört. Daß er wirklich und wahrhaftig noch der junge Mann ist, der ihm jeden Morgen aus dem Spiegel entgegenschaut.

In Ausnahmefällen allerdings, wenn es sich um Männer mit Selbstbewußtsein und ausgeprägter Persönlichkeit handelt, kann die Jüngere-Frau-älterer-Mann-Beziehung durchaus ihre positiven Aspekte haben:

– er hat im Laufe seines Lebens karrieremäßig alles erreicht, was er erreichen wollte. Folglich hat er Zeit und Geld, sich ihr zu widmen: zu reisen, ins Theater zu gehen, die gemeinsamen Stunden zu genießen. Ohne den üblichen Streß im Nacken;

- er ist nicht mehr, wie die jüngeren Männer es oft sind, unbedingt darauf aus, Vater zu werden. Eine Frau, die sich dazu entschließt, keine Kinder in die Welt zu setzen, wird von einem älteren Liebhaber wahrscheinlich nicht damit, ihm seinen sehnlichsten Wunsch zu verwehren, moralisch erpreßt, ihre Meinung zu ändern;
- wenn es sich um einen sensitiven Mann handelt, kann ein älterer Mann ein hervorragender Liebhaber sein. Einer, der sich Zeit nimmt. Der weiß, daß er niemandem etwas ›beweisen‹ muß. Der nicht nur Erfahrung, sondern auch Spaß an der Sache hat. Und dafür sorgt, daß es ihr ebenso ergeht.

Alles, was Sie also tun müssen, um sich für oder gegen einen älteren Liebhaber zu entscheiden ist: Finden Sie heraus, ob er zu dem ersten oder dem zweiten Typ älterer Männer gehört. Dementsprechend schnappen Sie ihn sich – oder lassen es bleiben.

Der jüngere Liebhaber

»Nichts gegen Frauenbewegungen! Nur –
schön rhythmisch sollten sie schon sein!«

Stern-Kalauer der Woche

Jüngere Liebhaber werden für uns Frauen erst dann interessant, wenn wir selbst ein gewisses Alter erreicht haben. Es ergibt sich gar oft von ganz alleine, daß wir dreißig sind – und er nur 25 Jährchen zählt. Oder er dreißig ist – und wir plötzlich vierzig.

Eins dazu gleich vorweg: Sie brauchen kein schlechtes Gewissen zu haben, ein solch junges Ding zu ›verführen‹. Im Gegenteil. Wenn er klug ist, wird er es Ihnen danken, daß Sie ihn an Ihrer Erfahrung teilhaben lassen.

Für Sie selbst ist der jüngere Liebhaber äußerst interessant. Und das aus folgenden Gründen:

- was Sex betrifft, so kann er ›mithalten‹. Vor allem dann, wenn er zwischen 16 und 25 Jahren ist. Da hat er nämlich seinen sexuellen Höhepunkt;

- wenn Sie an einer engen Beziehung interessiert sind, wird er Ihnen aller Wahrscheinlichkeit nach nicht unter den Händen wegsterben – wie ältere Liebhaber es laut Statistik zu tun pflegen. Denn: Die durchschnittliche Lebenserwartung der Frau ist um sechs bis zehn Jahre höher als die des Mannes;
- der jüngere Liebhaber ist – im Gegensatz zum älteren –, was Sex und andere Dinge anbetrifft, noch äußerst gelehrig. Sie können ihn sich also noch so ›hinerziehen‹, wie Sie ihn gern hätten;
- allein dadurch, daß er als junger Mann so viel Geschmack beweist, sich eine reife Frau als Partnerin zu wählen, darf man in der Regel annehmen, daß er Frauen zu schätzen weiß. Folglich wird er immer Gentleman sein. Und es nicht als Selbstverständlichkeit betrachten, mit besagter Frau zusammensein zu dürfen;
- jüngere Männer sind ganz generell flexibler als ältere – und somit ein Jungbrunnen für jede Frau;
- jüngere Liebhaber sind en masse zu haben! Derzeit gibt es in Deutschland etwa 200 000 Männer zwischen 20 und 29 Jahren, die keine gleichaltrige Partnerin finden!

Wenn Sie also als ›reife‹ Frau einem begegnen, der Sie interessiert: Greifen Sie nur zu!

Gleiche und ungleiche Paare

> »Es gibt mehr Ding' im Himmel und auf Erden, (Horatio),
> Als eure Schulweisheit sich träumen läßt.«
>
> SHAKESPEARE
>
> Oder:
>
> »There are some things which are impossible to know – but it is impossible to know these things!«
>
> JAFFO'S PRECEPT

Sie haben sich sicherlich oft schon selbst darüber gewundert, was den superschönen Mann mit dem häßlichen Entlein an seinem Arm verbindet. Oder Aschenputtel mit dem Prinzen. »Gegensätze«, sagt man, »ziehen sich an.«

Dann wieder begegnen Ihnen Paare, die sich so ähnlich sind, daß man sie für Geschwister halten könnte, wenn man es nicht besser wüßte. So ist es eben: Gleich und gleich gesellt sich gern!

Kein Wunder, daß Sie nun nicht mehr wissen, was stimmt. Und sich überlegen, welche von den beiden Möglichkeiten die größeren Chancen hat, auf Dauer zu bestehen.

Gleich und gleich gesellt sich gern

> »Gleiches Blut, gleiches Gut und gleiche Jahre geben die besten Paare.«
>
> Deutsches Sprichwort

Wie bei allen anderen Lebensfragen gibt es auch hier nicht nur eine Wahrheit. Sondern eben mehrere. Mit anderen Worten: Es gibt eine ganze Menge Argumente, die für, aber eben auch welche, die gegen eine Partnerschaft von ›gleich und gleich‹ sprechen.

– Gründe, die (laut verschiedenen Untersuchungen) *für* eine Beziehung von ›gleichen‹ oder zumindest sehr ›ähnlichen‹ Menschen sprechen, sind:
  * Menschen mit gleichem oder ähnlichem sozialen Hintergrund kommen auf die Dauer besser miteinander klar als solche, die aus stark unterschiedlichen Gesellschaftsschichten stammen;
  * Menschen, die in etwa gleichermaßen attraktiv sind, haben mehr Chancen, auf Dauer zusammenzubleiben als solche, die auf der ›Schönheitsskala‹ weit voneinander entfernt liegen;
  * Menschen, die sich in ähnlichen Ansichten gegenseitig bestätigen, haben auf die Dauer mehr Chancen, miteinander glücklich zu sein als Menschen, deren Lebenseinstellung grundverschieden ist.
– Gründe, die gegen eine Beziehung von ›gleich und gleich‹

sprechen, sind (wie ebenfalls Untersuchungen ergeben haben) folgende:

* Menschen, die einander zu ähnlich sind, beginnen sich bald miteinander zu langweilen;
* Menschen von gleichem Temperament ecken oft aneinander an:
  Zwei dominante Menschen können kaum miteinander glücklich werden, weil keiner von beiden nachgeben will; zwei Menschen, die beide gern vom anderen bemuttert würden, kommen ebenfalls auf Dauer nicht miteinander klar.

Langer Rede kurzer Sinn: Ob ›gleich und gleich‹ sich wirklich gern zueinander gesellen, hängt davon ab, wo die Übereinstimmungen liegen – und bis zu welchem Grad diese Übereinstimmungen sich decken.

Jemand, der Ihnen haargenau gleicht, ist also mit Sicherheit nicht der ideale Partner!

Gegensätze ziehen sich an

> »Eine stille, ernsthafte Frau ist übel dran mit einem lustigen Mann. Ein ernsthafter Mann nicht so mit einer lustigen Frau.«
>
> GOETHE

Was der gute Goethe allerdings vergessen hat zu sagen, ist, daß eine lustige Frau von einem ernsthaften Mann auch ganz schön zur Weißglut gebracht werden kann! Ansonsten aber hat er die Grundidee davon, daß Gegensätze sich anziehen können – aber nicht müssen! –, sehr wohl erfaßt. Denn: Ob Gegensätze sich anziehen, hängt immer davon ab, wo die Gegensätze zweier Menschen liegen.

– Gegensätze ziehen sich an und bleiben miteinander glücklich, wenn
  * ein Partner gern bemuttert – und der andere gern bemuttert werden möchte;

* ein Partner ruhig, der andere temperamentvoll ist – solange jeder von beiden sein Gegenstück in dem anderen sucht.
- Gegensätze ziehen sich an und stoßen sich bald wieder ab, wenn
  * einer von beiden emotionell durchweg aufgeschlossen, der andere immer unveränderlich kühl und distanziert ist;
  * die grundsätzliche Lebenseinstellung zweier Menschen völlig verschieden ist.

Mit anderen Worten: Unterschiede wie Tag und Nacht mögen im ersten Moment faszinierend sein. Aber wenn es darum geht, eine Beziehung zueinander aufzubauen, ist einfach keine gemeinsame Basis zu finden, von wo aus ein gemeinsamer Start möglich wäre.

Ergo: Eine Beziehung zu einem gegensätzlichen Partner ist auf Dauer nur möglich, wenn die Gegensätze nicht zu kraß sind.

22.
Der Anfang vom Ende

»Lieber ein Ende mit Schrecken
als ein Schrecken ohne Ende.«

FERDINAND VON SCHILL

Da hilft kein Weinen und kein Zetern – weder seins noch Ihrs –,
wenn eine Beziehung hinüber ist, dann ist sie hinüber. Punkt.
Aus.

Manchmal merkt man allerdings nicht, daß das Ende naht.
Oder besser: Man spürt es schon, aber man will es nicht wahr-
haben. Und quält sich nun durch einen Tag nach dem anderen.
Bis es eben doch eines Tages knallt.

Wollen Sie sich ein so grausiges, langsames Ende wirklich antun!? Ich finde, Sie haben das gar nicht nötig. Damit Sie die Zeichen, an denen Sie erkennen, wann es Zeit wird, selbst Schluß
zu machen, früh genug erkennen, wurde dieses Kapitel geschrieben.

Aber treu, treu kann er nicht sein

»Betrügen und betrogen werden
nichts ist gewöhnlicher auf Erden.«

SEUME

Aber:

»Was ich nicht weiß, macht mich nicht
heiß.«

Deutsches Sprichwort

»Männer«, so sagen Männer, »sind nun mal polygam.« Und deshalb brauchen sie nicht nur eine Frau, sondern am besten gleich
einen ganzen Harem.

So ein Unsinn! Denn »Männer, die verliebt sind«, so die US-
Sexualforscherin Dr. Singer Kaplan, »sind ebenso monogam

wie Frauen es im Zustand der Verliebtheit sind«. Erst sobald die Liebe aus dem Fenster geflogen ist, sehen sie sich nach anderen weiblichen Wesen um.

Und Frauen? Die würden ihre Männer – wenn die Liebe futsch ist – im Prinzip auch ›betrügen‹. Ihr Problem ist nur, daß sie erstens an ihrer Erziehung zu knabbern haben (eine Frau geht nicht fremd!) und zweitens nicht so viele ›gute‹ Männer greifbar sind, mit denen ein Seitensprung Spaß machen würde: eine Eintagsfliege, die sich als ebenso unsensitiv erweist wie der eigene Ehemann, heißt schließlich nur vom Regen in die Traufe kommen. Frauen sind eben wählerischer. Und das aus gutem Grund: Der Urinstinkt, schwanger zu werden, verfolgt Frauen auch im Zeitalter der Pille noch. Die Erfahrung von Tausenden von Jahren läßt sich nicht in zwei Dekaden wegwischen. Ergo: Der liebe Gott hat sich schon was dabei gedacht, Frauen ganz generell mit einem ›besseren Geschmack‹ auszurüsten. Und darauf zu achten, daß sie sich nicht von jedem Knaben, der ihnen in den Weg läuft, ein Kind anhängen lassen.

Und er? Er mußte sich in grauen Vorzeiten an so viele Frauen wie möglich heranmachen. Damit er es wenigstens mit Hilfe von einer schaffen würde, sich fortzupflanzen und die Welt zu bevölkern. Von Temperaturmessen und ähnlichen Methoden war damals noch keine Rede. Also mußte er sich auf sein Glück verlassen, wenn er eine Frau zur Mutter machen wollte.

Und er ist bis heute besagter Urwaldmensch geblieben. Jener Affenpascha, der selbst eine Frau nach der anderen vernaschen darf, der aber – ebenfalls aus Urinstinkt – höchst sauer reagiert, wenn seine Frau einen Geliebten hat. (Der könnte ihm nämlich ein Kuckucksei ins Nest legen!).

Was das alles mit Ihnen zu tun hat? Eine ganze Menge. Denn sexuelle Revolution hin, sexuelle Revolution her, keine Frau klatscht vor Freude in die Hände, wenn sie – von ihm oder anderen – erfährt, daß ihr Mann fremdgeht.

Nun gut, einen Ausrutscher kann man ihm mal zugestehen. Aber auch den muß man nicht unbedingt auf die Nase gebunden bekommen. Darum ein guter Rat: Zwingen Sie ihn nicht, Ihnen alles ›ehrlich‹ zu erzählen. Denn – selbst wenn Sie sich für noch so tolerant halten – weh tut es doch. Und dann quält man sich mit der Frage: Was hat *sie*, was ich ihm nicht geben kann? Aber: *So* genau wollen Sie's dann doch nicht wissen.

Ebensowenig werden Sie ihm natürlich brühwarm erzählen, daß Sie sich zu einem one-night-stand haben hinreißen lassen. Was er nicht weiß, kann ihn nicht aufregen.

Anders verhält sich die Sache allerdings, wenn er eine Eintagsfliege nach der anderen abschleppt – oder eine feste Freundin (außer Ihnen) hat. Lassen Sie sich nicht einreden, das sei nun mal der Lauf der Welt und Sie müßten damit klarkommen, wenn Sie nicht als ›altmodisch‹ gelten wollen.

Müssen Sie nicht. Wenn Ihnen seine Untreue zu schaffen macht, lassen Sie ihn sausen! An ihm haben Sie eh' nichts verloren! Und überhaupt sind Sie ohne Mann, der Sie ärgert, besser dran. Wann es für Sie Zeit wird, sich abzusetzen, können Sie an unzähligen Zeichen erkennen.

Wann es höchste Zeit wird, ihn sausenzulassen

> »Man soll seinen Mantel nicht zu lang an
> den gleichen Nagel hängen,
> weil es oft dieser Nagel nur ist, der uns am
> Ende noch hält.«
>
> MASCHA KOLÉKO

Mal ehrlich:

> »Es gibt viele Dinge, die wir am liebsten
> wegwerfen wollten, fürchteten wir nicht,
> daß andere sie aufheben.«
>
> OSCAR WILDE

Kann sein, daß er Sie gar nicht *bewußt* loswerden will. Im Gegenteil: Er findet es wahrscheinlich äußerst praktisch und bequem, daß Sie jederzeit – als seine Freundin oder Ehefrau – verfügbar sind.

Nur: Auf den Gedanken, daß nicht nur Sie, sondern auch eben er etwas zur Erhaltung Ihrer Beziehung beitragen muß, kommt er nicht. Er denkt nämlich nicht mit – sondern er denkt nur an sich. Wenn er überhaupt denkt. Meistens läßt er sich nämlich einfach nur gehen. Und das sieht dann so aus:

– *wenn Sie getrennte Wohnungen haben:*
  * er läßt einfach tagelang nichts von sich hören;
  * er erwartet, daß Sie Zeit für ihn haben, wenn er mal (netterweise!) wieder Zeit für Sie hat;
  * er ist telefonisch so gut wie gar nicht (höchstens an seinem Arbeitsplatz) zu erreichen;
  * er kümmert sich ganz generell mehr um seinen Hund oder sein Hobby als um Sie;
  * er taucht – wenn überhaupt – unpünktlich zu dem Candlelight-Diner, zu dem Sie ihn eingeladen haben, auf. Weil er unterwegs noch jemanden getroffen hat, mit dem er dringend ratschen mußte;
  * er bemerkt gar nicht, daß Sie eine neue Frisur haben;
  * er geht mit Ihnen nicht mehr aus – und nicht mehr ins Bett –, sondern hockt sich in Ihrer Wohnung (oder seiner, wenn Sie bei ihm sind) erst einmal stundenlang vor den Fernseher. Egal, was gesendet wird;
  * er bringt Ihnen nie Blumen oder sonst eine kleine Aufmerksamkeit mit;
  * er dreht sich, kaum daß *er* seinen Orgasmus hatte, einfach um und schläft;
  * er interessiert sich nicht für Ihre beruflichen Freuden und Kümmernisse, sondern erzählt Ihnen immer nur lang und breit von den seinen;
  * er geht nicht mehr gemeinsam mit Ihnen ins Bad – sondern blockiert es stundenlang für sich allein;
  * er drückt mit keinem Wort, keiner Geste aus, wie sehr er sich darüber freut, daß Sie da sind: er betrachtet Ihre Anwesenheit als Selbstverständlichkeit;
  * wenn er Sie mal ins Kino einlädt, dann nur in einen Film, den *er* sehen will;
  * er schätzt es nicht, wenn Sie mal für ihn kochen. Statt dessen schlingt er das gesamte Menü innerhalb von sieben Minuten in sich hinein;
– *wenn Sie mit ihm verheiratet sind oder zusammenleben:*
  * er führt sich so auf, wie gerade beschrieben – und noch schlimmer:
  * kaum kommt er nach Hause, schaltet er das TV ein;

* er geht regelmäßig früher oder später als Sie ins Bett. Und legt keinen Wert darauf, von Ihnen liebevoll geweckt zu werden – oder Sie zu wecken;
* nur wenn er einen über den Durst getrunken hat, stürzt er sich – auch wenn Sie im Tiefschlaf liegen – auf Sie;
* er rennt zu Hause in Pantoffeln und Unterhemd herum;
* er rührt nicht einen Finger im Haushalt;
* er spricht so gut wie nie mit Ihnen. Wenn überhaupt, dann nur übers Haushaltsgeld. Oder die Autoreparatur;
* er läßt sich überhaupt gehen.

Das alles findet er natürlich ganz normal. Wenn Sie ihn darauf ansprechen, wird er Sie dumm anschauen und fragen, was um Himmels willen in Sie gefahren sei! So sei es doch schon immer gewesen.

Stimmt. So war es auch schon immer. Denn in jenen Tagen, als er Sie umworben hat, bekamen Sie nur sein Sonntagsgesicht zu sehen. Da war sein Verhalten nicht ›normal‹, sondern eben mit einem Extra-Schuß Mühe versehen. Jetzt, da er Sie hat, kann er sich das sparen.

Und Sie können auf ihn verzichten.

Warten Sie nicht ab, bis es noch schlimmer wird (besser wird's nämlich garantiert nicht!). Und vor allem: Warten Sie nicht darauf, daß er Ihnen zeigt, er will Sie loswerden. Sollte er bereits damit begonnen haben, tun Sie sich – und ihm – einen Gefallen, und geben Sie nicht vor, Sie seien schwer von Begriff. Rupfen Sie sich die rosarote Brille von Ihrer hübschen Nase und blicken Sie den nackten, grauen Tatsachen ins Gesicht!

Wie er sich verhält, wenn er Sie loswerden möchte

»ich hab doch nichts gesagt
sagst du
und du hast recht
kein wort hast du gesagt –
aber wie.«

MANFRED MAI

Darum:

»– Sobald man sich duzt
Mit Dämonen und Drachen,
Empfiehlt es sich, schleunigst
aufzuwachen.«

MASCHA KALÉKO

Es gibt Frauen, die stellen sich, wann immer sie etwas nicht wahrhaben wollen, ganz einfach blind und taub. Vor allem dann, wenn sie merken, daß der Mann, den sie lieben (oder zu lieben glauben), der Beziehung ein Ende machen will.

Aber anstatt den Fingerzeig, den er ihnen gibt, zu deuten und die entsprechenden Konsequenzen zu ziehen, lassen sie *ihn* erst einmal schmoren – und schmoren selbst mit. Soll er doch was sagen, wenn er gehen will, denken sie. Und begreifen nicht, daß er zu feige ist, ihr den direkten – aber höflichen – Abschied zu geben.

Und nun steck' ich mal wieder in einer Zwickmühle, in die ich mich selbst hineinmanövriert habe: was er alles tun kann, um Sie mit der Holzhammer-Methode darauf aufmerksam zu machen, daß er nun wirklich nichts mehr von Ihnen wissen will, hab' ich ihm zum Teil selbst beigebracht. Oder vielmehr:

Ich hab' ihm in *Wie man eine Frau aufreißt* selbstverständlich schon erklärt, daß den meisten Frauen ein Ende mit Schrecken lieber ist als ein Schrecken ohne Ende. Aber dann hab' ich ihm die ›indirekten‹ Abschiedsmethoden (die ich von Bruno Gathmann, der alles andere als ein Freund von mir ist, abgeguckt habe) doch noch mitgeliefert. Und das aus zwei Gründen:

– manche Männer sind und bleiben Feiglinge, wenn es um das Beenden einer Beziehung geht;

- manche Frauen wollen es nicht anders, als daß man(n) ihnen das Herz aus dem Leib reißt, bevor sie endlich begreifen, daß die Beziehung keine mehr ist.

Aber letzteres können wir mit Hilfe dieses Buches ja nun ändern. Wenn er also auch nur eine der folgenden Nummern nur andeutungsweise bringt, verlassen Sie ihn auf der Stelle:

- er verspätet sich bei Verabredungen immer mehr – und hält sie schließlich gar nicht mehr ein;
- er bringt einen Freund zu einem romantischen Diner mit Ihnen mit;
- Sie finden lippenstiftbeschmierte Zigarettenkippen in seinem Aschenbecher – und er duftet nach einem anderen Parfüm als dem seinen – oder dem Ihren;
- Sie finden Haarklammern und ähnliches in seinem – noch zerwühlten – Bett;
- Sie sehen ihn mit einer anderen Frau am Arm durch die Gegend spazieren;
- er nennt Sie beim falschen Vornamen;
- er schickt Ihnen verwelkte Rosen.

Einige dieser miesen Methoden eignen sich übrigens auch hervorragend dazu, *ihn* wieder loszuwerden. Wenn er sich dumm stellt und einen sanften Wink von Ihnen – daß er sich davonmachen kann – nicht kapiert!

23.
Der Abschied

»Ein Abschied schmerzt immer, auch wenn man sich schon lange darauf freut.«

ARTHUR SCHNITZLER

Aber:

»Wenn du Einsamkeit nicht ertragen kannst, dann langweilst du vielleicht auch andere.«

GABRIEL LAUB

Jetzt sind *Sie* dran: Ihm den Abschied zu geben. Sie werden nämlich den Teufel tun und warten, bis er Sie zur Hölle schickt.

Zugegeben: Es ist manchmal nicht einfach, sich eingestehen zu müssen, daß eine Beziehung nun mal nicht zu retten ist. Aber es ist immer noch tausendmal besser, als eine kaputte Beziehung aufrechterhalten zu wollen.

Und überhaupt. Was soll das Wehklagen? Erstens sind Sie eine Frau, die durchaus auf ihren eigenen hübschen Beinen stehen kann. Und zweitens finden Sie auf diesen Seiten nun weiß Gott genug Anleitungen dafür, sich einen neuen Mann zu angeln!

Also nur zu: Weg mit dem Mann, der Ihnen nur Ärger bereitet – oder Ihnen sonstwie auf den Nerven herumtrampelt!

Geh mit Gott, aber geh! So werden Sie ihn los

»Du sprichst ein großes Wort gelassen aus.«

GOETHE

Aber:

»Der Tor braucht einen Keulenschlag, wo dem Weisen ein Wink genügen mag.«

Persisches Sprichwort

Er will Sie loswerden? Das kann er haben! Und zwar *bevor* er zu einer von Bruno Gathmanns Methoden greifen muß. Sie sind nämlich eine Frau, und als solche besitzen Sie genügend Intuition, zu wissen, wann was nicht mehr ist. (Und letztlich haben Sie's auch im vorherigen Kapitel schwarz auf weiß!)

Was tun Sie also?

Als allererstes überzeugen Sie sich selbst davon, daß es *Ihr* Entschluß ist, ihn zu verlassen. Und das *ist* es schließlich auch: wenn *er* sich so (daneben) benimmt, kann er bei aller Liebe nicht von Ihnen erwarten, daß Sie auch nur einen Tag länger bei ihm bleiben!

Nun gilt es nur noch zu überlegen, *wie* Sie sich am geschicktesten absetzen. Mit der direkten oder mit der indirekten Methode?

Die direkte Methode – ein kurzes Gespräch – sollten Sie in diesem Fall nur anwenden, wenn Sie sicher sein können, daß Ihnen nicht plötzlich die Stimme versagt oder Sie gar in Tränen ausbrechen. Wovor Sie sich ebenfalls hüten müssen, sind Sätze wie:

– »Du willst offensichtlich nicht mehr ...«;
– »Du behandelst mich in letzter Zeit so mies ...«;
– »Du liebst scheinbar alle(s), nur nicht mich ...«.

Der Grund für diese *no no's*: Sie machen ihm Vorwürfe, die Sie sich einmal sparen könnten und zweitens sparen sollten. Ersteres, weil er Ihnen daraufhin patzige Antworten geben könnte (»Na endlich hast du's gemerkt!«), und letzteres, weil Sie ihm nicht unbedingt mitteilen müssen, daß er Sie durch sein (Nicht-)Verhalten verletzt hat.

Sollten Sie sich trotzdem für die direkte Methode entscheiden, lassen Sie sich nicht auf lange Diskussionen ein. Die führen nämlich im Endeffekt zu nichts. Außer dazu, daß Sie Ihrem Entschluß (zeitweilig zumindest) untreu werden könnten – und er die nächstbeste Gelegenheit wahrnehmen könnte, *Ihnen* zu sagen, daß er es sich nun überlegt habe – und man sich besser trenne.

Merke: Nur weil es einem Mann an Format fehlt, bedeutet das noch lange nicht, daß er kein Ego hat!

Wenn Sie ihm also sagen wollen, daß es aus und vorbei ist, dann tun Sie das:

- unmißverständlich;
- unwiderruflich;
- wenn Sie Ihre Siebensachen (sollten Sie die bei ihm haben) bereits gepackt und nach Möglichkeit aus der Wohnung transportiert haben;
- wenn Sie seine Siebensachen (sollte er sie bei Ihnen haben) zusammengesammelt und vor die Tür gestellt haben.

Wenn Sie sich für eine indirekte Methode entscheiden, können Sie entweder eine von Brunos oder eine der folgenden anwenden:

- sorgen Sie dafür, daß der Toilettensitz in Ihrer Wohnung hochgeklappt ist – und daß er es auch sieht;
- stellen Sie eine Flasche After-Shave (*nicht* seine Marke, versteht sich!) in Ihren Badezimmerschrank;
- verwechseln Sie ihn am Telefon mit anderen (»Ach, *du* bist es ...!«);
- verreisen Sie einfach ein paar Tage. Ohne sich ab- und zurückzumelden;
- hängen Sie nachts Ihr Telefon aus (Hatten Sie das nicht, als Sie ihn erst kurz kannten, auch immer getan, wenn er bei Ihnen nächtigte???);
- lassen Sie angebrochene Schachteln Zigaretten (nicht seine und nicht Ihre Marke!) in Ihrer Wohnung liegen;
- sprechen Sie ihn auf eine Filmszene an – und wechseln Sie schnell das Thema, wenn Sie ›plötzlich‹ merken, daß es doch nicht *er* war, der besagten Film mit Ihnen gesehen hat;
- lassen Sie sich einen Strauß Rosen – eine einzelne tut's auch! – schicken, wenn er gerade bei Ihnen ist;
- lassen Sie sich, wenn er in Ihrer Wohnung ist, von einer Freundin anrufen und sagen Sie so gezwungen locker wie möglich: »Im Moment ist es gerade ein bißchen ungünstig. Ich ruf' nachher zurück.«

All diese albernen Tricks können Sie natürlich auch effektvoll anwenden, wenn *Sie* es sind, die ihn – nur so, weil Sie ihn über haben – loswerden wollen. Und hoffen, daß er es selbst mitbekommt, weil Sie ihm mit einer direkten Konfrontation ›nicht weh tun‹ wollen.

Sollte er sich blind und taub stellen, müssen Sie natürlich andere Geschütze auffahren. Das schwerste:

– Sie erklären ihm einfach, daß Sie ihn *zu sehr* lieben – und darum die Beziehung abbrechen wollen.

Merke: Es ist völlig witzlos, einem Mann klarmachen zu wollen, daß Sie ihn nicht – oder nicht mehr! – lieben. Er wird Sie daraufhin nur noch mehr nerven, als er es sowieso schon tut. Um Sie herumscharwenzeln, Ihnen jeden (vermeintlichen) Wunsch von den Augen ablesen, Ihnen auf die Pelle rücken.

Daß Sie ihn allerdings *zu sehr* lieben – und ihn darum verlassen, *das* versteht er. Weiß er doch selbst, was für ein toller Typ er ist. Und so schleicht er sich dann mit dem beruhigenden Wissen darüber, daß er ›zu gut‹ für Sie war.

Als dritte Möglichkeit steht es Ihnen natürlich noch frei, überhaupt nichts zu sagen, sondern ihm einen Abschiedsbrief zu schreiben.

Der Abschiedsbrief

> »Man schreibt nicht so ausführlich wenn man den Abschied gibt.«
>
> HEINE
>
> Aber:
>
> »Ein Abschied verleitet immer dazu, etwas zu sagen, was man sonst nicht ausgesprochen hätte.«
>
> ADLERSFELD-BALLESTREM

Das Wichtigste gleich zuerst: Geben Sie nie und nimmer folgende Dinge schriftlich aus der Hand:

– alles, was Ihnen hinterher leid tun könnte:
  * Vorwürfe;
  * Rechtfertigungen;
  * was er in irgendeiner Weise gegen Sie verwenden könnte;
  * Bittstellungen.

Mit anderen Worten: Die besten Abschiedsbriefe sind – die kürzesten. Wozu noch lange Erklärungen abgeben, die doch nichts an der Tatsache, daß Ihre Affäre mit ihm aus und vorbei ist, ändern?

Wenn Sie unbedingt meinen, daß Sie ihm ein paar nette Worte zum Abschied schuldig sind, können Sie ihm ruhig schreiben. Aber wie gesagt: Fassen Sie sich kurz.

Freundliche Mitteilungen darüber, daß die Geschichte aus und vorbei ist, können so aussehen: »Es war schön mit dir, aber nun muß ich weiter.«, »Ich denk gern an all die netten Stunden (Tage, Wochen, Monate) mit dir zurück. Aber du weißt ja: Man soll aufhören, wenn es am schönsten ist!«.

Sind Sie ihm beim Abschied weniger hold gesonnen, ist ein knapper Satz völlig ausreichend. Hier einige Beispiele: »Das war's!«, »Mir reicht's!«, »Better luck next time!«, »Bin gegangen!«. Was Sie selbstverständlich auch noch tun können ist, einen ganz dicken (Schluß-)Strich zu ziehen. Und ihm den per Post zukommen lassen. Fragt sich nur, ob er kapiert, was es damit auf sich hat.

Und dann? Dann bleibt Ihnen nur noch zu begreifen, daß ein Schlußstrich auch ein Schlußstrich ist!

24.
Jetzt ist er weg – und nun?

>»Wer wird denn weinen, wenn man ausein-
>andergeht?«
>
> HUGO HIRSCH

Es ist ein Klischee, aber so ist es nun mal: Kein Mann ist es wert,
daß man sich seinetwegen die Augen aus dem Kopf heult und
mit aufgedunsenen Augenlidern wie blind durch die Gegend
läuft.

Vorbei ist vorbei – und es gibt verschiedene Möglichkeiten,
damit fertigzuwerden. Selbst einen Schlußstrich ziehen – und
nicht die alten Gefühle (geschweige denn die alten Liebhaber!)
immer wieder hervorkramen!

Erste Hilfe für gebrochene Herzen

>»Es gab bisher nur einen Mann, der uner-
>setzlich war: Adam.«
>
> VAN ROY'S TRUISM
>
> Merke:
>
>»Was mich nicht umbringt, macht mich
>stärker.«
>
> NIETZSCHE

Wenn Sie dieses Buch bisher einigermaßen aufmerksam gelesen haben, werden Sie höchstwahrscheinlich von ganz allein
feststellen: so wild ist es nun auch wieder nicht, daß er auf und
davon ist.

Und trotzdem trifft es Sie wahrscheinlich – ebenso wie alle
anderen Menschen (Männlein gar noch stärker als Weiblein!),
›verlassen worden zu sein‹. Und weil Sie – verletzt wie Sie sind
– nicht mehr klar denken können, laufen Sie nun Gefahr,
Dinge zu tun – oder zu lassen –, die Ihre seelische Misere nur

noch verschlimmern. Fangen wir also gleich mal mit den Dingen an, die Sie in einem solchen Fall nie und nimmer tun dürfen. *No no's* sind:

- sich in den eigenen vier Wänden zu vergraben;
- sich gehenzulassen;
- sich mit Schokolade oder anderen oralen Genußmitteln vollzustopfen, bis Sie nicht mehr in Ihre Garderobe passen;
- sich Hals über Kopf in eine neue Affäre zu stürzen;
- zu Alkohol oder Tranquilizern zu greifen;
- sich in der miesen Anschauung, die Sie von sich selbst haben, bestätigt zu fühlen.

Und damit sind wir auch schon bei all den Dingen angelangt, die Sie tun können, um sich – sei es vorerst auch nur vorübergehend – wieder besser zu fühlen:

- heulen Sie sich bei Ihrer besten Freundin nach Herzenslust aus. Und zwar einmal richtig, dann hat sich die Geschichte;
  Achtung
  Sollte sie es sein, der Sie Ihren Kummer zu ›verdanken‹ haben, weinen Sie natürlich nicht ihre, sondern die Schulter ihres ›Gesellschafters‹ – dem Herrn aus dem ersten Kapitel! – naß;
- packen Sie Ihr Wochenendköfferchen und verreisen Sie für ein, zwei Tage. Wenn Sie das aus beruflichen Gründen nicht sofort tun können, warten Sie bis zum Wochenende und genießen die Luftveränderung eben ein wenig verspätet;
  Achtung
  Wen Sie selbstverständlich *nicht* besuchen, sind Freunde, die gerade geheiratet haben oder sonstwie frisch verliebt sind und pausenlos vor Ihrer Nase miteinander turteln;
- gehen Sie zum Friseur und lassen Sie sich dort verwöhnen. Hier schlagen Sie gleich drei Fliegen mit einer Klappe: Sie können die ›Streicheleinheiten‹, wenn er Ihren Kopf wäscht, genießen. Sie können sich bei ihm aussprechen – und das für weniger Geld, als Sie bei einem Psychiater lassen würden. Sie kommen mit einer neuen Frisur, als neuer Mensch, der einen neuen Anfang macht, aus dem Laden heraus;

- rufen Sie einen Ihrer Schubladenmänner an und vergnügen
  Sie sich mit ihm;
- besticken Sie einen Wandbehang oder ein Sofakissen mit
  einem schönen Spruch. ›Love Thyself‹, wenn Sie faul sind.
  »Was mich nicht umbringt, macht mich stärker«, wenn Sie
  gern viel sticken – und Nietzsche mögen.

Eine laue Sache: die aufgewärmte Liebe

> »Nach jeder Liebschaft die nächste
> Erinnerung
> und das Vergessen hinterher,
> das nie aufhört.«
>
> WOLF WONDRATSCHEK

Doch:

> »Teurer Freund! Was soll es nützen,
> Stets das alte Lied zu leiern?
> Willst du ewig brütend sitzen
> Auf den alten Liebes-Eiern?«
>
> HEINE

Sie kennen es wahrscheinlich: das Pingpongspiel des Auseinandergehens, Wiederkehrens, Auseinandergehens, Wiederkehrens – und so weiter.

An der Art des Spiels sollten Sie nun eigentlich schon erkennen, daß es sich nicht zu spielen lohnt. Weil man die endgültige
Trennung letztlich nur immer wieder verzögert. Daß dieses
Hin und Her im Endeffekt nicht funktioniert, sehen Sie nicht
zuletzt an Elizabeth Taylor und Richard Burton. Obwohl die
beiden, das gebe ich gern zu, dieses Spielchen par excellence
betreiben!

Nur: Um dieses Spiel auf Dauer spielen zu können, gehören
dazu zwei. Und einem von den beiden wird's im ›Normalfall‹
immer zuerst endgültig zu dumm. Dann ist das Ende unwiderruflich da. Fragt sich nur, wer wem länger nachtrauert:

- wenn *er* es ist, der immer wieder angedackelt kommt, und *Sie*
  es sind, die keine Lust mehr dazu verspürt, wieder von

neuem anzufangen, hier mein Tip: schenken Sie ihm *Wie man eine Frau aufreißt*. Mit entsprechender Widmung (»Schau dich mal um: Andere Mütter haben auch schöne Töchter!«) wird er begreifen, wie der Hase läuft. Für nur fünf Mark achtzig sind Sie ihn los. Ein kleiner Preis, wenn man bedenkt, daß er von nun an Ihre Nerven schont;

– *er* hat sich schon längst zurückgezogen. *Sie* sind es, die von ihm nicht loskommt. Und davon träumt, daß Sie beide doch noch (wieder) die Chance zu einem neuen gemeinsamen Anfang haben.

Aber: Wenn letzteres der Fall ist, hilft alles nix: Sie müssen über ihn hinwegkommen. Das ist leider leichter gesagt als getan. Aber möglich ist es. Das wiederum passiert zwar nicht von heute auf morgen; aber schrittweise können Sie es sehr wohl schaffen, seiner zwar in freundlicher Erinnerung, aber nicht als einziger Liebe Ihres Lebens zu gedenken. Und sich emotionell soweit von ihm zu lösen, daß Sie sich einer neuen (anderen) Liebe nicht weiterhin verbohrt verschließen.

Wie Sie das anfangen?

Ganz einfach, sagen Psychologen. Wir müssen nur zwei Dinge tun. Nämlich diese:

– den ›Teil‹ unseres Herzens, den *er* ›mitgenommen‹ hat, als er ging, wieder ›nachwachsen‹ lassen;
– lernen, mit dem ›Teil‹ seines Herzens, den er uns in ›guten Zeiten‹ zu treuen Händen überlassen hatte, zu leben.

Genauer betrachtet sieht die Sache nämlich so aus: Solange jemand uns liebt (oder zu lieben glaubt – vorgibt), liebt er uns so, wie wir sind. Das heißt: Er liebt uns mit all den kleinen und großen Macken, die wir an uns selbst nicht mögen. Läuft er uns nun davon, *weiß* er um unsere Fehler. Weil wir bei ihm die Maske, die wir für die meisten anderen Menschen (unbewußt) aufsetzen, fallengelassen hatten.

Das wiederum läßt ein verdammt ungutes Gefühl in uns entstehen. Wir wollen nicht, daß er unser innerstes Geheimnis, unsere Ängste, die wir ihm eingestanden haben, mit sich davon- und in die Welt trägt. Wir wollen das, was er weiß, wieder zurücknehmen. Wir wollen *ihn* zurück.

Ganz schön ausgekocht, welche Tricks wir – ohne es zu wissen – uns selbst spielen, stimmt's? Langer Rede kurzer Sinn: Wir kommen nicht von ihm los, weil er einen Teil von uns – und zwar den Teil, den wir am wenigsten hergeben wollen – einfach mitgenommen hat. Unseren Selbstrespekt. Und den müssen wir, wenn wir uns von ihm lösen wollen, wieder aufbauen.

Wie!?

Indem wir lernen, unsere Marotten und Fehler zu akzeptieren – oder sie zu ändern. In beiden Fällen kann *er* das Wissen, das er um uns hat, ruhig behalten. Weil es nicht mehr ist, wovor wir uns verstecken oder fürchten müssen.

Der zweite Punkt ist der, daß wir lernen, *mit* der Erinnerung an ihn – nicht *durch* sie – zu leben. Hierzu haben Spezialisten für gebrochene Herzen folgenden Tip bereit:

Trauern Sie um den Verlust Ihrer Liebe so, wie Sie einen Toten betrauern würden. Umgeben Sie sich mit Fotografien aus glücklichen Zeiten, lesen Sie seine Liebesbriefe wieder und wieder – und rufen Sie sich all die schönen Stunden, Tage, Wochen, Monate mit ihm lebhaft ins Gedächtnis zurück.

Während Sie sich die Zeit mit ihm noch einmal lebhaft vorstellen, werden Sie sich darüber klar, daß sie nun der Vergangenheit angehört. Daß die Erfahrung schön und wertvoll war – aber nun ist dieser Teil Ihres Lebens abgeschlossen.

Sinn und Zweck dieser Übung ist es, die extrem starke Wirkung, die der Verlust Ihres Liebhabers auf Sie hat, zu mildern. Das geschieht dadurch, daß Sie Ihren Verlust ausgiebig betrauern – und das Bild des Herzallerliebsten in die Schublade mit dem Schildchen ›Erinnerung‹ bugsieren.

Tun Sie das nicht und stecken ihn weiterhin in die falsche Schublade – die mit dem Schildchen ›Zukunft‹ –, kann Ihnen folgendes blühen: daß Sie tatsächlich Ihr Leben lang nur diesen einen Mann lieben oder geliebt haben werden: je mehr Sie sich auf eine Zukunft mit ihm konzentrieren, desto mehr Energie stecken Sie in ihn hinein. Diese Energie geht Ihnen natürlich ab. Mehr noch: Da, wo sie war, ist nun ein ›energieleerer‹ Raum. Denn von ihm kommt ja nichts zurück. Bald sind Sie nur noch eine Hülle – keine eigenständige Persönlichkeit mehr.

Nach und nach haben Sie ihm Ihre Seele vermacht. Und kommen nun von ihm, der Ihre Seele hat, überhaupt nicht mehr los.

Schreckliche Aussichten, finden Sie nicht auch? Also: Holen Sie tief Luft und finden Sie sich damit ab, daß Ihre letzte große Liebe der Vergangenheit angehört. Und wo dieses Kapitel schon mit einem Klischee begonnen hat, soll es ruhig mit einem anderen Klischee – das ebenso wahr ist – enden:

Die Zeit heilt alle Wunden. Eines Tages werden Sie an ihn denken können, ohne daß Sie einen schmerzlichen Stich in der Herzgegend verspüren. Und sich an den Dingen erfreuen, die Sie aus der Beziehung gewonnen haben.

Und dann? Dann müssen Sie das nächste Mal ein bißchen besser aufpassen, in wen Sie sich verlieben. Es muß nämlich absolut nicht sein, daß Sie immer wieder an den Falschen geraten!

25.
Der nächste Lover kommt bestimmt!

>History repeats itself.«

CLARENCE DARROW

Aber:

>Kluge Leute suchen sich die Erfahrungen
aus, die sie zu machen wünschen.«

ALDOUS HUXLEY

Alten Lieben nachzutrauern, hat, wie Sie bereits wissen, überhaupt keinen Zweck. Und – auch wenn Sie's im Moment vielleicht nicht glauben können – so sicher wie der nächste Winter
kommt auch der nächste Lover.

Nur: Mit *ihm* müssen Sie nicht wieder auf die Nase fallen.
Diese Affäre muß nicht wieder so enden, wie alle anderen ge-
endet haben. So schwierig ist es nämlich gar nicht, einen Mann
zu finden, der sich nicht nach ein paar Stunden, Tagen, Wochen oder Monaten wieder absetzt.

Weshalb Sie immer an den Falschen geraten

>Wenn Kopf und Herz sich widersprach
tät doch das Herz zuletzt entscheiden.
Der arme Kopf gibt immer nach
er ist der klügere von beiden.«

PAUL HEYSE

Aber:

>Man sollte eigentlich niemals die gleiche
Dummheit zweimal machen, denn die
Auswahl ist ja groß genug.«

BERTRAND RUSSEL

Jetzt langt's. Sie haben es endgültig satt, an Männer zu geraten,
die Sie lieben und – verlassen. Sie wollen endlich mal einen finden, zu dem Sie eine festere Beziehung aufbauen können.

Halt! Sind Sie sich da wirklich so sicher? Ich glaube, Sie sind es nicht. Im Gegenteil: Sie haben es bisher immer darauf angelegt, sich mit gezielter Treffsicherheit die Typen von Mann zu angeln, zu denen eine engere Beziehung von vornherein unmöglich ist. Und das werden Sie, wenn Sie sich diese Tatsache nicht eingestehen, auch weiterhin tun.

Die Sache ist nämlich so: (Nicht nur) amerikanische Psychologen haben herausgefunden, daß jeder Mensch die Art von Liebesleben hat, die er sich selbst aussucht. Wenn Sie also einen one-night-stand, einen Fling, einen ›Einbruch‹ nach dem anderen haben, dürfen Sie sich das nur sich selbst – niemand anderem – zuschreiben.

So ein Unsinn?

Ist es nicht. Sie treffen die Wahl Ihrer chaotischen Liebesbeziehungen nämlich nicht *bewußt*, sondern *unbewußt*. Und dafür haben Sie auch Ihre (gar nicht) guten Gründe. Nämlich einen oder mehrere von diesen:

- Sie haben Bindungsangst;
- Sie sind davon überzeugt, es nicht ›wert‹ zu sein, geliebt zu werden:
  * davon überzeugen Sie entweder ihn in relativ kurzer Zeit – und er macht sich auf und davon
  * oder Sie laufen ihm weg. Weil Sie einen Mann, der so dumm ist, etwas so ›Wertloses‹ wie Sie zu lieben, nicht ernstnehmen können;
- Sie suchen in ihm einen Mutterersatz. Sie wollen die Erfahrungen, die Sie als Kind gemacht haben, wiederholen oder fortführen:
  * wenn Sie von Ihrer Mutter pausenlos kritisiert, alleingelassen, verletzt wurden, suchen Sie sich einen Mann, der Sie ebenso wie der Mensch, der Sie eigentlich am meisten lieben sollte, behandelt;
- Sie möchten die Dinge, die Sie in Ihrer Kindheit versäumt haben, nachholen:
  * bei einem Fling zum Beispiel, bei dem wir unseren Partner so sehen, wie wir ihn uns *wünschen* – nicht so, wie er *ist* –, projizieren wir Qualitäten in die Beziehung hinein, die wir in unserer Kindheit gern gehabt hätten.

Mag sein, daß Sie jetzt denken, diese psychologischen Erklärungen hätten ›sooo einen Bart‹. Haben sie auch! Aber wenn Sie einmal in Ruhe über sich selbst – und Ihre Beziehungen – nachdenken, werden Sie höchstwahrscheinlich zu Ihrem Erstaunen (und zu Ihrem Entsetzen!) feststellen, daß eine davon zumindest ›halbwegs‹ auf Sie zutrifft.

Diese ›Erkenntnis‹ ist der erste Schritt da hin, Ihr Liebesleben radikal zu ändern. Der zweite Schritt ist, zu erkennen, nach welchem ›Muster‹ Sie Ihre Beziehungen beginnen. Und sich darüber klar zu werden, warum, wieso, weshalb Sie bei bestimmten Verhaltensmustern das Ende einer Beziehung von Anfang an unweigerlich mit einprogrammieren.

Liebe ... durchaus nicht immer das gleiche Spiel

>»Liebe hat viele Gesichter.«
>
>NAPOLEON I.
>
>Merke:
>
>»Wir bezahlen neue Erfahrungen so teuer –
>weil wir die alten nicht verwerten.«
>
>GABRIEL LAUB

Wie ist das eigentlich, wenn Sie sich verlieben? Da gibt es nämlich ganz bestimmte ›Strickmuster‹, nach denen sich Ihre Beziehungen abspielen. Und selbst wenn sich eine Ihrer Affären nach der anderen wieder auflöst, fangen Sie bei einer neuen Beziehung mit derselben alten Masche wieder an.

Daß Sie so handeln, ist mal wieder mehr Gewohnheit als ein bewußtes In-Angriff-Nehmen der Sache. Und darum läuft prompt alles immer wieder schief. Die häufigsten Grundmuster, bei denen immer etwas anderes rauskommt, als Sie es sich vielleicht erhoffen mögen, sind diese:

1. Muster: Hals über Kopf
Sie fallen immer wieder darauf rein: die Liebe auf den ersten Blick, den Fling, den one-night-stand. Mehr noch: Sie stürzen sich immer wieder voll und ganz Hals über Kopf hinein.

Ergo: Sie schauen sich den Mann, dem Sie sich zuwenden, nicht mit kritischen Augen an, sondern betrachten ihn einzig und allein durch die rosarote Brille. So gesehen ist natürlich (fast) jeder schön.

Und dann? Dann kommt entweder Ihnen – oder ihm – die ›Erleuchtung‹, daß die Realität eben doch ein bißchen anders ist. Oder gar sehr anders. Wer immer zuerst daraufkommt, packt sein Köfferchen und geht. Mal sind Sie beim Abschied verletzt. Mal sind Sie es nicht. Fest steht nur, daß Sie sich irgendwann – nach mehr oder minder häufigen solcher Erfahrungen – innerlich leer und ausgebrannt fühlen.

Bis – ja bis Sie sich wieder Hals über Kopf verlieben.

2. Muster: Ich mach' mich rar

Es ist das Gegenstück zu Hals über Kopf. Und sein Grundmotto ist: Better you get hurt than me – wenn einer eins auf die Nase bekommt, dann lieber *er* als ich. Und das funktioniert folgendermaßen:

Sobald sich jemand in Sie verliebt, halten Sie ihn erst einmal mindestens eine Armlänge von sich entfernt. Dann lassen Sie ihn mal ein wenig näher an Sie heran – und schubsen ihn ganz schnell wieder weg. Wie auch immer: Richtig nah an sich heran lassen Sie ihn nie.

Irgendwann geht ihm dann die Puste aus. Wußten Sie's doch. Nur gut, daß Sie ihn sich von der Seele gehalten haben. So konnte er Ihnen – zumindest keine allzu großen – Wunden schlagen.

Manchmal kann es sogar passieren, daß Sie Ihrem Muster untreu werden. Nach einigem Hin und Her gewähren Sie ihm Ihre Nähe. Und dann? Dann rennt er auch davon. Weil er nämlich einer von denen ist, die sich nur mit Ihnen befaßt haben, *weil* Sie die ganze Angelegenheit offensichtlich recht locker sehen. Oder sahen: Und schon war's wieder nix.

3. Muster: Verstand geht über Gefühl

Natürlich ist es gut, wenn man Dinge, die einem nicht in den Kram passen, bespricht. Nur: Der Typ, der den Verstand über das Gefühl setzt, übertreibt es hiermit ein bißchen. Und zwar ein bißchen zuviel: alles, aber auch alles, was man selber tut, denkt, fühlt, nicht fühlt, läßt, wird klitzeklein analysiert. Das, was der andere denkt, fühlt, nicht denkt, tut, läßt selbstverständlich auch. Und das wird dann alles in Relation zu dem, wie dies und jenes ›sein sollte‹, gesetzt.

Aber: Was ›sein sollte‹, hat so gut wie keine Chancen, jemals zu *sein*. Weil man vor lauter reden, reden, reden gar nicht dazu kommt, es zu tun. Ergo: Die stunden-, tage- und nächtelangen Diskussionen sind im Endeffekt nur ein Herauszögern dafür, zugeben zu müssen, daß da gar nichts ist.

Bis endlich einer von beiden begreift, daß es so nicht weitergehen kann, und einen Schlußstrich zieht. Und der andere, Zurückgebliebene, wundert sich, weshalb man darüber nicht noch einmal reden konnte.

4. Muster: Ich hab' diesen Plan

Kaum kennen Sie ihn auch nur erst einen Tag, planen Sie schon die gesamte Zukunft. Nicht nur für sich selbst, sondern für ihn gleich mit. Für Sie *beide*. Und dabei kommt dann eine von zwei Möglichkeiten heraus:

Ihr Plan funktioniert nicht: *er* hatte sich die Sache nämlich – wenn überhaupt – ganz anders vorgestellt als Sie. Aber das können Sie natürlich nicht wissen, weil Sie ihn eben noch überhaupt nicht weiter kennen;

Ihr Plan funktioniert: Sie wußten von Anfang an, daß er Sie eines Tages – früher oder später – verlassen würde. Und langsam, aber sicher kriegen Sie ihn auch genau dazu, daß er das tut.

Zu allem Überfluß kommt nun auch noch hinzu, daß es, wie US-Wissenschaftler anhand von langwierigen, groß angelegten Untersuchungen herausgefunden haben, drei ›Grundtypen‹ von Liebe gibt.

In jedem von uns steckt natürlich von jedem dieser Grundtypen etwas. Von dem einen mehr, von dem anderen weniger. Was also das A und O einer Beziehung ausmacht, ist, in sich selbst und in dem (potentiellen) Partner den Liebesstil, der vorrangig ist, zu erkennen. Nur so kann man es schaffen, nicht immer wieder an Männer zu geraten, deren Ziel ein ganz anderes ist als das unsere.

Schluß damit, daß Sie sich immer die Falschen aussuchen!

Kann sein, daß Sie sich jetzt ganz fürchterlich schütteln, wenn ich Ihnen erzähle, daß Sie, um das nächstemal den ›Richtigen‹ zu erwischen, mit System vorgehen müssen. Aber keine Angst, so schlimm, wie es sich anhört, ist es nun auch wieder nicht. Obwohl Sie, das gebe ich zu, zunächst einmal Ihr Herz ein wenig in den Hintergrund und Ihren Verstand ein bißchen mehr in den Vordergrund rücken müssen – was die Wahl Ihres nächsten Partners betrifft.

Als erstes sollten Sie die drei Grundtypen von Liebe, die US-Wissenschaftler aus dem großen Tiegel der Gefühle herauskristallisiert und ›isoliert‹ haben, kennen. Da gibt es:

– *Eros:*
   die spontane physische Attraktion. Sinnlichkeit, augenblickliche Intimität, gekoppelt mit Selbstbewußtsein, Faszination und sofortigem wortlosen Verstehen mit dem Partner;
– *Ludus:*
   spielerische, auf sinnliche Freuden ausgerichtete Liebe, die keinerlei gegenseitige Verpflichtung beinhaltet;
– *Storge:*
   herzlich, kameradschaftlich, leidenschaftslos. Eine innige, rein freundschaftliche Liebe.

Sie ahnen wahrscheinlich schon, was jetzt kommt: Wenn *Eros* auf *Eros*, *Ludus* auf *Ludus*, *Storge* auf *Storge* trifft, kann eigentlich nicht mehr viel schieflaufen. *Ludus* auf *Ludus* zum Beispiel ergibt den perfekten one-night-stand. Man hat Spaß an- und miteinander, aber man kann sich auch wieder, ohne daß sich daraus seelische Probleme für den einen oder den anderen ergeben, auf Wiedersehen oder Ade sagen.

Trifft aber nun *Ludus* auf *Storge*, sind wir mittendrin im Herzensdilemma: *er*, der auf sinnliche Freuden, die keinerlei Verpflichtung beinhalten, ausgerichtet ist, wird automatisch einen Rückzieher machen, wenn er auf *sie*, die sich nach herzlicher, inniger und leidenschaftsloser Liebe sehnt, trifft. Weil er, wie könnte es anders sein, um seine Freiheit fürchtet. Und die Kehrseite der Medaille: *Sie*, *Storge*, wird ihm, *Ludus*, vorwerfen, er sei nur an einem interessiert: Ihrem Körper.

Wenn *Eros* und *Storge* aufeinandertreffen, ist die Angelegenheit unter Umständen noch zu retten, aber zumindest im ersten Stadium ist sie verzwickt: während *Eros* gleich ins Bett hüpfen möchte, legt *Storge* Wert darauf, die sexuelle Seite der Liebe zunächst mal vor sich herzuschieben.

Um nun sich selbst und die Männer, auf die Sie fliegen, erst einmal zu ›kategorisieren‹ (ich weiß, das klingt schrecklich!), sollten Sie sich einmal all die Affären, die letztlich schiefgegangen sind, in Erinnerung rufen. Und sie analysieren. Auch wenn Sie in diesem Augenblick vielleicht noch nicht davon überzeugt sind: Sie werden sich wundern, wie deutlich eine solche Analyse das Strickmuster Ihrer Liebesbeziehungen aufzeigen wird.

Wie Sie eine solche Analyse am besten anfangen? Ganz einfach: Nehmen Sie sich Papier und Bleistift und schreiben Sie all die Dinge auf, die Ihnen, wenn Sie an Ihre verflossenen Lieben denken, in den Sinn kommen. Und das natürlich von einem Ex-Lover nach dem anderen. Dinge, die Sie notieren sollten, sind:

- die Gesellschaftsschicht, aus der er stammte;
- der Beruf, den er hatte;
- Ihre Gefühle, als Sie ihn zum ersten Mal sahen;
- die sexuelle Beziehung, die Sie zueinander hatten;
- was Sie an ihm am meisten faszinierte;
- wer wem den Laufpaß gegeben hat – und wie;
- Ihre Gefühle kurz vor und nach dem Ende der Affäre.

Wenn sich nun herausstellt, daß die meisten Ihrer Ex-Liebhaber nicht dazu fähig waren, Liebe zu geben, daß sie aus anderen Gesellschaftsschichten stammten, Sie letztlich eiskalt stehengelassen haben, Sie sich ausgenutzt vorkamen – haben Sie schon das Muster, nach dem Sie sich Ihre Männer aussuchen, gefunden. Bleibt nur noch, mit den alten Gewohnheiten zu brechen.

Das können Sie auf folgende Art und Weise:

– vergessen Sie Liebe auf den ersten Blick. Denn das, was den anderen so anziehend für Sie macht, ist genau das, was sie *nicht* brauchen können. Erinnern Sie sich:
  * die Männer, zu denen Sie sich automatisch hingezogen fühlen, sind diejenigen, die Sie so behandeln, wie Sie es sich *unbewußt* wünschen: nämlich – im Endeffekt – kalt und abweisend;
  * Sie sind darauf programmiert, sich – früher oder später – eine Abfuhr einzuhandeln. Männer, die Ihnen keine erteilen, finden Sie langweilig;
– lernen Sie, nicht nur Liebe zu *geben*, sondern auch Liebe zu *empfangen*:
  * hören Sie auf, sich einzureden, Sie seien es im Grunde nicht ›wert‹, geliebt zu werden;
– lassen Sie ab sofort Ihre Hände von folgenden Männern:
  * all denen, die als Junge für eine Nacht bekannt sind;
  * all denen, die nichts Besseres zu tun haben, als Sie pausenlos zu kritisieren;
  * all denen, die an sich selbst immer zuerst denken;
– werden Sie sich, *bevor* Sie sich auf die nächste Affäre einlassen, über folgendes klar:
  * wer Sie sind;
  * was Sie wollen;
– wenn Sie den nächsten Mann kennenlernen, überlegen Sie sich:
  * welche Ansprüche *er* an die Beziehung stellt und welche nicht;
– machen Sie sich schließlich, wenn Sie eine neue Beziehung aufgenommen haben, gegenseitig nichts vor:

* klären Sie, wieviel *Sie* zu geben bereit sind – und was nicht;
* klären Sie, was *er* zu geben bereit ist – und was nicht.
  Dabei halten Sie sich natürlich an das, was Sie in *Immer langsam mit der jungen Liebe* gelesen haben.

Und dann? Dann müßten Sie langsam, aber sicher lernen, die Spreu vom Weizen zu unterscheiden.

Und damit bliebe mir nur noch, Ihnen zu verraten, wie Sie den Mann, den sich zu halten lohnt, auch halten können.

26.
Gewußt wie – Sie ihn halten

»Anfangen ist leicht, beharren ist Kunst.«
Deutsches Sprichwort

Das oberste Gebot, ihn zu halten, heißt:

– Erwarten Sie von ihm nicht mehr, als er zu geben bereit ist.

Das bezieht sich nicht nur auf Ihre(n) Liebhaber, sondern auch auf alle anderen Männer – und Frauen! – um Sie herum. Denn: Sobald auch nur irgend jemand das Gefühl hat, einem anderen in irgendeiner Weise ›verpflichtet‹ zu sein, macht die Liebe oder Freundschaft sich ganz schnell auf und davon. Dazu kommt allerdings noch etwas anderes:

– Geben Sie ihm nicht mehr, als er zu nehmen bereit ist.

Sie wollen ihm schließlich nicht die Luft abdrücken, ihn mit Ihrer Liebe ersticken, sondern Sie wollen einen Menschen um sich haben, der, ohne daß Sie ihm Ihre Liebe aufzwingen, bei Ihnen bleibt. Es versteht sich von selbst, daß Sie sich von ihm ebensowenig einengen lassen. Aber darüber haben wir bereits in anderen Kapiteln geredet. Diesmal geht es einzig und allein darum, wie Sie ihn halten können – ohne ihn dabei in Ketten zu legen.

Tips, wie Sie ihn halten können

»In der Liebe ist es besser, einen Kuß mehr
und zehn Briefe weniger zu bekommen.«
PAOLO MONTEGAZZA

Steigen wir am besten gleich voll ins Thema ein. Halten können Sie ihn:

- wenn Sie sich Ihre eigene Unabhängigkeit, sprich Persönlichkeit bewahren;
- wenn Sie sich nicht von ihm ins Schlepptau nehmen lassen, sondern sich selbst weiterentwickeln;
- wenn Sie ihn nicht als ›selbstverständliche Einrichtung‹ in Ihrem Leben betrachten.

Letzteres können Sie ihm anhand von vielen kleinen Dingen immer wieder zu erkennen geben:

- sagen Sie ihm dann und wann, daß Sie ihn liebhaben;
- schicken Sie ihm einen (Lippenstift-)Kuß ins Büro. Selbst wenn Sie morgens mit ihm gefrühstückt haben und ihn am Abend wiedersehen;
- laden Sie ihn zum Mittagessen ein. Zu sich nach Hause. Dann: Vergessen Sie das Essen;
- vergessen Sie nie: Sex mag Ihre beste Waffe sein, aber richten Sie sie nie gegen ihn (Davon abgesehen, daß Sie dabei auch um Ihren Spaß kämen!);
- wenn Sie sich mal streiten müssen – dann ist das wahrscheinlich nicht zu ändern. Aber schlafen Sie nie gemeinsam zerstritten ein – und wachen Sie mit neuen Streitgesprächen auf den Lippen auf;
- bringen Sie ihm ab und zu eine Kleinigkeit mit. Es muß gar nichts Teures sein – die Geste zählt;
- nerven Sie ihn nicht mit Kleinkram. Wenn er es immer wieder vergißt, einen neuen Saphir für den Plattenspieler zu besorgen (obwohl er es selbst angeboten und versprochen hat) – ziehen Sie selber los, um das vertrackte Ding zu kaufen;
- gestehen Sie ihm zu, daß sein Geschmack sich ändert. Und backen Sie ihm nicht jeden Sonntag Nußkuchen, nur weil er einmal gesagt hat, daß er den am liebsten ißt;
- wo und wie es nur irgend geht: vermeiden Sie, Ihre Beziehung gewohnheitsmäßig zu gestalten:
  * Sie müssen nicht jeden Samstag um 9.00 Uhr aufstehen, um einkaufen zu gehen. Verbringen Sie den Vormittag lieber mit ihm im Bett. Und gehen Sie essen, wenn Sie nichts im Kühlschrank haben;

* Sie müssen nicht jeden Donnerstagabend Ihre Freunde einladen;
* Sex muß nicht immer im Schlafzimmer – und schon gar nicht an bestimmten Tagen zu bestimmten Zeiten zur Routine werden;
* Sie müssen ihn nicht jeden Mittwoch und Samstag zum Abendessen einladen. Und schon gar nicht zu immer denselben seiner Lieblingsspeisen.

Liebe geht (auch) durch den Magen

>»Was sagen Sie zu einem solchen Diner mit einer solchen Frau?«
>
> BYRON
>
> Merke:
>
> »Die Liebe der meisten Menschen ist nur das Ergebnis guter Mahlzeiten.«
>
> CHAMFORT

Aphrodisiakum hin, Aphrodisiakum her: Es geht weniger darum, *was* Sie ihm servieren, als *wie* Sie es ihm servieren – das Diner, zu dem Sie Ihren Liebsten eingeladen haben.

Das Wichtigste, um ihn mit einer Mahlzeit in eine romantische oder sexy Stimmung zu versetzen, ist die Atmosphäre, in der er besagtes Menü zu sich nimmt. Für die Atmosphäre sorgen: Kerzen, ein liebevoll gedeckter Tisch und sanfte Musik. Das zumindest behaupten amerikanische Wissenschaftler, die sich ausgiebig mit diesem Thema befaßt haben.

Noch wichtiger als all diese Dinge zusammen sind natürlich *Sie*. Und darum werden Sie sich vor folgenden Dingen hüten:

– den ganzen Nachmittag in der Küche zu stehen, um für ihn zu kochen – und dann, wenn er kommt, völlig abgehetzt und aufgelöst sein;
– ein neues Kochrezept auszuprobieren – um den Abend besonders wirkungsvoll zu gestalten, und dann in letzter Minute losrasen, um Pizza zu kaufen;
– ein Zehn-Gänge-Menü zu kochen, das Sie nicht in Ruhe mit

ihm genießen können, weil Sie zwischendurch immer wieder in die Küche rennen müssen.

Wenn Sie clever sind, machen Sie vielmehr folgendes:

- wenn Sie absolut kein Talent zum Kochen haben und ihm unbedingt ein perfektes Menü auf den Tisch stellen wollen – holen Sie es vom nächsten Delikatessen-Restaurant. Die Tragetüte werfen Sie natürlich weg, bevor er auftaucht;
- wenn Sie selbst was kochen können und wollen – dann nur etwas, was Sie im Griff haben. Keine Experimente! Die gehen nämlich immer dann, wenn sie besonders gut gelingen sollen, schief;
- wenn Sie ihm etwas Besonderes servieren wollen – warum dann nicht sich selbst? Für den Magen gibt's Salate. Die können nicht kalt werden, wenn es ihm plötzlich nach Ihnen als Vorspeise gelüstet;
- wenn Sie nach wohlschmeckenden Rezepten für zwei suchen, hier ein Tip: Versuchen Sie's mal mit *Meine erotischen Leckerbissen*, Rezepte, die Xaviera Hollander (ja, die glückliche Nutte kann auch kochen!) in einem Taschenbuch zusammengestellt hat;

Ach ja, und dann hat Victoria, die Hexe aus Greenwich Village, noch einen Tip für Sie:

- tragen Sie eine Kette aus dunklen Trauben um den Hals. Darüber: Eine schwarze Bluse, die bis obenhin zugeknöpft ist. Dann, im rechten Moment – also wenn er überhaupt nicht damit rechnet – öffnen Sie Ihre Bluse – und geben den Blick auf die Traubenkette frei. Seine Reaktion soll, so Victoria, umwerfend sein – wenn Sie die Kette mit Ihrem Zauber versehen haben. Das funktioniert so:
Sie lassen die Trauben zunächst einmal in einem guten Brandy ziehen. Dann legen Sie sie zum Abtropfen auf ein Tuch – und beginnen damit, sie aufzufädeln. Und zwar mit einer dünnen Nadel – die Sie erst über eine Kerzenflamme gehalten haben und auf einen scharlachroten Seidenfaden. Bei jeder Traube, die Sie auffädeln, murmeln Sie *seinen* Namen.

Daß er die Traubenkette zum Vorwand nimmt, Sie anzuknabbern, ist Ihnen sicherlich klar. Und wo wir schon bei verrückten Liebestips sind, können wir ja auch gleich damit weitermachen.

Heiß, heißer, am heißesten: Liebesschule für Fortgeschrittene

> »Der Einfall war kindisch, aber göttlich schön.«
>
> SCHILLER

In Beziehungen, die mehr als ein, zwei Monate überleben, kann man oft gar nicht alle Gewohnheiten, die sich so einschleichen, ausschließen. Aber: Man kann sie wieder wettmachen. Mit albernen Verrücktheiten. Und was die betrifft, sind Ihrer Fantasie keine Grenzen gesetzt:

- servieren Sie ihm Champagner – von Mund zu Mund;
- ziehen Sie ihn aus – mit Ihren Lippen;
- begrüßen Sie ihn, wenn er zur Tür hereinkommt – in Unterwäsche, die er sexy findet;
- gehen Sie mit ihm aus – ohne daß Sie unter Ihrem Rock oder Kleid einen Slip tragen;
- tragen Sie einen Mantel, wenn Sie ihn vom Büro abholen – und nichts darunter;
- massieren Sie ihm den Rücken – nicht nur den;
- küssen Sie ihn – und lassen Sie keinen Millimeter seines Körpers aus;
- schreiben Sie ein Dutzend sexy Fantasien, von denen Sie wissen – oder annehmen –, daß er sie hat, auf. Je eine davon auf einen Extra-Zettel. Rollen Sie Lose daraus. Lassen Sie ihn ein Los ziehen;
- lassen Sie im Schlafzimmer das Licht an;
- machen Sie im Wohnzimmer das Licht aus. Und bleiben Sie auf dem Teppich;
- stellen Sie den Wecker eine Stunde früher. Oder zwei;

- holen Sie ihn, wenn er Überstunden macht, vom Büro ab. Sperren Sie sich mit ihm in seinem Arbeitszimmer ein;
- füßeln Sie mit ihm in einem Restaurant. Und suchen Sie mit Ihren Füßen nicht nur seine Füße;
- lassen Sie Ihren sexuellen Fantasien freien Lauf: höchstwahrscheinlich sind es auch seine;
- vergessen Sie Ihre Vorurteile gegen Quickies (Sex, der maximal fünf Minuten dauert!);
- veranstalten Sie mit ihm ein Love-in (Sex, der nicht unter zwei Tagen und Nächten dauert);
- wenn Sie räumlich voneinander getrennt sind: telefonanieren Sie mit ihm;
- lassen Sie nichts aus, was Ihnen Spaß macht.

27.
Ein Kapitel für sich:
die große Liebe

»›Sie schläft mit ihm‹ ist ein gutes Wort. Im
Schlaf fließt das Dunkle zusammen. Zwei
sind keins.«

Und:

»Schön ist Beisammensein. Die Haut friert
nicht. Alles ist leise und gut. Das Herz
schlägt ruhig.«

TUCHOLSKY

Er ist derjenige, nach dem wir uns alle sehnen – und der jeder
von uns einmal begegnet. Das Problem ist nur: Es gibt die große Liebe in zwei Versionen. Die eine ist Talmi. Die andere echt.
Und es fällt uns nicht immer leicht, zwischen ›Original‹ und
›Imitation‹ zu unterscheiden. Damit Sie aber wenigstens ein
paar Anhaltspunkte haben, erfahren Sie auf diesen Seiten, was
die echte, große – gegenseitige! – Liebe unter anderem ausmacht.

Alter:
unwesentlich.
Familienstand:
spielt keine Rolle.
Sexuelle Beziehung zu Ihnen:
definitiv vorhanden.
Fundort:
grundsätzlich überall und insbesondere da und dort, wo Sie
überhaupt nicht damit rechnen, Ihre große Liebe zu treffen.

Besondere Qualitäten:
– Sie befinden sich auf ein und derselben Wellenlänge;
– Sie drücken sich nicht gegenseitig die Luft ab, sondern Sie at-
men beide freier;

- Sie sind gerne Frau. Er ist gerne Mann. Sie sind Partner;
- Sie kennen seine Fehler – und lieben ihn trotzdem;
- er kennt Sie ohne chemisches und seelisches Make-up. So mag er Sie am liebsten;
- keiner von Ihnen braucht so zu tun, als sei der andere ihm gleichgültig;
- Sie sind beide stark genug, nicht nur Liebe zu geben, sondern auch Liebe zu empfangen;
- Sie können mit ihm lachen;
- Sie können mit ihm schweigen;
- Sie können voneinander lernen;
- Sie gehen Hand in Hand – und ganz automatisch im Gleichschritt – miteinander spazieren;
- Sie empfinden eine permanente Zärtlichkeit füreinander;
- Sie wollen nie aufhören, sich gegenseitig zu berühren;
- Sex wird mit der Zeit nicht langweilig. Sondern immer schöner. Selbst wenn die erste Leidenschaft verflogen ist;
- wenn Sie sich an ihn kuscheln, wissen Sie nicht, wo Ihre Haut aufhört und seine beginnt;
- wenn Sie in seinen Armen einschlafen, liegen Sie immer richtig. Sie müssen nicht erst stundenlang nach einer bequemen Körperstellung suchen;
- wenn er Sie küßt, verlieren Sie den Boden unter den Füßen – und schweben im siebenten Himmel;
- wenn Sie sich anschauen, fassen Sie sich, wie Tucholsky es nannte, ›mit den Augen bei den Händen‹;
- Sie saugen die Wärme, den Duft seiner Haut, tief in sich ein und spüren sie auch dann noch, wenn Sie räumlich getrennt sind;
- Sie fühlen sich bei ihm geborgen – und er sich bei Ihnen.

Achtung
Wie Sie sehen, zählt diese Art von Mann, mit dem Sie eine solche Beziehung aufbauen können, zu den Exoten. Als solcher hat er noch eine ganz besondere Eigenart:

- suchen kann man ihn nicht;
- man muß ihn finden.

Finden können Sie ihn allerdings erst, wenn Sie wissen, wonach Sie Ausschau halten müssen. Aber das haben Sie ja nun in diesem Buch nachlesen können. Darum ist Ihnen auch klar, daß Sie ihn, solange Sie sich nach einer – Ihrer – ›besseren Hälfte‹ umsehen, nie entdecken werden. Das ist er nämlich *nicht*.

Er ist vielmehr ein ganzer, in sich abgerundeter Mensch. So wie Sie eine ganze, eigenständige Frau sind.

Und wenn Sie sie gefunden haben, Ihre große Liebe, dann müssen Sie nur noch eines wissen: Wie Sie sich die große Liebe auch erhalten!

28.
Ende gut, alles gut

>Zu ernst hat's angefangen,
um in Nichts zu enden.«

SCHILLER

Aber bedenke:

>Zur Heirat gehören mehr als nur vier
nackte Beine im Bett.«

KURT TUCHOLSKY

Da ist er. Der Mann, den Sie über alles lieben – und der auch Sie über alles liebt.

Und was tun Sie? Sie beginnen, Pläne zu schmieden. Gemeinsame Pläne, die Sie beide für den Rest Ihres Lebens miteinander verbinden und glücklich machen sollen.

Dazu gehört natürlich, daß Sie heiraten. Und schon bestellen Sie das Aufgebot und lassen die Hochzeitseinladungen drucken. Und planen das Hochzeitsmenü.

Oder besser: Nein, all diese Dinge tun Sie *nicht*. Zumindest nicht, bevor Sie das folgende und letzte Kapitel dieses Buches aufmerksam gelesen haben!

Endstation Traualtar?

>Man versteht es selber nicht, wie das
möglich ist: erst geliebt, geliebt, mit allen
Herzschlägen, und nun gleichgültig wie ein
alter Stuhl.«

KURT TUCHOLSKY

Oder?:

>Nichts ist seltener als ein Mensch, den
man immer um sich ertragen kann.«

LEOPARDI

Nun, da Sie auf den letzten Seiten dieses Buches angelangt sind, müßten Sie mich eigentlich gut genug kennen, um zu wissen, daß ich Ihnen, weiß Gott!, allen nur erdenklichen Spaß gönne. Und daß ich mich riesig mit Ihnen freuen würde, wenn Sie – nach einigen Irrfahrten – tatsächlich der Liebe Ihres Lebens begegnen.

Ich gönne Ihnen Ihr Glück wirklich von ganzem Herzen. Und genau das ist auch der Grund, aus dem ich Ihnen dringendst davon abrate, Ihre große Liebe zu heiraten. Denn: Kaum haben Sie Ihre Liebe auf dem Standesamt besiegelt, hui, macht sie sich auch schon auf und davon. Und das sieht ganz grob über den Daumen so aus:

52 Prozent aller Ehefrauen würden ihren Mann nicht noch einmal heiraten. Nach sechs Ehejahren beschränkt sich die Unterhaltung deutscher Ehepaare auf zehn Minuten täglich. Jede dritte Ehefrau denkt beim Sex mit ihrem Ehemann an einen anderen. Jeder zweite Ehemann geht fremd. Jede dritte deutsche Ehe wird geschieden. In drei von vier Fällen reicht die Frau die Scheidung ein. Zu wenig Sex ist der Hauptgrund für das Scheitern aller Ehen. Zu wenig Zuneigung der zweite.

Wenn das noch nicht ausreicht, Sie von Ihren Heiratsabsichten zu heilen, wie steht's damit:

Von 70 angenommenen Lebensjahren verbringt der Mann 23 Jahre schlafend im Bett, 16 Jahre am Arbeitsplatz, 10 Jahre vorm Fernsehapparat, sechs Jahre mit Essen und Trinken, und sage und schreibe ganze *dreieinhalb Monate* mit Sex!

Die Zeit, die er während eines 70jährigen Lebens aufwendet, um zärtlich zu sein, hat sich gar nicht erst gelohnt zu errechnen! Ergo:

Wenn Sie die ersten Statistiken betrachten, wird Ihnen sicherlich klar, daß Sie von den dreieinhalb Monaten Liebe – aus der zweiten Statistik – höchstwahrscheinlich mehr Tage und Wochen abbekommen, wenn Sie ihn *nicht* heiraten! Und auch nicht, aber das versteht sich wohl von selbst, mit ihm zusammenziehen.

Nur mit einer gewissen räumlichen Distanz ist es nämlich offensichtlich möglich, die große Liebe am Leben zu erhalten. Und zwar so, daß Sie beide sich – wenn Sie bis dahin nicht gestorben sind – auch in hundert Jahren noch so inniglich lieben wie heute!

Nachwort

>»Schaffe nie ein Problem,
zu dem du keine Lösung hast.«
BURK'S LAW

Sechs Jahre sind ins Land gegangen, seit ich dieses Buch geschrieben habe. In diesen sechs Jahren ist vor allem eines passiert: AIDS.

Keine Angst, ich will nicht moralaposteln – das ist nicht meine Art. Was ich aber will, ist eines: Sie (falls Sie es nicht schon längst begriffen haben) darauf aufmerksam machen, daß AIDS kein Schreckgespenst ist, sondern tödliche Wirklichkeit.

Fatal ist in erster Linie: keiner glaubt, daß er AIDS kriegen kann – bis er die Krankheit hat. Daraus ergibt sich: kaum jemand ändert sein Sexualverhalten – weil AIDS immer nur die anderen kriegen. Das weiß ich aus unzähligen Gesprächen, die ich, als Journalistin, mit AIDS-Kranken führte.

Einen von ihnen habe ich sterben sehen, und ich schwöre: nicht einmal meinem ärgsten Feind würde ich ein solches Dahinsiechen wünschen. Im Klartext: Wenn es um AIDS geht, hört der Spaß auf.

Damit Sie trotzdem weiterhin Spaß an spontanem Sex haben können, tun Sie sich und Ihrem frisch eroberten Partner einen Gefallen: ringen Sie sich dazu durch, benutzen Sie Kondome! Ich weiß, die Dinger sind scheußlich. Aber sie sind nun mal – abgesehen von völliger Abstinenz – die einzige Möglichkeit, sich vor Ansteckung zu schützen. (Für die hartnäckigen Kondom-Verweigerer unter Ihnen gleich noch ein Tip von Deutschlands Sexpapst Dr. Marcus Wawerzonnek: »Wenn Sie die normalen Kondome nicht mögen, nehmen Sie schwarze! Dadurch fällt es leichter, diese Prozedur spielerisch zu sehen!«

Am besten ist natürlich: Sie finden – ob mit oder ohne Hilfe dieses nicht allzu ernst gemeinten Leitfadens – den Mann, bei dem Sie bleiben wollen. Und der bei Ihnen bleiben will. Denn: Sex hin, Sex her – »mit Liebe« ist Sex ganz einfach sehr viel schöner als ohne, weil am vertrautesten und darum am

spielerischsten, aufregendsten. Und, wie praktisch, »safe«
dazu. Denn wer verliebt ist oder liebt, ist automatisch monogam. Um mit meiner Lieblingsautorin Esther Vilar (»*Der betö-
rende Glanz der Dummheit*«) zu sprechen: »Für Liebende ist
Treue keine Tugend, sondern ein Bedürfnis.«

Weil im richtigen Leben aber nie alles glattgeht, werden Sie
wahrscheinlich – wie fast jede von uns – eine Menge Kröten
küssen, bevor Sie endlich Ihren Prinzen finden. Nichts gegen
Kröten küssen – solange man sie für verzauberte Prinzen hält,
kann das sogar sehr, sehr spaßig sein –, aber dabei Vorsicht
walten zu lassen, kann Ihnen gewiß nicht schaden. Im Gegenteil – Ihre Seele wird es Ihnen auch danken. Hätte ich mir so
manches Mal ein wenig mehr Zeit gelassen, hätte die meine
jedenfalls ein paar Macken weniger.

Andererseits: Jedem steht das Recht zu, seine eigenen Fehler zu machen. Das einzige, was sich vielleicht aus der Erfahrung anderer lernen läßt, ist, sich die Fehler auszusuchen, die
man machen möchte – die Gefahr abschätzen zu können, in
die man sich begibt. Vor allem aber auch: nicht unbedingt in
jede Falle zu laufen, die man sich häufig selber stellt – und
wenn man es getan hat, möglichst heil herauszukommen.

Alles klar?

Dann kann's ja losgehen! Viel Spaß beim Männerfang – und
schnell zurück in den Teich mit denen, die auch nach den heißesten Küssen kalte Kröten bleiben!

Hamburg, im Juli 1989   Constanze Elsner